承蒙浙江大学文科精品力作出版资助计划资助、中央高校基本科研业务费专项资金资助而出版

胡瑜兰 著

壁画保护技术

浙江大学出版社
ZHEJIANG UNIVERSITY PRESS
· 杭州

图书在版编目（CIP）数据

壁画保护技术 / 胡瑜兰著. —杭州：浙江大学出
版社, 2023.7
ISBN 978-7-308-23632-4

Ⅰ.①壁… Ⅱ.①胡… Ⅲ.①壁画－文物保护－研究
－中国 Ⅳ.①K879.414

中国国家版本馆CIP数据核字（2023）第057267号

壁画保护技术

胡瑜兰　著

责任编辑	宋旭华
文字编辑	李瑞雪
责任校对	吴心怡
封面设计	周　灵
出版发行	浙江大学出版社
	（杭州天目山路148号　邮政编码：310007）
	（网址：http://www.zjupress.com）
排　　版	浙江时代出版服务有限公司
印　　刷	杭州高腾印务有限公司
开　　本	787mm×1092mm　1/16
印　　张	15.25
字　　数	246千
版 印 次	2023年7月第1版　2023年7月第1次印刷
书　　号	ISBN 978-7-308-23632-4
定　　价	128.00元

作者简介

　　胡瑜兰，浙江大学艺术与考古学院副教授，博士生导师。浙江大学细胞生物学博士。国家自然科学基金审评专家。主持国家重点研发课题1项，国家自然科学基金资助项目3项，负责浙江省自然科学基金、浙江省文物局等项目多项，并作为主要研究者参加多项国家级科研项目。获得浙江省科技进步奖三等奖1项，武警部队科技进步奖二等奖1项，浙江大学教学成果奖2项。参编英文专著2部。已发表SCI收录论文50余篇。目前从事的主要研究方向为基于生物技术的文化遗产的保护，包括文物本体材料及微生物检测，文物微生物的防治及文物修复保护的研究等。

序

　　壁画作为人类从史前时代到今天的生命见证和智慧发展形式，已经存在了很长时间。这些绘画让我们对历史和前人有了更多的了解，其中蕴含的生活、社会、文化信息是十分珍贵的资料，保全这些壁画具有重要意义。不幸的是，不管壁画的结构和组成多么不同，它们都会出现退化的现象。环境因素（温度、光线、相对湿度）、人为原因（污染、破坏、错误的修复干预）、生物污染、自然灾害（洪水、火灾）和气候变化，所有这些因素都威胁着壁画的保存。壁画保护已经成为文化遗产保护工作的重要内容。

　　在过去的几十年里，文化遗产领域的跨学科研究蓬勃发展。自然科学，如物理、化学和生物学，对文化遗产保护做出了巨大贡献，同时文物保护科学已逐渐成为一门重要的交叉学科。

　　毕业于浙江大学生命科学学院的胡瑜兰老师具有学科交叉背景，特别是在文物保护、化学和生物学方面，都从事过相关研究。在2015年加入文物保护材料实验室以后，充分利用其专长，在团队中指导学生和从事科研工作，做出了重要贡献。本人受其邀请，为该书作序。

　　该书根据壁画研究的主要过程进行组织和分类，从价值研究、病害调查、材料检测、清洗处理、加固保护、微生物防治、监测和预防性保护等方面向大家介绍壁画保护技术最新研究和进展，并囊括了作者所在浙江大学文物保护材料实验室关于壁画研究的部分内容，涵盖人文、历史、物理、化学、生物等学科的知识，具有前沿性和交叉性。

　　浙江大学文物保护材料实验室是国家文化遗产保护科技区域创新联盟（浙江省）的"不可移动文物材质分析检测平台"，依托浙江大学艺术与考古学院和浙江大学化学系，从事文理交叉科技研究。其中，壁画保护技术是该团队主要研究方向之一。

　　《壁画保护技术》一书比较系统地介绍了壁画的结构、材料、劣化过程、检测方法、保护技术等，涉猎面广，可读性强，与应用结合紧密，适合从事文物保护、科技考古的研究人员及大专院校师生阅读，不仅可以丰富相关专业知识，也可为解决某些技术问题提供思路，为相关科研工作提供参考。

前　言

　　文化遗产是我们身份认知的基础，是过去文明留给我们的遗产，因此，文化遗产的保护事关人类文明的认知和文化基因的保存。随着经济社会的发展，保护文化遗产越来越成为一个备受关注的话题。事实上，对文化遗产保护的重视程度，也是一个国家文明程度的重要标志。

　　文物遗产包括各种类型的物品，如书籍、考古发掘物、木器、壁画、瓷器、珠宝和纺织品等，每件物品都由不同的材料组成，其老化程度不同，因此耐久性也不同。毫无疑问，最容易老化的文化遗产是暴露在野外的文化遗产，以及那些保存在无法控制环境的区域中的不可移动文化遗产，如建筑物、石窟造像和壁画等。在不可移动的文化遗产中，由于其本身的重要价值和面临的多重复杂环境，壁画无疑是最热门的研究的类别之一。

　　对壁画的研究涉及多个学科的合作。事实上，科学与艺术如何并存已经成为文化遗产领域的一个巨大挑战。随着科学技术的发展，人们越来越关注如何将文物保护工作者、艺术学家及历史学家的工作与科学家联系在一起，使其多元化的知识和专长得以互相补充，以更好地保护和保存我们的文化遗产。值得注意的是，文化遗产保护的研究不仅应该着重于文化遗产本体，而且还应着重于对周围环境的研究，通过化学家、生物学家、文物保护者和艺术历史学家的知识交流，以探明影响材料耐久性相关的环境因素，更好地保护文化遗产。

　　一个新的领域呈现在所有研究者面前，更多的问题在等待答案，需要大家共同努力来完成诸多的任务。尽管任务艰难，但这些新的挑战将给世界上许多已经被侵蚀、退化的文化遗产带来令人惊喜的"复活"和寿命的延长。

目　录

第1章 壁画的定义、发展与价值

1.1 壁画的定义和分类

1.1.1 壁画的定义

壁画这个词起源于拉丁语"murus"，意思是墙。因此，壁画指的是绘在建筑物的墙壁或者天花板上的装饰性图画，是历史上早期的艺术形式之一。从广义上讲，绘制在建筑物的墙壁上或岩石上的图案统称为壁画。从狭义上讲，壁画只指绘制在建筑物墙壁上的图案。而绘制在岩石表面的图案，我们称之为"岩画"，根据岩画所处的地理位置的不同分为"崖壁画"和"洞穴画"。

1.1.2 壁画的分类

壁画按照绘制位置的不同来分类，可分为建筑壁画（又称寺观壁画）、石窟壁画、墓葬壁画，即将壁画绘制在寺庙道观、石窟和墓室的墙壁上。建筑壁画的题材分为宗教主题和非宗教主题两大类。常见的宗教主题有佛教故事、诸佛肖像、佛经教义、高僧传记、宗教建筑与宗教活动等。常见的非宗教题材的壁画主题有历史故事、人物肖像、世俗风情、装饰图案等。著名的建筑壁画有山西的佛光寺、开化寺和永乐宫壁画。典型的石窟壁画有敦煌石窟壁画、克孜尔石窟壁画等。墓葬壁画比较著名的有唐章怀太子墓、永泰公主墓内的壁画，这类壁画存在于墓葬的墓室或墓道之中。图1-1中的永乐宫壁画、克孜尔石窟壁画、九原岗北朝壁画分别为建筑壁画、石窟壁画、墓葬壁画的典型代表。

图1-1 a.永乐宫壁画；b.克孜尔石窟壁画；c.九原岗北朝壁画

（图片来源：郑振铎.中国古代绘画概述.杭州：浙江人民美术出版社，2019；《丝路之魂：敦煌、龟兹、麦积山石窟》编辑委员会.丝路之魂：敦煌、龟兹、麦积山石窟.成都：四川人民出版社，2018；张庆捷，张喜斌，李培林，等.山西忻州市九原岗北朝壁画墓.考古，2015(7):51-74.）

从绘制工艺的不同来分，壁画可分为干壁画、湿壁画、镶嵌壁画。干壁画即用颜料与鸡蛋或胶等有机物混合在干燥的灰泥上作画，这种有机物既是调和剂又是黏合剂，干壁画的缺点是不耐久，易脱落。湿壁画是将壁画颜料用石灰水或灰膏调和后画在新鲜的石灰地仗上。镶嵌壁画是把彩色石子、碎玻璃片等镶嵌入载体中进行构图。

1.2　壁画的发展历程

1.2.1　中国壁画的发展历程

壁画最早是从岩画、洞穴画开始的。所谓岩画，就是直接使用颜料在壁面绘制而成的。迄今中国发现最早的壁画遗迹是辽宁牛河梁红山文化女神庙遗址出土的壁画残块，其上多用赭红、黄、白等颜色描绘几何形的图案，代表了早期壁画的基本特征。岩画题材丰富多彩，记录了人类原始的生存生活方式和民俗文化，国内代表性的岩画有内蒙古阴山岩画、祁连山岩画、阿尔泰岩画等。虽然岩画只是在天然石壁上作画，但当时的人已注重对岩壁的选择。由于环境的影响，一般颜料都采用动物鲜血和红土混合而成。

壁画发展到春秋战国时期开始兴盛起来，主要被用于供奉诸侯的祠堂和贵族的宅邸，其绘画内容多与神话传说或历史典故有关，因此象征着王权的威严。战国时期出现了帛画（即在丝绸上的绘画），对研究史前时期的绘画及当时的文化艺术具有非常重要的作用，最典型的作品有《人物龙凤图》和《人物御龙图》（图 1-2）。

图 1-2　a.《人物龙凤图》；b.《人物御龙图》

（图片来源：楚启恩 . 中国壁画史 . 北京：北京工艺美术出版社，2012；邵洛羊 . 中国名画鉴赏
辞典：新编本 . 上海：上海辞书出版社，2006.）

　　秦汉时期的壁画主要以宫殿寺观和墓室壁画为主，画面构图精美、豪华，彰显出帝王的权威。例如秦国宫阙壁画的回廊壁画，展现出秦国墙面华丽的装饰，西汉和东汉也发现了极具政治与宗教色彩的古代帝像壁画，而画像石和画像砖作为一种独特的艺术形式巧妙地将雕刻与绘画艺术结合在了一起。秦汉是高度统一的中央集权王朝，因此这个时期的绘画艺术具有鲜明的时代风貌。从其制作工艺来看，都包括了支撑体、地仗层和颜料层三部分。如西汉墓室壁画先刷白后作画，东汉时期增加了草拌泥地仗层并刷白作画。

　　魏晋南北朝时期，北方禅法弘盛，北魏诸帝礼遇禅宗，从而开始了中国历史上长达数百年之久的开窟造像运动，墓室壁画、石窟壁画开始盛行，其中最具代表性的有新疆克孜尔石窟壁画和敦煌石窟壁画（图1-3）。同时，随着西域佛教传入中国，佛教壁画兴盛起来。敦煌及榆林等地的莫高窟壁画制作工艺在敦煌学者向达氏的文字中曾有记载："石洞凿好后，先用约1.66厘米厚的土泥涂于窟壁，且土泥中须加麻筋或麦草，以增强粘度。待其干透，再用加胶水或米汤搅和的稀泥浆涂在表层，干透最后再加涂一层胶粉浆，浆中可依画面需要加色作底色，干后即可作画。"另一位对敦煌石窟壁面工艺最早进行研究的陆氏记述："魏晋时代的壁面工艺中，第一层一般多用粗泥，加进麦秸搅拌均匀后抹于壁上，半干时捶紧、压平，之后再用当地出产的白垩土（一种黏性较强的土），加进米汤（糯米汤）或胶水薄涂第二层，干后再刷以白胶矾水浆，干后即可作画。"

图1-3　a.新疆克孜尔石窟壁画；b.敦煌石窟壁画

（图片来源：《丝路之魂：敦煌、龟兹、麦积山石窟》编辑委员会.丝路之魂：敦煌、龟兹、麦积山石窟.成都：四川人民出版社,2018；温和.从敦煌壁画中的弯琴形象看凤首箜篌的传播.艺术评论,2020(1):88-100.）

至隋唐时期，墓室壁画和石窟壁画进入鼎盛期，制作工艺日趋完善，地仗层开始使用混合型土料，即在泥土中加入细沙、胶泥和石灰，这种土料牢固且耐潮。从绘画风格上看，画面多展现出浪漫情调，既继承了魏晋时期的粗犷豪放和简约单纯，又创造出丰富多彩、恢宏华丽具有时代精神的壁画，比较有名的有新疆克孜尔石窟壁画、敦煌莫高窟壁画、山西五台县佛光寺壁画、唐代章怀太子李贤墓壁画等。

至宋代壁画开始走下坡路，但部分地区的壁画仍有较大发展。宋代皇帝们崇尚佛教，修建了大规模的寺院，因此寺庙壁画非常发达，出现了很多大型壁画。如宋初增修国子监学舍、太祖开宝年间修建开宝寺、景德年间修建景德寺、太宗时期修大相国寺、真宗年间修玉清昭应宫，都由皇家画院的画师领衔完成。其中大相国寺是京师汴梁（开封）的社会活动中心，寺内有 60 多个院落。每月定期开放 5 次。重修时，著名画家高益、高文进、王道真、李用和、李象坤均参与了佛教壁画的绘制。高益所画的《阿益王变相》《炽盛光佛》《九曜》，高文进所画的《擎塔天王》等，都是名噪一时的壁画作品。宋代最大的一次壁画创作是真宗大中祥符元年（1008）开始修建的玉清昭应宫。宋真宗召天下画师 3000 余人到京师，又从中选拔百余名画师，由画院画家武宗元、王拙分任左右部长，历时数年才完成的。玉清昭应宫是道教寺观，因而，玉清昭应宫壁画也是道教壁画。宋代的寺庙壁画，其风格仍多受唐代画风的影响，有许多壁画作品，袭用唐代壁画的旧时粉本，但并非全部照搬，其间也有新的创造。宋代壁画的制作工艺有了新的发展，宋代建筑学家李明仲的《营造法式》记录了制作工艺程序："造画壁之制：先以粗泥搭络毕。候稍干，再用泥横被竹篦一重，以泥盖平……方用中泥细衬。泥上施细沙，候水脉定，收压十遍，令泥面光泽。"

辽时期以寺庙壁画和墓室壁画为主，壁画艺术具有契丹民族的风格和特点。山西省应县佛宫寺释迦塔内所存壁画和近年发现的辽宁省沈阳市无垢净光舍利塔地宫壁画等，都反映了辽代寺庙壁画的水平，具有重要价值。辽代建立以后效仿汉族习俗修建陵墓，墓室规模超过同时期的中原地区。迄今发现的最大规模壁画墓是内蒙古巴林右旗的庆陵墓。壁画内容也是丰富多彩的，契丹贵族墓壁画流行的题材包括游牧生活、四时风光、宴会娱乐、狩猎归来等。

元代重视佛寺建设，其中壁画创作也受到关注，留至今日的元代寺庙壁画，是元代壁画中主要的遗迹。元代石窟壁画数量较少，墓室壁画也发现不多。元代壁画的制作过程根据永乐宫壁画制作工艺总结为：将细沙、黄土、麦秸秆、麻筋用水将其和匀，在壁面上厚抹一层，半干时压实，然后用瓦刀将其表面划以斜纹（为了加固第二层泥浆）。第二层先将黄土过筛放入大锅，用水和成乳状，然后加入白麻纸捣碎，浸泡一到两天，再加入细沙黄土，搅拌均匀，涂抹于壁面上，待半干时压紧压平。最后涂上一层胶矾水，待干后即可作画。在用色上，以青、赤、黄、黑、白这五色为主色，配以绿、粉红、紫、浅青、黄褐等几种五色相混而成的间色。矿物色主要以石青石绿为基础色调，熟练运用朱砂、土黄等各种对比色。沥粉堆金的技法在这一时期的壁画中也经常使用，特别适用于殿堂或寺院的装饰，能够产生一种奢华壮丽、典雅富贵的感觉。如山西永乐宫壁画（图1-1），线描技法非常娴熟精致，人物冠带、衣襟处沥粉贴金，为壁画增强了辉煌的效果。除了永乐宫壁画以外，元代比较著名的壁画还有敦煌莫高窟第3窟和第465窟壁画、甘肃榆林窟壁画、山西广胜寺水神庙壁画、山西冯道真墓壁画等。

壁画发展到明清时代已日渐衰落，但也出现了新的气象，如因喇嘛教的兴起，出现了以喇嘛教为中心的藏式壁画和结合了小说、戏剧、文学作品等内容的壁画。明清代壁画已不再被视为正统的绘事，由民间画工承担，因此绘画内容生活气息很重，受西洋等多种艺术的影响，更加世俗化。明清壁画的制作工艺为：先将黄土过筛，与粗砂、石灰、麻筋和成糊状，涂抹于壁面上，作为第一层；第二层是用纸浆、碎棉、细土拌匀，涂抹于壁面上；干透后再刷白粉加胶矾水，干透后即可作画。在用色上，较多地使用了石青、石绿、朱砂等多种矿物质颜色，特别在人物装饰的主要部位上大量使用描金和沥粉贴金。明代代表性壁画有北京法海寺壁画、山西圣母庙壁画、河北毗卢寺壁画、青海瞿昙寺壁画等，清代代表性壁画有山东泰山岱庙壁画、布达拉宫壁画、大昭寺壁画等。

至新中国成立以后，壁画又开始受到重视，国内美术院校开设了壁画课，此外还派遣留学生出国学习，进行跨文化交流。壁画的"壁"从最初的"墙壁"发展为一切建筑空间及其周边环境，"画"也从传统的手工绘画发展为绘画、雕刻、工艺和现代工业技术相互结合的多种材料和技法，称得上当代最具时代特征的边缘艺术。

1.2.2 欧洲壁画的发展历程

欧洲壁画的开端可追溯到史前洞窟壁画和摩崖壁画，这些壁画真实记录了远古部落的生存、生产活动。例如法国拉·费拉西洞中兽头画，平达里和卡斯提里奥洞的大象，芳特·高姆洞的古象和野牛，西班牙柏期·麦尔洞的斑马等，最具有代表性的有西班牙阿尔塔米拉洞岩壁画和法国拉斯科洞穴壁画（图1-4）。这些动物画以岩石为基底材料，以天然矿物颜料为主要绘画材料，颜色以赫红和黑色为主。根据对拉斯科洞穴壁画的研究表明，颜料是在潮湿的表面上绘制的。洞穴的岩石具有钙质结构。溶解在水中的碳酸钙通过岩石渗出并在表面结晶，为色素的固定提供了条件。

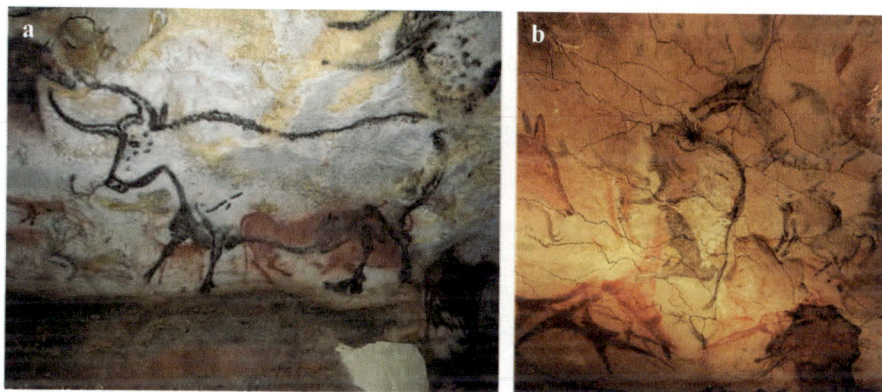

图1-4　a.法国拉斯科洞穴壁画；b.西班牙阿尔塔米拉洞岩壁画

（图片来源：https://whc.unesco.org/）

在新石器时代，人们开始在自己建造的墙壁表面绘画，并涂上黏土，而不是画在不规则的岩石表面，因此绘画成了建筑的一部分。

1900年在克里特岛出土了一幅《驯牛图》（图1-5），是古希腊、古罗马时代的壁画。该壁画所有颜料都是天然矿物质和植物性的碳化合物或植物的茎、叶的汁，胶结材料用的是树汁、天然树脂（如橡胶）或胶。公元前5世纪希腊兴盛蜡画，如《马拉顿之战役图》《希腊与亚马孙之战图》。

图 1-5 　《驯牛图》

（图片来源：桂小虎．西方绘画史话．长春：时代文艺出版社，2010.）

　　中世纪的壁画受宗教的影响，题材多取自圣经。从材料上看，多为马赛克和彩色玻璃，又称为镶嵌壁画。比较著名的有英国启楚斯特教堂壁画、德国沃姆斯教堂壁画和法国夏特尔教堂壁画《耶稣传》。

　　文艺复兴时期是西方壁画的鼎盛时期，出现了很多艺术珍品，从大类上可分为干、湿壁画，蛋彩壁画和油画壁画。14 世纪的意大利开始出现干壁画和湿壁画。湿壁画的英文"Fresco"来源于意大利文，意思为"新鲜的""湿润的"。这里的湿是指在湿润的墙面上作画，这既是湿壁画最特殊的技术也是湿壁画能够保存久远的关键之处，具体做法是先用耐久的熟石灰颜料溶解于水，然后绘制在新粉刷的熟石灰（Lime Plaster）泥壁上，如此绘制的整幅壁画，没有黏合剂，时间短，约 12 小时完成，因此对绘画者要求很高，这也奠定了该时期的壁画在画坛上的显赫地位，如著名的意大利文艺复兴三杰之一米开朗基罗所创作的《创世纪》和《最后的审判》。

　　在湿壁画的画法中，利用新鲜石灰墙面的吸水作用，使颜料渗入墙体，石灰在干燥的过程中与空气结合产生化学变化，干后会在墙体表面形成碳酸钙晶体，使颜色与外界空气和水隔绝，从而达到耐久的效果。在室内，如果有一个适当的基底，湿画法就是能够永久保存绘画的技巧之一。湿画法不太适用于室外的壁画，它最怕受严重污染的空气和刮风带起的微粒，那会使它表面产生剥落。湿画法能满足理想壁画的所有要求：表面不反光，色彩效果明亮，尤其是能够长期保存并且随着岁月的增长愈显珍贵。

蛋彩壁画又叫坦培拉，由意大利画家首创，盛行于意大利、尼德兰和弗兰德斯等国和地区，14—16 世纪达到顶峰。主要是将鸡蛋和绘画颜料相混合，混合方式有很多。最典型的蛋彩用法是以天然颜料研磨成粉，加入蛋黄；有时也会加入蜂蜜、水、牛奶、醋等，还可能包括各种植物性颜料。蛋彩画中，油料和蛋黄的混合不挥发而会氧化，干后不溶于水、酒精或汽油，保证了画面的稳定持久。蛋彩画是一种古老的绘画技法，是用蛋黄或蛋清调和颜料绘成的画，多画在敷有石膏表面的画板上。盛行于14—16世纪欧洲文艺复兴时代，为画家重要的绘画技巧。文艺复兴时代曾获得辉煌成就，到 16 世纪后，逐渐被油画取代。蛋彩运用在壁画上称为湿壁画，有不易剥落，不易龟裂，色彩鲜明而保持长久的特点。基底通常是木板和三合土，底子是薄麻布加多层石膏粉，既有助于保持画面鲜艳的色彩又便于防潮，遇水不透。颜料多使用矿物质和土质及植物碳化物或叶、茎所挤出的汁，颜料黏合剂则是鸡蛋清（加水），稀释剂是蛋黄调水而成。蛋彩画未干的时候，颜色比较浅；干了之后、颜色就会变深而且有光泽；而且有一种朦胧而柔和的效果。不过蛋彩画因为不能像油画一样反复涂厚，所以很少有像油画那样颜色深重的作品。由于蛋彩画干得迅速，难于进行色彩混合，这使得画面难以变得丰富和浑厚，因此产生了油画壁画。油画壁画是在颜料调制过程中加入油，但油干得太慢，绘画时间较长。后来发明了金属催干剂，将这种催干剂掺入亚麻仁油，再与颜料混合，形成油画颜料。其中著名的油画作品有扬·凡·艾克（Jan Van Eyck）的《阿尔诺芬尼夫妇像》和《根特祭坛画》。意大利文艺复兴盛期和后期，不仅涌现出很多优秀的美术人才，创造了很多典型的人物形象和传世作品，还在美学和绘画理论方面做出了巨大贡献，成为世界艺术宝库中的珍贵财富。

1.3 壁画的价值

壁画最早出现在史前时期，它反映了人类的信仰和创造力，是世界文化遗产中最重要的部分之一。壁画艺术是我国优秀文化遗产中重要的组成部分，具有非常宝贵的艺术、历史、科学价值。它们折射出了中国古代社会的面貌，记载并反映了历史的真实，对于研究中国传统文化、绘画艺术，社会生活等，都具有深远的历史意义和重要的现实意义。

1.3.1 艺术价值

中国的古代壁画是一种古老的绘画形式，是一种特殊的艺术载体。在结构布局、题材内容、造型、色彩等方面，为现代人们的艺术创作提供了丰富的借鉴和传承作用。中国的古代建筑壁画内容极为丰富，具有突出的欣赏价值。一般根据画面的题材分为宗教、神话传说故事、历史人物故事、民俗类、山水花鸟、建筑、装饰图案等多种类型。

1.3.2 历史价值

毫无疑问，壁画作为人类从史前时代到今天的一种有价值的生命见证形式，已经存在了很长时间。从法国南部拉斯科的洞穴壁画到今天的街头艺术壁画，世界上许多地方的人们都留下了自己存在的痕迹。正是由于最早的刻画，使现代的我们对历史和前人有了更多的了解。这些壁画对人类具有重大意义，因为它们描绘了生活活动、日常风貌和文化传统，让我们看到了不同时期我们文化的多样性，并能够为重构历史文化提供基本材料，可以再现当时的社会结构和阶级制度，促进人们对历史上某些阶段社会、文化、艺术和宗教历史的理解。如敦煌壁画反映了中外文化交融的辉煌成就，具有极高的历史价值。

1.3.3 科学价值

壁画的结构、材料和工艺体现了当时的科学技术水平。如壁画使用的颜料大多为矿物颜料，这些矿物颜料的使用，反映了我国古代科学技术的发展，这些科学技术包括矿物应用、颜料化学和冶炼技术。通过对壁画材料的检测，可以推测当时的制作工艺，解读壁画制作的科学性，对于未来使用原材料修复壁画具有重要的科学价值。如南方地区为多雨潮湿气候，梅雨季节时甚至有连续近一个月的阴雨天气。南方壁画一直暴露在潮湿、干燥空气交替和墙体毛细水的反复作用下，这些壁画能够长期经受如此恶劣的潮湿环境，与壁画的颜料层、白灰层、地仗层和墙体不同于北方壁画的独特的制作材料、配方配比、墙体结构和施工工艺密不可分。

参考文献

［1］《丝路之魂：敦煌、龟兹、麦积山石窟》编辑委员会 . 丝路之魂：敦煌、龟兹、麦积山石窟［M］. 成都：四川人民出版社，2018.

［2］陈景容 . 壁画艺术技法源流［M］. 广州：岭南美术出版社，2005.

［3］楚启恩 . 中国壁画史［M］. 北京：北京工艺美术出版社，2012.

［4］桂小虎 . 西方绘画史话［M］. 长春：时代文艺出版社，2007.

［5］姜为 . 中国壁画发展历程述评［J］. 边疆经济与文化，2009(5)：108-109.

［6］李辰 . 西方古代壁画史［M］. 北京：北京大学出版社，2007.

［7］李倩，张秉坚，何士扬 . 太平天国侍王府壁画的文物价值［J］. 东方博物，2019(3)：117-123.

［8］邵洛羊 . 中国名画鉴赏辞典：新编本［M］. 上海：上海辞书出版社，2006.

［9］王惠贞 . 文物保护学［M］. 北京：文物出版社，2009.

［10］温和 . 从敦煌壁画中的弯琴形象看凤首箜篌的传播［J］. 艺术评论，2020(1)：88-100.

［11］邢雯雯 . 中国传统壁画发展脉络研究［M］. 北京：新华出版社，2019.

［12］于莹，崔耕瑞 . 浅析敦煌壁画的艺术特点及艺术价值［J］. 美术大观，2015(1)：76.

［13］俞剑华 . 中国壁画［M］. 北京：中国古典艺术出版社，1958.

［14］张庆捷，张喜斌，李培林，等 . 山西忻州市九原岗北朝壁画墓［J］. 考古，2015(7)：51-74.

［15］郑振铎 . 中国古代绘画概述［M］. 杭州：浙江人民美术出版社，2019.

［16］祝重寿 . 中国壁画史纲［M］. 北京：文物出版社，1995.

［17］祝重寿 . 欧洲壁画史纲［M］. 北京：文物出版社，2000.

第 2 章 壁画的保存状况调查

2.1 概述

壁画的保护项目都应该从大量的调查开始。此类调查的目的是尽可能多地了解壁画的结构及其附加层的历史、美学和技术等方面的信息。这应该包括壁画的所有材料以及历史性的修改、添加和修复的程度和过程。事实上，由于受到人为因素或环境的影响，壁画所呈现的面貌很可能并非和它的起始阶段相同。

在过去的几年里，对文物状态的评估通常由策展人和修复者根据他们多年来的经验进行，并没有用相应的物理化学方法进行分析调查。对材料知识的缺乏有时会导致评估的错误，并相应地采取不适当的修复措施。这样一来，采取的干预措施非但没有保护壁画等艺术品，反而影响了它们的美感，降低了它们的耐用性。因此，科学家和文物保护工作者必须进行合作，不仅要对壁画本体进行表征和研究，还需要对降解产物进行研究，从而确定导致降解的因素。在未来的修复保护中，减少这些因素带来的影响，并选择最佳的方案进行相关保护工作。

近年来，我国行业标准《古代壁画病害与图示》和《古代壁画现状调查规范》的颁布，使我们对壁画的调查有据可依。《古代壁画病害与图示》规定了我国古代壁画中常用的相关基础术语，如支撑体、地仗层、颜料层等，并且给出了相关的病害图示，有助于对病害进行准确识别。《古代壁画现状调查规范》规定了古代壁画现状调查的工作内容、工作程序、调查工作方法和相关格式，将壁画的现状调查分为：壁面价值评估（包括历史、艺术和科学价值），前期调查（了解支撑体结构、壁画病害种类及其分布、影响因素、修复历史等），环境调查（壁画所处气象环境、地质环境、壁画保存小环境等多项环境因素），摄影调查（规定了现状调查时所用照相器材及必要的拍摄条件），测绘（包括遗址的平、剖面图等），病害详细调查（绘制壁画病害种类和分布状况在内的现状调查图），以及壁画制作材料与工艺的分析等。这两项标准的颁布规范了古代壁画调查与研究工作。

作为研究者，制订壁画调查计划时，首先需要查阅壁画的相关文献，了解壁画的建造年代和修复情况。在实地考察过程中，不仅要通过拍摄照片、与当地文保人员交流等，了解壁画的保存情况和存在的问题；还应携带一些便携式检测仪器，如硬度计、回弹仪、超声波检测仪、红外热成像仪、微波湿度计、粗糙度仪等设备，现场检测壁画支撑体的表面硬度、回弹强度、微波湿度、粗糙度等，记录数据和进行病害分析。同时，还要对壁画样品取样，所取壁画样品均用塑料袋双层包装，记录文物的名称、地点、年代、采样人或送样人，取样位置，并附照片，以供实验室分析检测。

在对壁画进行调查时，首先要调查壁画病害现状，包括病害分布、种类、程度及面积。其次，通过现场测试分析壁画物理性能和赋存环境。最后，通过现场采样和实验检测分析壁画制作材料和工艺，结合调查数据和测试结果分析壁画病害成因和壁画保存现状，为今后工作提供科学依据。

2.2　调查内容与仪器

2.2.1　调查内容

2.2.1.1 病害调查

掌握壁画病害现状及成因是未来开展壁画保护研究的前提，调查有关研究对象壁画相关文字资料的同时，科学地分析壁画病害类型、面积和病害严重程度是了解壁画病害分布及其保存现状的必要手段。参照国家文物局行业标准《古代壁画病害与图示》，现场勘查，对壁画进行逐片观察，分类、分点记录壁画病害分布、种类、程度及面积并进行归纳整理，得到壁画病害的整体分析结果。

2.2.1.2 本体物理性能检测

想要掌握壁画的保存现状，除了可以通过直接观察到的脱落、褪色等病害情况进行分析外，还需要通过壁画的强度、硬度和含水情况等物理性能来深层分析。

（1）密度、吸水率、孔隙率

通过对壁画灰浆部分样品的吸水率、密度等数据的测定可在一定程度上反映文物的防水性能、抗压强度等物理性质，可以在病害分析的基础上更好地评估文物材料的状态。赵林毅等使用土壤湿度密度仪等仪器对天然料礓石和西藏地区文物建筑中广泛应用的材料阿嘎土进行了密度、饱和吸水率等物理性质的研究，有助于研究中国古代两种传统建筑材料的物理力学特性及其科学改性和文物修复应用。刘效彬等通过使用多功能密度测量仪器研究浙江地区七座古城墙灰浆样品的孔隙率和吸水率等特征以探究文物病害发生的原因。此外，中子射线透照术等无损检测技术也被应用于庞贝古城混凝土材料的微观结构、密度和吸水率等物理性质的研究。钱邝良等依据《建筑灰浆基本性能试验方法标准》对杭州新登古城墙的灰浆样品进行了密度、孔隙率等物理性能的检测，为其后续修复材料和工艺的选用提供了科学依据。

如前所述，了解灰浆的物理性质对其保护至关重要，应用在壁画墙体上的物理性能检测技术未有明确规范，多有参考现行国家标准规范的技术内容，根据壁画墙体材料类型和文物实际情况选择检测手段。

（2）回弹强度、表面硬度

回弹强度、表面硬度等物理性能的表征在中国古代建筑材料力学性质测量中应用比较成熟。朱才辉等使用回弹仪对明代古建筑西安钟楼外墙进行砖、土质砌体抗压强度的研究，以获取较为全面的力学参数。赵鹏等关于江浙皖地区明清时期古建筑材料抗压强度检测显示其所取得的12块青砖离散型较大，介于6～21MPa。冯楠在潮湿地区砖石类文物保护设计中使用回弹锤击测试作为砖石类文物保护效果现场检测的技术手段之一。根据壁画支撑墙体的材料研究，可选择回弹强度和表面硬度测量作为一种微损甚至无损、定量化的技术手段来检测壁画墙体的保存情况。本研究使用 HT20 型回弹仪和 Equotip 550 里氏硬度计对壁画的抗压强度和表面硬度进行现场检测。由于回弹仪的工作原理是应用弹击锤获得一定动能后通过弹击杆传送能量至测试对象，后又以测试对象的弹性反应将回弹能量反方向传回，对文物有微损影响，适用于较致密的表面，应避开珍贵脆弱区域，根据文物实际情况一般在强度尚可的文物表面选择合适区域进行测试。

（3）微波湿度

文物本体湿度是文物日常监测中的常规项目，通过这一项目除了能够对于文物保存环境的湿度变化进行测量，还可以分析壁画本体表层水力学性质和壁画墙体温湿度等情况。对于一些环境处于封闭、可控状态的壁画，还可以及时判断并调整环境湿度，使封闭环境中的壁画处于最好的保存状态。微波测湿技术依托被测体含水量与微波能量损耗情况之间的关系来推断被测体不同深度内部相对湿度或含水率及液态水的分布，对文物潮湿程度和来源判断较为准确，满足基本勘测需要，并已有成熟应用于诸如探查石窟岩体水分的研究，为文物内部水分可视化分析提供新方向。此外，在浙江多处古塔内部液态水的监测中，孟诚磊使用微波湿度仪得到古塔风化程度和机理较为全面的分析。刘璐瑶等通过手持式微波湿度仪对特定区域的壁画表面 3cm 深度处的湿度测量得到壁画褪色等病害与湿度的初步关系，有助于后续保护工作的开展。使用微波湿度仪对历史建筑材料进行水力学检测在文物本体湿度监测中也已有较多应用，具有便捷可靠、无损诊断等优点。

2.2.1.3　赋存环境调查

壁画的保存环境可分为相对开放与封闭。相对开放的保存环境监测涉及壁画所处地区的外部气候环境、对壁画保存有害的气体分子等；封闭的保存环境一般为原址封闭可控或迁址保护的环境，一般需要监测温度、湿度，以及影响壁画保存的有害气体分子等。可以使用二氧化硫测定仪和二氧化氮测定仪检测研究对象所处环境中对壁画有害的二氧化硫和二氧化氮分子的含量。

2.2.1.4　壁画制作材料及工艺检测

（1）结构探究

主要通过现场观测，利用标尺和照片对各种已有断裂截面进行观察和测量，了解壁画的结构；在不破坏文物原状基本原则的前提下，利用体视显微镜，将带有结构的样品进行剖面分析。

（2）颜料无机成分检测

绘制于中国古代壁画文物上的无机颜料种类多样、颜色鲜亮，应用历史悠久，又因其化学性质相对稳定，彩绘文物在历史长河中大量留存，构成了中华文明别具风采的一部分，为我们研究古代不同时期和地区的风俗习惯、社会文化和发展提供了珍贵的史实资料。无机颜料的判别鉴定技术发展历史悠久，一直是文物研究重点关注方向之一。现代科学检测技术的应用已趋于成熟，检测手段较多，主要有 X 射线荧光法、X 射线衍射分析法、激光拉曼光谱分析法、扫描电子显微镜法和偏光显微镜分析法等，多年来已有大量研究成果。

（3）灰浆类样品无机成分分析

灰浆无机成分常用定性检测方法有 X 射线衍射（XRD）分析法、扫描电子显微能谱元素分析法、X 射线荧光及傅里叶红外光谱分析法等。

（4）有机添加成分化学分析

灰浆中的有机添加成分一般有五种，分别为糯米、蛋白质、糖类、动物血、油脂等，这些有机成分对灰浆中碳酸钙的性能具有提升作用，具体表现为一种生物矿化作用。化学和生物分析法是检测灰浆中有机添加剂的常用方法，操作方便，成本低。

2.3　壁画的保存状况调查案例

我国壁画文物遗存数量大，分布广泛，随着时间的推移，同其他类型文物一样会产生多种病害，成因复杂，一般是由于其赋存的环境因素复杂多变及本体材料及工艺的脆弱性和材料老化不可逆、不可再生。壁画保存现状的科学研究及后续保护是文化遗产保护的重要分支，主要目的是将壁画相关历史、文化和科学艺术的相关信息完整地保存下来。

总的说来，我国北方地区壁画保护的研究较多，特别是石窟壁画研究较为系统和深入。我国南北气候差异较大，不同地区的壁画因为所处地域、气候及地质结构条件的不同，壁画的制作工艺、病害类型及产生机理也不同，难以将在特定类型壁画和北方地区研究所得的经验和研究成果直接应用于南方壁画的保护分析中,而目前对于浙江金华地区的壁画在病害情况、制作工艺和材料等的保护前期方面的科学性、系统性研究基本处于空白阶段。本章以浙江金华地区传统壁画典型代表——浙江省金华市武义县俞源村古民居建筑壁画为例,对其病害现状和制作材料及工艺等进行科学研究,总结壁画的病害特征和制作工艺,为南方壁画的科学保护提供参考。下文以俞源古村落的壁画保存状况调查为例，展开相关介绍。

2.3.1　俞源古村落介绍

（1）地理位置与环境

俞源村位于浙江省金华市武义县西南部，曾隶属于宣平县，坐落于距县城 20 公里的武义县西南部，是一个有着七百多年历史的古村落，古时曾是婺杭的交通要道。俞源村依山傍水，北靠锦屏山，南面参差群山，东西分别有龙宫山和雪峰山。两条分别来自清风岭外和九龙山的西溪和东溪自南向北、由东南向西北汇合到俞源村的西侧俞川，后向北过锦屏山，再绕过凤凰山直奔钱塘江。

武义县地形西南高、东北低，南部、西部和北部三面环山，峰峦连绵。境内山脉属浙中山系，包括西南部来自遂昌县界的仙霞岭山脉，东南部来自缙云县界的括苍山脉，东北部来自义乌和永康的仙霞余脉的八素山脉。全县千米以上山峰有 102 座，西部西联乡的牛头山海拔 1560.2 米，为金华市的第一高峰。境内最低处为北部履坦镇范村，海拔高度仅 57 米。中部丘陵蜿蜒起伏，其间樊岭与大庙岭东西向横贯县境中部，形成武义和宣平两个河谷盆地，并把县境内的水流分成钱塘江、瓯江两大水系。钱塘江水系位于县境北部武义河谷盆地，主要干支流 11 条，全长 384.4 千米，集雨面积 900.4 平方千米；瓯江水系位于南部宣平河谷盆地，干支流 18 条，全长 274.6 千米，集雨面积 676.8 平方千米。气候属于属中亚热带季风气候，四季分明，温和湿润，雨量丰沛。因境内地形复杂，气候多变，灾害性天气频繁，主要是春播育秧期的低温阴雨，梅汛期的暴雨洪涝，盛夏的干旱，春夏秋季的冰雹和雷雨大风，秋季的低温，冬季的寒潮、冰冻。

（2）价值与历史变迁

从 20 世纪 80 年代开始，俞源古村落所具有的历史、文化以及艺术价值逐渐被人们所发现并发掘。1996 年，俞族子孙俞步升发现村中散布的七口水塘呈北斗七星形状分布，提出了"祖先巧设七星塘"之说，又因其村落布局、建筑排列与中国古代太极图像、二十八星宿分布图十分相似，首先提出了俞源为"太极星象村"的概念；马琳先生于 1998 年 8 月 15 日的《钱江晚报》上发表了《俞源村，活脱一幅星象图》，此后，俞源太极星象村的消息很快传遍全国，甚至名扬海外；1998 年 10 月 1 日，古村以"俞源太极星象村"的名称对外开放。之后，俞源古村落在 2000 年被列为省级历史文化保护区，2001 年被国务院列为国家级文物保护单位，2003 年被文物局列为我国首批历史文化名村。

俞源古村占地约 2.4 万平方米，2004 年，武义县博物馆上报国家文物局俞源古村现存完整或比较完整的建筑数量为 53 座，后复核为 51 座，其中建筑年代最早为明万历年间，剩余建筑中明代建筑仅占少部分，多为清乾隆至道光年间的民居建筑。古村规划布局与太极星象图高度一致，村内布局及建筑排列与中国古代太极图像、二十八星宿分布图十分相似。目前，国内已有大量学者对其极具特色的村落布局进行了系统的分析和解读，但在可找寻到的文献资料中并未发现具体的关于俞源古村是按照二十八星宿进行建造规划的记录，故关于俞源古村的奇特布局究竟是天然凑巧形成还是人为刻意改造还未有定论。除了尚有争议的独特星象布局之外，不可否认的是它还是一个保存完好的古生态村落，建筑类型丰富，包括民居、庙宇、宗祠等，且整体形态完整。纵观俞源古村，古建筑群分布合理，遵循古人"天人合一""人与自然和谐相处"的理想境界，住宅区分为前宅、上宅、下宅三大区，前宅发展最早，可追溯到宋末时期，上宅发展在明末，后经兵灾，乾隆之后大规模重建，上宅和下宅在嘉庆、道光时期达到建设高潮。前宅区的建筑大多建筑久远，多已毁损，保存较好的多为清代时期建筑，粉墙灰瓦、坡屋顶、木梁架等的建筑风格虽与丽水、金华等周边地区的建造体系一脉相承，但从其门楼高耸、精湛装修和恢宏气势的建筑特点中又可以看出其明显区别于其他地区的地方特色。除了富有个性的建筑风格外，村内古建筑的内部装饰也别具风味，主要有木雕、砖石雕和壁画等。

（3）壁画内容与现状

俞源村的彩绘壁画作为俞源民居建筑的附饰部分，其功能不仅仅是装饰与美化，同时还具有丰富的民俗意义和人文价值。壁画题材从栩栩如生的神仙人物（图 2-1a）到水墨感的梅兰竹菊之景（图 2-1b），以及具有立体感的挂幅壁画（图 2-1c），表现了画匠们高超的技艺和壁画所处时代的乡土气息。此外还有大量以诗词为主要内容的书法壁画（图 2-1d），可见相当深厚的文化积累和书法功力，具有明显的地域化特征。

图 2-1　俞源村壁画：a.神仙人物；b.晕染花草；c.卷轴悬挂式样石壁题诗；d.诗文
（图片来源：浙江大学文物保护材料实验室拍摄）

由于壁画基本位于院墙及山墙上，大部分没有遮盖保护，随时间推移而常年经受风吹雨打，日晒、烟熏及人为的破坏，存在残缺不全、褪色严重及空鼓等病害情况。本章主要以俞源村精深楼、高座楼、下万春堂、四星楼、六基楼和谷仓楼共六栋民居的壁画为实验对象进行俞源古建筑壁画的保存现状研究。其中精深楼建于清道光二十五年（1845），楼内设书房、藏书阁等，前院西墙为"回音壁"，壁以南设有大花园，是中型住宅中最精致的一幢。高座楼是一座建于清嘉庆十年（1805）的小四合院，牌楼门前的围墙上绘有素雅的兰菊，从第一道门的照壁开始，在大门、正厅和照壁、门楣等所有适宜绘画的地方，都画有各种历史故事人物和山水佳景等。下万春堂建于清乾隆二十八年（1763），因民国时屋主人擅画兰花，远近闻名，故居被村人善称为"画家厅"并一直沿称至今。四星楼为清代建筑，楼内门楣上绘有生动形象的"双狮滚绣球"，天井前墙绘有大面积花草壁画。六基楼建于清道光二十年（1840），院前壁中间及左右侧都绘有神仙人物图，内容丰富。谷仓楼建于清嘉庆八年（1803），壁画主要集中在三合院院墙内外侧檐下及两侧小台门门罩下，天井前墙内外侧檐下绘有三段式连环壁画，画中生动形象的山水和人物场景之间皆以垂莲分隔，两侧小台门门罩下绘有鲤鱼、水草，画作水平高超。

2.3.2　调查对象

俞源村年代较早的前宅区建筑质量较差，壁画破损相当严重；上宅于清代乾隆之后开始大规模地兴建，质量较高，造作讲究，以大型、中型住宅为主，密度较低，街巷宽敞，比起前宅区，这些建筑壁画保存程度较好；下宅区建筑保存程度一般，其中谷仓楼等壁画保存相对较好。本次调研共选取上宅区的精深楼、高座楼、下万春堂和下宅区的四星楼、六基楼和谷仓楼这六栋民居为对象，对其壁画病害情况进行分析。

2.3.3　调查流程和内容

调研的前期准备主要包括两个方面：第一，收集俞源古村及其壁画的历史资料：根据当地文物保护人员对于文物信息和保护环境的介绍，结合文献资料的查阅了解壁画绘制年代、文物价值和保护情况。第二，规划调研方案：根据相关标准以及调查对象的实际情况，制定病害调查项目、分组安排、确定出行路线、准备调研所用仪器等。

现场调研主要分为三个方面：壁画墙体物理性质；壁画病害情况；环境中的有害气体的含量。多方面深入了解壁画保存现状，针对严重危害壁画保存的因素做出及时整改，旨在较好保护壁画原貌的前提下使其能长久保存。本次调研使用的检测方法均为无损检测，不会对文物本体造成损坏。此次现场检测项目主要包括病害检测、微波湿度检测和红外热成像检测、物理性质检测、空气质量检测四项。

现场调研结束后，应及时将检测数据整理统计到数据库，以便后续实验室分析或送外检测。

检测内容包括：

（1）病害检测：在国家文物行业标准《古代壁画病害与图示》的基础上，根据当地室外壁画可能出现的病害，将调研的病害对象分为颜料层脱落、褪色等共 17 种，并将病害严重程度分为轻、中、重三级。通过对壁画进行逐片观察、记录和拍照，整理俞源村壁画主要的病害类型和面积。

（2）微波湿度检测和红外热成像检测：检测文物表层水力学性质，分析建筑墙体的温湿度情况。

（3）物理性质检测：包括回弹强度检测、里氏硬度检测、超声波波速检测。

（4）空气质量检测：检验当地空气中二氧化硫和二氧化氮的含量。

2.3.4　调查结果

2.3.4.1　病害勘查结果

调查发现六栋楼壁画总面积 211.62 平方米，勘测发现病害总面积 162.48 平方米。各病害类型及程度详见图 2-3。其中最常见的为颜料层脱落病害，约 80.57 平方米，占壁画总面积的 38.07%；褪色病害约 34.91 平方米，占壁画总面积的 16.50%；地仗层脱落病害约 17.09 平方米，占壁画总面积的 8.08%。这三种病害是俞源村建筑壁画的主要病害，详情可见图 2-2、图 2-3。此外还存在烟熏、人为破坏和动物破坏等病害类型，烟熏病害的位置多位于旧烟囱周边，主要为后墙廊檐下，面积不大但程度较为严重。人为破坏包括划痕、涂写覆盖、穿孔过线等，主要原因是俞源村人员活动较为密集，各个建筑目前皆有人居住，对壁画保护不够重视。

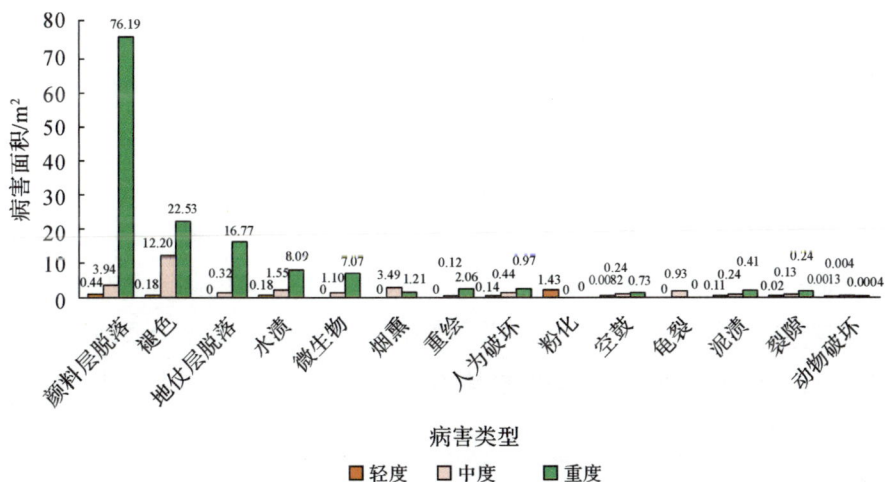

图 2-2　俞源村古建筑壁画病害类型和程度比例图

在统计的所有病害中，有 80% 以上的为严重病害，中度病害占 15% 左右。同时，多处存在同一壁画上有多种病害的情况，如图 2-3d 中诗文壁画上同时存在裂隙和空鼓病害。俞源村古民居建筑壁画处于开放环境，颜料层脱落、褪色等病害受日照、雨淋等温湿度变化影响较大。

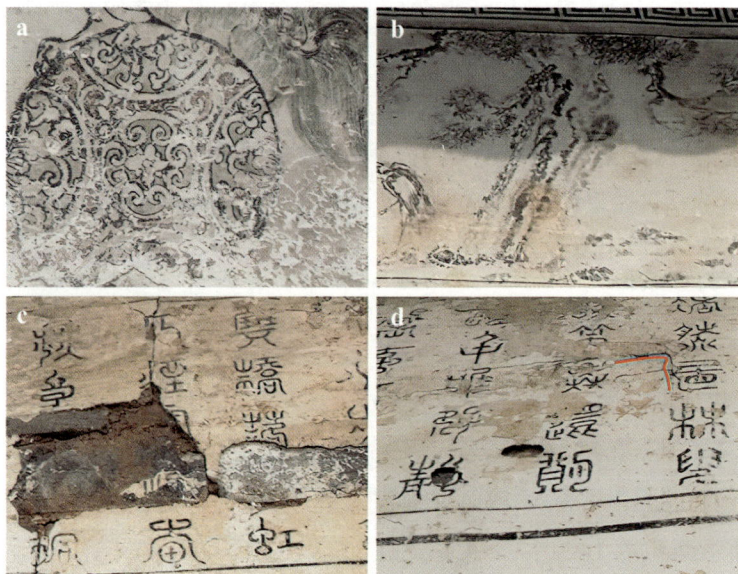

图 2-3　壁画典型病害图例：a.颜料层脱落；b.褪色；c.地仗层脱落；d.空鼓、裂隙
（图片来源：浙江大学文物保护材料实验室拍摄）

2.3.4.2　物理性能测试结果及分析

（1）样品密度检测结果

样品经干燥和防水处理后进行密度检测，结果见表 2-1。灰浆样品的密度基本分布在 2.3 ~ 2.9g/cm³，与普通石灰石密度（约 2.6g/cm³）差别不大。样品吸水率和孔隙率整体偏高，根据样品所在部位或成分的不同，样品的吸水率差别较大，样品 yb01、yb02 分别为四星楼门槛上墙体和天井壁画部分墙体的白灰样块，吸水率较低，抗渗性能较好，可初步得出四星楼墙体的工程强度较为良好。样品 yb03 为谷仓楼外侧檐下正中壁画下掉落的白灰样块，质地较软易折，样品 yb04 为谷仓楼内侧檐下左部分壁画下掉落的白灰样块，其较低的吸水率和总孔隙率说明该部分质地紧密坚硬。样品 yd01、yd02 均为高座楼掉落的地仗层样块，外观类土块，松散易酥，吸水率和总孔隙率都较高。

表 2-1 白灰层和地仗层样品密度检测结果

样品编号	表观密度 / (g/cm³)	吸水率 /%	总孔隙率 /%
yb01	2.633	28.03	49.49
yb02	2.735	30.74	50.48
yb03	2.942	42.48	56.41
yb04	2.325	25.86	37.54
yd01	2.890	33.50	51.02
yd02	2.840	41.09	56.30

（2）回弹强度、表面硬度测试结果

回弹强度、里氏硬度和声波声速测缺选取了四星楼、六基楼和精深楼壁画墙体进行测试。由图 2-4 可知，在检测的三栋建筑中，六基楼和四星楼的回弹强度结果较好，精深楼回弹值相对较低，结合声波声速检测结果可以看出六基楼墙体保存是三幢建筑中最好的，比较稳定。里氏硬度测试结果表明精深楼墙表面硬度较高，而六基楼墙表面硬度相对较低，可以表明其表面性能较差，风化程度较高。

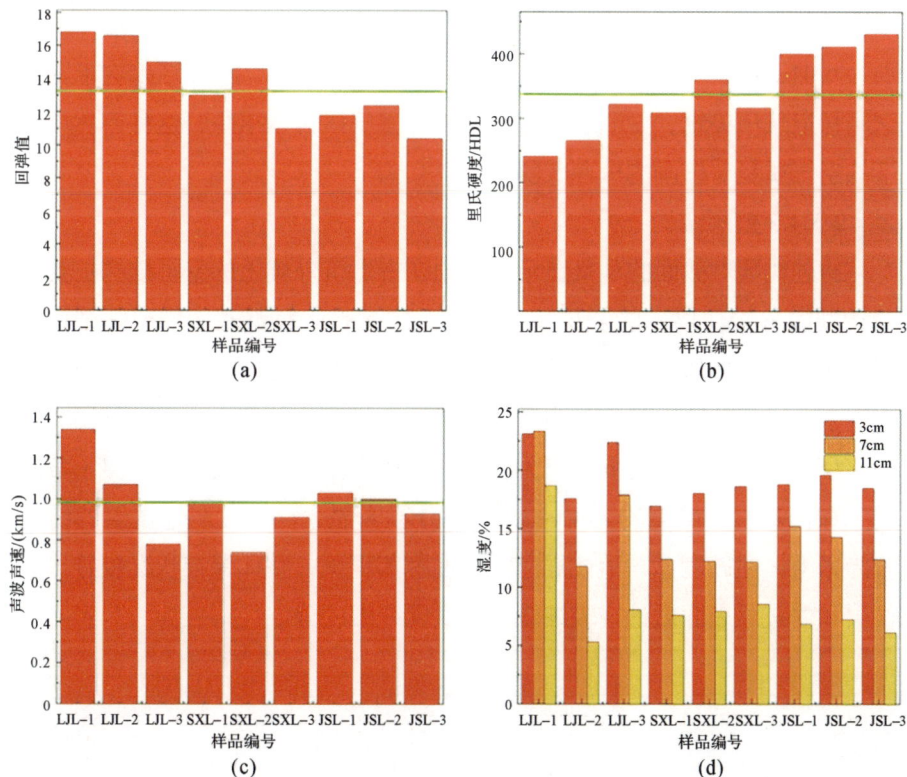

图 2-4 壁画支撑墙体物理性能测量结果：a. 回弹值；b. 里氏硬度；c. 声波声速；d. 微波湿度

（3）微波湿度测试结果

考虑壁画墙体的平均厚度，微波湿度测试采用了 3cm、7cm、11cm 的检测深度，结果见图 2-4d。整体来看，各墙体湿度随表层下厚度的加深而降低，其中六基楼各层位、各测试位点湿度差异性较为明显，说明墙体表面的整个壁画层可能受到干湿循环和反复盐析的破坏，未来需要详细考察原因，及早开展预防性保护。

（4）赋存环境分析

俞源古村位于金华市西南部，属浙江中部地区，亚热带季风气候，地处山区和平原盆地的交界处，有宣平溪和熟溪双溪环抱，对室外壁画的保护来说，自然环境的影响是最主要的威胁，如空气质量、风雨的侵蚀及南方特有的潮湿环境，容易造成褪色、空鼓、地仗层脱落等病害。

二氧化硫是一种在空气中分布广，危害大的酸性气体，其干沉降或湿沉降都易与壁画等文物中的钙元素反应生成硫酸钙，并随环境温湿度变化反复结晶膨胀，从而产生剥蚀脱落，对文物造成损害。二氧化氮作为一种酸性气体能直接对壁画等文物产生腐蚀破坏。对俞源村几处壁画集中的区域进行了空气中二氧化硫和二氧化氮的化学检测。两种检测的测定下限分别为 $0.01mg/m^3$ 和 $0.05mg/m^3$，测量精度皆为 ±5%。检测结果均未发现这两种空气污染物，说明俞源村环境中有害气体含量很少，这种自然环境下的空气质量对壁画的保存威胁很小。

2.3.4.3 壁画结构分析

通过现场对截面的观察显示，绘制在古建筑外墙上的壁画结构主要为"砖砌体 + 地仗层 + 白灰层 + 颜料层"，这是一种最基本的壁画结构，即以砖石为支撑体，在砖石砌筑体表面依次涂抹黄泥、白灰，达到表面平整要求后进行绘画。该结构也是中国传统壁画制作的基本模式。从图 2-5 高座楼第一进门右侧处壁画可见，其砖砌体上依次铺有黄泥地仗层（黄泥层）和白灰层，厚度均为 1 ~ 2mm，分层明显，白灰层与地仗层的结合较为紧密，在砖砌体与地仗层之间存在脱落现象，整体保存状况较好。地仗层和白灰层表面质地皆较细腻，未发现纤维成分。

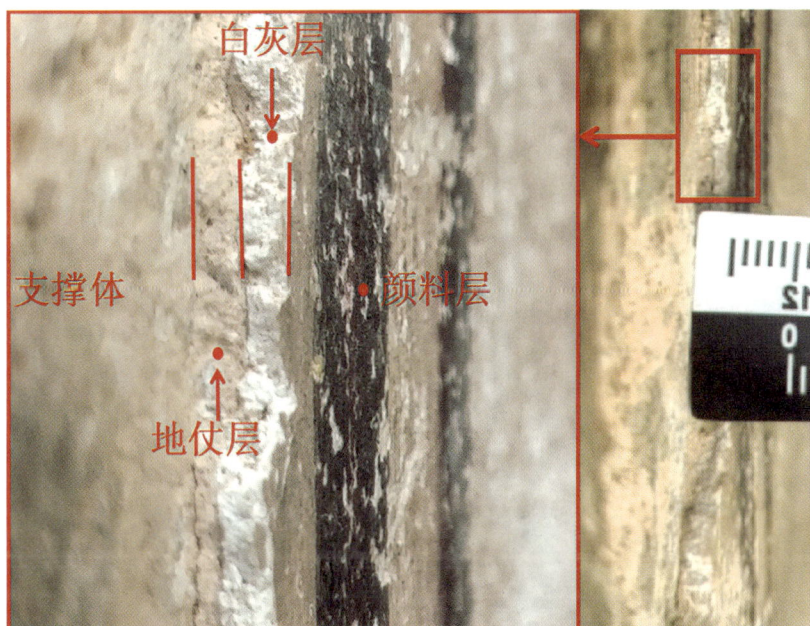

图 2-5 壁画截面基本结构（高座楼进门右侧）"支撑体 + 地仗层 + 白灰层 + 颜料层"

在基本结构的基础上，不同位置的壁画结构也有变化。如图 2-6a 在高座楼大门外对面壁画，地仗层之上铺有两层白灰层，其中底层白灰层厚度约 2mm，与地仗层结合紧密，上层白灰层厚度约 1mm，存在部分脱落现象，上层白灰层与底层白灰层的结合力较弱。此外，在四星楼大门门框上方已发现壁画支撑砖体上没有地仗层，直接铺有 2 ~ 3 层白灰后绘制壁画。其中图 2-6b 铺有两层白灰层，厚度均小于 1mm，且相互之间结合力较弱，存在部分脱落情况。图 2-6c 铺有三层白灰层，相互之间结合力较弱，存在部分脱落现象。观察发现这些存在多层白灰之处，许多是底层粗糙或不平整的，例如图 2-6a 的底层白灰层颗粒度较粗，图 2-6c 的砖体表面比较粗糙，涂抹多层白灰是为达到画面平整的目的。此外，俞源村处于南方高湿度地区，较厚的白灰层，以及在白灰层和地仗层中添加有机物可能是为防潮和保持壁画稳定而做的工艺改善。

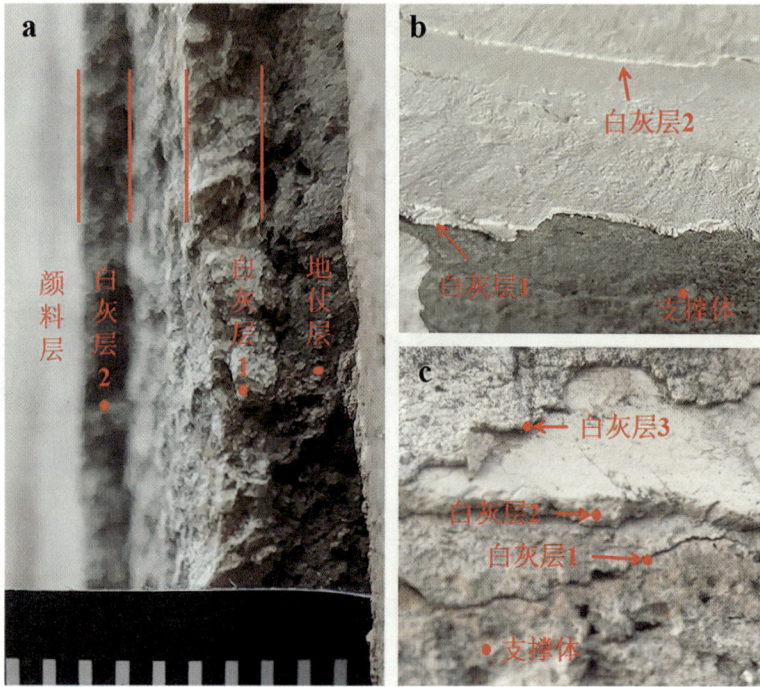

图 2-6　壁画结构变化截面图：a."支撑体＋地仗层＋2层白灰层＋画面层"；
b."支撑体＋2层白灰层＋画面层"；c."支撑体＋3层白灰层＋画面层"

　　此外，在高座楼大门外门框上方还出现了"砖砌体＋地仗层＋白灰层＋颜料层＋白灰层＋颜料层"的壁画结构（图 2-7）。地仗层表面白灰层厚度小于 1mm，并绘有黑色颜料，在该层颜料层上有第二层白灰层，厚度约 4mm，表面绘有黑色颜料。此处明显有两层颜料层，且相互叠加，初步推断属于重绘现象，即在历史上进行过两次绘画。

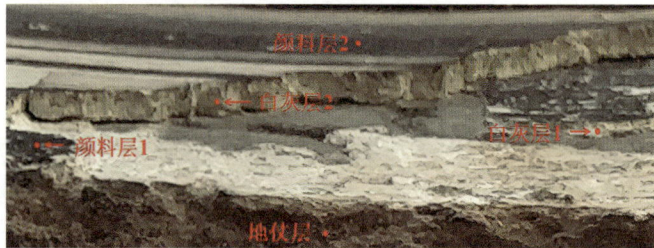

图 2-7　壁画截面呈现的重绘结构"支撑体＋地仗层＋白灰层＋颜料层＋白灰层＋颜料层"

2.3.4.4 壁画制作材料检测结果

（1）壁画颜料无机成分检测结果

图 2-8a 为蓝色颜料样品 yy01 的显微图，室外壁画经历长时间的风吹日晒，颜色已变得陈旧。在 785nm 激光光源下得到该蓝色颜料的拉曼图谱如图 2-9 所示，从图中可以看出该样品的特征峰与群青 [Lazurite，$Na_{6-10}(Al_6Si_6)O_{24}S_{2-6}$] 的标准拉曼峰基本对应，判断蓝色颜料的主要成分是群青。人工群青价格低廉，在晚清时期就已传入中国并广泛应用于壁画上。

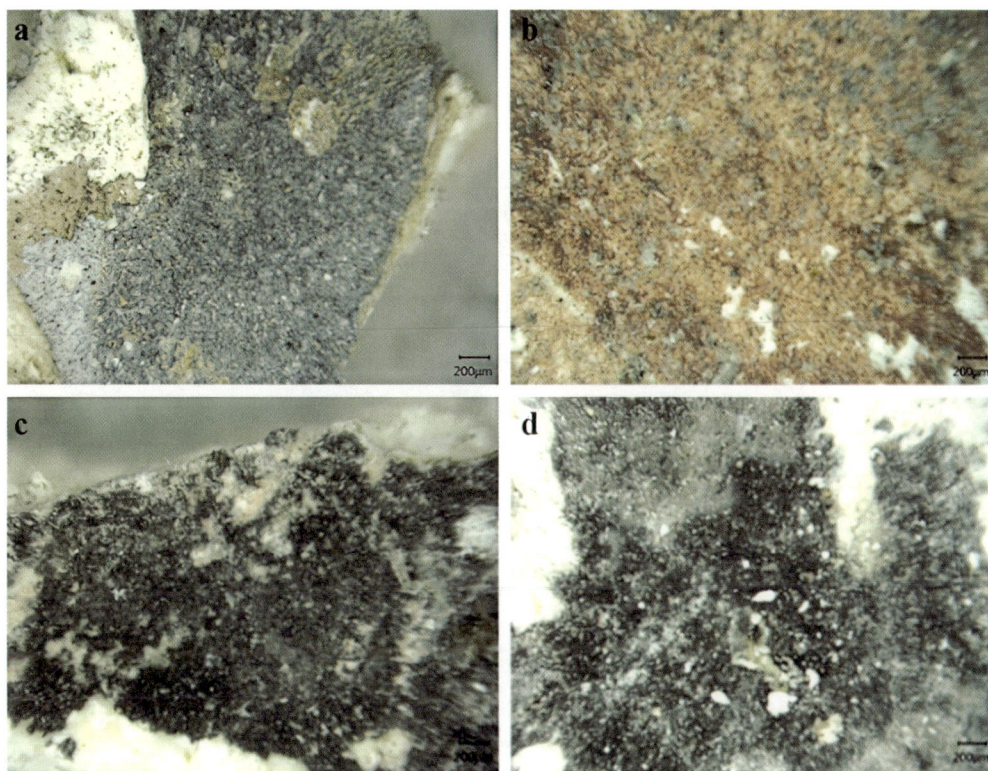

图 2-8 颜料样品超景深显微照片

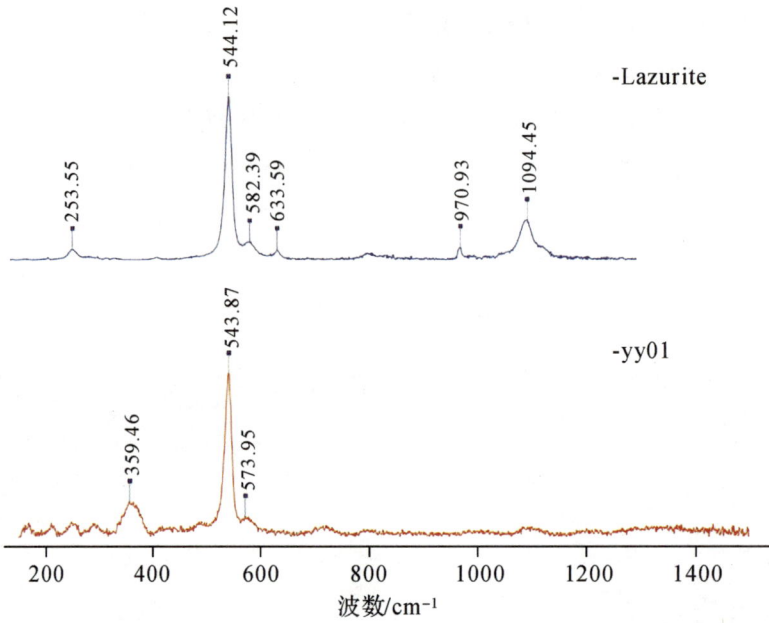

图 2-9　蓝色颜料样品 yy01 的拉曼图谱

红色颜料样品 yy02 的超景深显微照见图 2-8b，拉曼图谱如图 2-10 所示，从中可以看出其与标准赤铁矿（Hematite，Fe_2O_3）特征峰基本对应，初步推测红色颜料样品的主要成分为 Fe_2O_3。

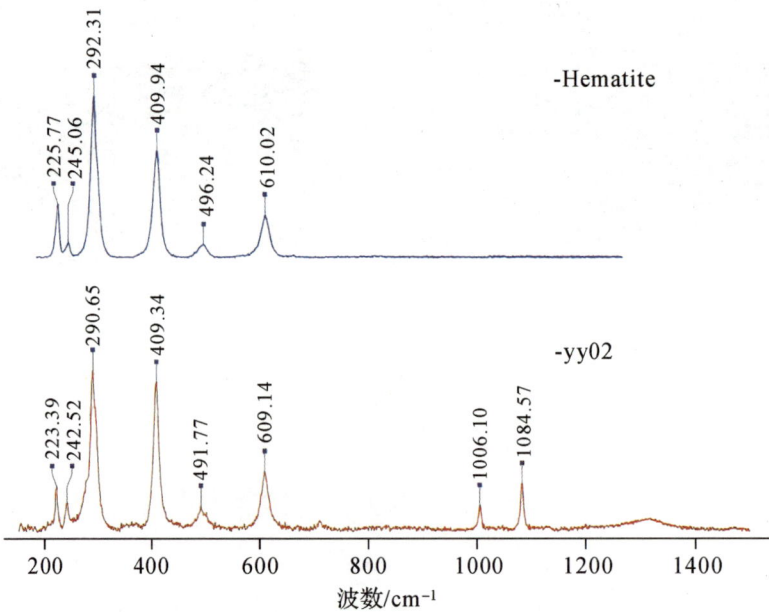

图 2-10　红色颜料样品 yy02 的拉曼图谱

黑色颜料样品 yy03 和 yy04 的超景深显微照见图 2-8c 和图 2-8d，相应拉曼图谱见图 2-11，可以看出样品 yy03 和 yy04 都在 1310cm⁻¹ 左右位置存在特征峰，这是石墨结构碳的特征拉曼峰，可知该黑色颜料为炭黑。

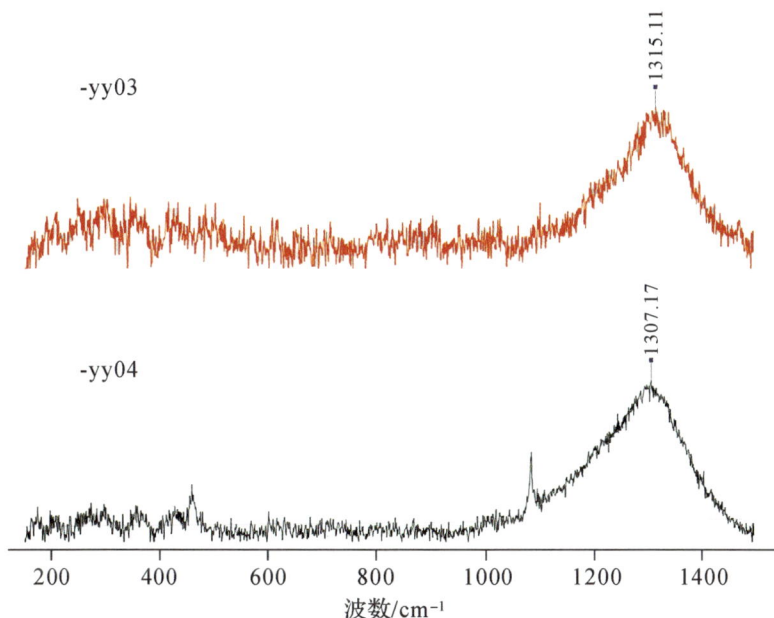

图 2-11　黑色颜料样品 yy03、yy04 的拉曼图谱

（2）壁画胶结材料检测结果

运用酶联免疫分析方法，以蛋清、酪素、明胶、桃胶为目标检测物，检测结果见表 2-2。根据表 2-2 中数据，在蓝色颜料样品中检测到的蛋清和明胶成分有较为强烈的阳性反应，判断在蓝色颜料调和时加入了明胶、蛋清材料。蓝色颜料的陈旧可能是受胶结材料老化的影响。

表 2-2　颜料样品有机添加胶结成分的酶联免疫分析结果

样品编号	蛋清	酪素	明胶	桃胶
yy01	++	-	+++	-
yy02	-	-	-	
yy03	-	-	-	-
yy04	-	-	-	-

注："++"表示有明显反应，"+++"有非常明显反应，"-"表示无反应。

（3）灰浆无机成分检测结果

根据样品的 XRD 检测结果（图 2-12），白灰层样品的矿物成分主要为方解石（$CaCO_3$）和石英（SiO_2），结合热重曲线得知其中碳酸钙含量均在85%以上。地仗层样品的主要矿物成分为石英，碳酸钙含量在20%左右，另外还含有一定量的微斜长石（$K(AlSi_3O_8)$）和云母（Muscovite）。推测这些灰浆样品主要是由石灰和石英砂制成，地仗层在制作时加入了黏土。

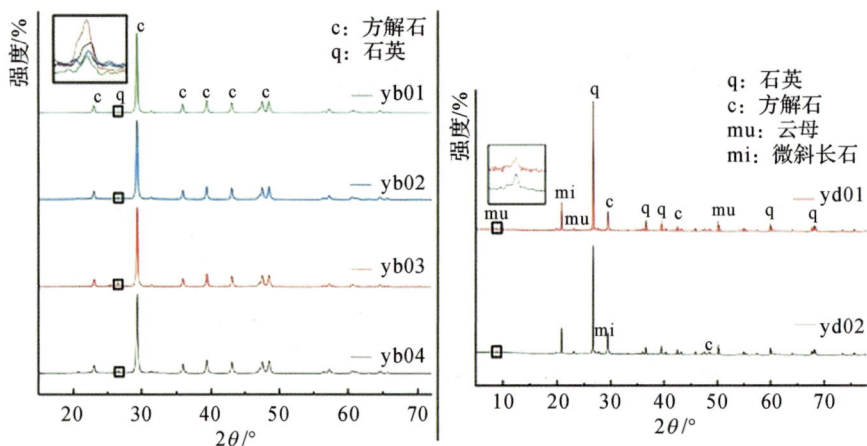

图 2-12　白灰层、地仗层样品 XRD 检测结果

（4）灰浆样品有机添加成分检测结果

表 2-3 为白灰层、地仗层样品有机添加物的化学分析检测结果，以判断样品中有无蛋白质、动物血、糖类、油脂、糯米等添加物质。由表 2-3 可知，在白灰层和地仗层样品中均没有检测到添加动物血、糖类、油脂等有机成分。从表 2-3 可以看到 yb02、yb03、yb04 样品含有糯米成分，其显色检测结果见图 2-13，很明显这三个样品中添加了糯米成分。

表 2-3　白灰层、地仗层样品有机添加物化学分析法检测结果

样品编号	蛋白质	血料	糖	油脂	淀粉
yb01	+	−	−	−	−
yb02	+	−	−	−	+
yb03	+	−	−	−	+
yb04	+	−	−	−	+
yd01	−	−	−	−	−
yd02	−	−	−	−	−

注："+"表示有明显的反应，"−"表示无反应。

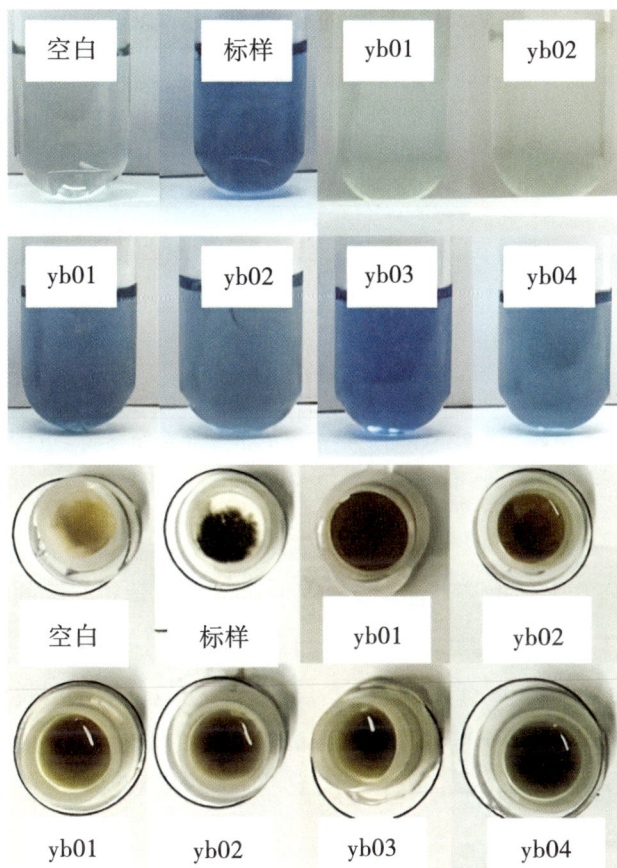

图 2-13　有机物添加物化学分析检测结果照片：上图为蛋白质检测；下图为糯米检测

在表 2-3 的蛋白质检测结果中，样品 yb01、yb02、yb03、yb04 都有明显的显色反应（图 2-13），可判断至少这些样品中都添加了蛋白成分。根据表 2-4 酶联免疫分析的检测结果，样品 yb04 的蛋清检测阳性结果较强，白灰层样品 yb01 和 yb03 的明胶检测阳性反应强烈，可以确定这些白灰层样品中含有明胶和蛋清成分，而 yb02 的具体蛋白成分还有待进一步判断。值得说明的是，由于颜料层、白灰层和地仗层的取样量很少，且添加剂混入时就不均匀，因此化学分析法和酶联免疫分析未检测到时，并不表明添加剂不存在，但检测到了基本可以肯定存在。

表 2-4　胶结物的酶联免疫分析结果

样品编号	蛋清	酪素	明胶	桃胶
yb01	–	–	+++	–
yb02	–	–	–	–
yb03	–	–	+++	–
yb04	++	–	–	–
yd01	–	–	–	–
yd02	–	–	–	–

注："+++"表示检测结果 ≥ 31%，"++"表示 30% ≥ 检测结果 ≥ 11%，"+"表示 10% ≥ 检测结果 ≥ 1%，"–"表示检测结果 < 0。

2.3.4.4　小结

通过调研和定量勘测浙江武义俞源村的六栋古建筑壁画的病害现状、制作材料和工艺以及壁画赋存环境，可以初步得到以下结论：

第一，通过病害调查显示，颜料层脱落、褪色、地仗层脱落是俞源村壁画的主要病害，病害面积较大、病害破坏程度高，有 80% 以上为严重病害，并且部分存在同一面积上的病害叠加，影响到壁画整体稳定性，总体保存状况较差。

第二，壁画所处属于开放式环境，虽然空气质量较好，但所处地理位置雨水较多，易受风雨等外界气候环境的影响；各栋壁画墙体强度不一，总体来看较为良好，但部分壁画墙体内外温湿度差异较大，反复的干湿循环和盐析可能导致整个壁画层进一步疏松、破坏和脱落，为壁画长期稳定保存带来了不利影响，应尽早开展预防性保护措施研究。

第三，经过现场对壁画各种断裂截面进行观察和测量，发现俞源古建筑壁画的主要结构为"砖砌支撑体 + 地仗层 + 白灰层 + 画面层""砖砌支撑体 + 地仗层 +2 层白灰层 + 画面层""砖砌支撑体 +2～3 层白灰层 + 画面层"及重绘结构"支撑体 + 地仗层 + 白灰层 + 画面层 + 白灰层 + 画面层"。其中，地仗层灰浆主体成分为石英砂，加有少量石灰以及云母等黏土矿物成分；白灰层主要为石灰灰浆，加有少量灰浆骨料石英砂和有助于壁画防水防潮的蛋白、淀粉有机成分；画面层主体黑色颜料为炭黑，耐候性较好。蓝色颜料为群青，红色颜料主要成分为赤铁矿，颜料中添加有明胶和蛋清等胶结成分。第四，俞源村壁画是典型的南派水墨乡村壁画，主体黑色颜料均为炭黑，耐候性较好。

参考文献

［1］APPOLONIA L，VAUDAN D，CHATEL V，et al. Combined use of FORS，XRF and Raman spectroscopy in the study of mural paintings in the Aosta Valley（Italy）［J］. Analytical and Bioanalytical Chemistry 2009，395（7）：2005-2013.

［2］COSTANTINI I，CASTRO K，MANUEL MADARIAGA J. Portable and laboratory analytical instruments for the study of materials，techniques and environmental impacts in mediaeval mural paintings［J］. Analytical Methods，2018，10（40）：4854-4870.

［3］PETROVA O，PANKIN D，POVOLOTCKAIA A，et al. Pigment palette study of the XIX century plafond painting by raman spectroscopy［J］. Journal of Cultural Heritage，2019，37：233-237.

［4］QIAN K，SONG Y，LAI J，et al. Characterization of historical mortar from ancient city walls of Xindeng in Fuyang，China［J］. Construction and Building Materials，2022，315：1-14.

［5］ROMANI A，CLEMENTI C，MILIANI C，et al. Fluorescence spectroscopy：A powerful technique for the noninvasive characterization of artwork［J］. Accounts of Chemical Research，2010，43（6）：837-846.

［6］ROSINA P，GOMES H，COLLADO H，et al. Micro-raman spectroscopy for the characterization of rock-art pigments from Abrigo del Aguila（Badajoz－Spain）［J］. Optics & Laser Technology，2018，102：274-281.

［7］WU M，ZOU X，ZHANG B，et al. Immunological methods for the detection of binders in ancient tibetan murals［J］. Microscopy and Microanalysis，2019，25（3）：822-829.

［8］XU K，TREMSIN A S，LI J，et al. Microstructure and water

absorption of ancient concrete from Pompeii: An integrated synchrotron microtomography and neutron radiography characterization［J］. Cement and Concrete Research, 2021, 139: 106282.

［9］戴仕炳, 钟燕. 历史建筑的材料病理诊断、修复与监测前沿技术［J］. 中国科学院院刊, 2017, 32（7）: 749-756.

［10］敦煌研究院. 古代壁画保护修复档案规范: GB/T 30235-2013［S］. 北京: 中华人民共和国国家质量监督检验检疫总局; 中国国家标准化管理委员会.2013: 20.

［11］敦煌研究院. 古代壁画病害与图示: GB/T 30237-2013［S］. 北京: 中华人民共和国国家质量监督检验检疫总局; 中国国家标准化管理委员会.2013: 20.

［12］郭宏, 马清林. 馆藏壁画保护技术［M］. 北京: 科学出版社, 2011.

［13］贺章, 张秉坚, 赵鹏, 等. 石质文物劣化程度的一种定量测评方法: 以北京故宫养心殿区域石质文物为例［J］. 石材, 2017（5）: 1-7.

［14］贺章. 不可移动文物劣化状况的定量评价方法研究［D］. 杭州: 浙江大学, 2017.

［15］侯晓斌. 从材料的使用和制作工艺看中国古代壁画的变化与发展［J］. 文博, 2011（4）: 58-64.

［16］胡文静. 古代珍贵彩绘文物胶结材料的免疫分析技术研究［D］. 杭州: 浙江大学, 2016.

［17］李佳佳. 中国传统复合灰浆的认识研究［D］. 杭州: 浙江大学, 2019.

［18］李佳珉. 莫高窟壁画病害和已用典型保护材料的调查研究［D］. 杭州: 浙江大学, 2013.

［19］刘静轩, 陈尔新, 胡瑜兰, 等. 浙江乡土古建筑壁画保存状况调研: 以武义俞源村六处古建筑壁画为例［J］. 东方博物, 2021（4）: 115-123.

［20］刘璐瑶, 张秉坚, 贺章, 等. 金华太平天国侍王府壁画保存现状调研［J］. 东方博物, 2016（4）: 116-123.

［21］沈妙芬. 地域文化视野中的俞源民居壁画［D］. 北京: 中国艺

术研究院，2008.

　　［22］王蕙贞.文物保护学［M］.北京：文物出版社，2009.

　　［23］王进玉.中国壁画的科学保护［J］.科学，1997，49（4）：
47-50.

　　［24］王小伟，丁淑君，孙胜利，等.石窟寺保存现状调查评估方法
初探：以莫高窟为例［J］.甘肃科技，2018，34（21）：52-55.

　　［25］王旭东.基于中国文物古迹保护准则的壁画保护方法论探索与
实践［J］.敦煌研究，2011（6）：1-7.

　　［26］伍冰蕾.浙江地区明清传统壁画发展与保护研究［D］.杭州：
中国美术学院，2017.

第 3 章 壁画的材料与检测

3.1 概述

著名材料科学家斯蒂芬·萨斯在他的《文明的实质》一书中写道："历史是我们发明或发现、操控、使用甚至是滥用的所有材料的整合，每种材料都有着自己的故事。"如果不仔细研究古代材料，就不可能充分了解当时的社会。

古代文物的材质与当时人类的生产和生活密切相关，渗透于物质生活、精神生活以及社会生活的各个方面，是历史信息的重要载体，往往也是设计保护措施的关键信息。因此，对壁画材料的检测，有助于探索壁画的制作工艺，研究壁画的损毁机理，为壁画的保护提供基础信息。

3.2 壁画的结构

中国古代壁画大多都属于干壁画，即在支撑体上先做地仗层，等地仗层干了之后绘制颜料层，颜料中要加入胶结材料，即所谓的胶颜料。

壁画一般主要分为四个部分，支撑体、地仗层、底色层和颜料层（图3-1）。

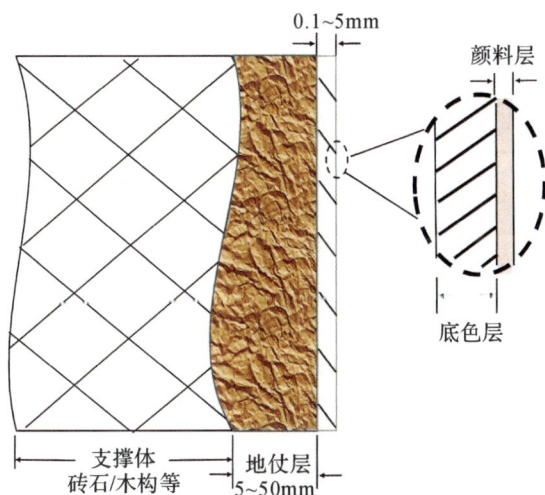

图 3-1　壁画的结构

支撑体：建筑壁画的支撑体多数是砖基（或石基）土坯墙，极少数以木质或竹质墙体作为支撑体（例如云南省丽江大宝积宫壁画的支撑体就是用竹片编制而成的，再如西藏布达拉宫壁画的支撑体使用的是木板）；石窟壁画的支撑体均为各类崖体；墓葬壁画的支撑体多数是由石块或砖块砌筑而成的墙体，极少数是直接把墓穴开挖后的土质墙壁作为支撑体（例如永泰公主墓壁画）。

地仗层：支撑体大多凹凸不平，难以在其表面直接作画，因此上面需要有一层地仗层形成较为平整的表面。一般来说，地仗层下方与支撑体黏结，上方又是颜料层的载体，和壁画的保存密切相关。地仗层一般由粗泥层和细泥层组成。粗泥层直接贴附在支撑体之上，厚度一般为 0.5 ～ 5cm。细泥层涂在粗泥层之上，其作用是形成更为平整的表面，厚度一般小于 1cm。相比粗泥层，细泥层的颗粒比较细。

底色层：大部分壁画有底色层，其作用是形成更为平整细腻的表面并衬托壁画主题色彩，常用的有熟石灰、石膏、高岭土、土红、石绿等，俗称"粉底层"。一般说来，白色底层（白灰层）易于衬托颜料的颜色而使用较多，厚度一般为 0.1 ～ 0.2mm。少部分壁画的底色层中掺入纤维，厚度达 3 ～ 5mm。

颜料层：颜料层一般由颜料和胶结材料组成。颜料种类繁多，胶结材料有动物性的皮胶、骨胶、蛋清和植物性的桃胶等。中国古代彩绘文物中使用的颜料繁多,红色的有朱砂、铅丹、土红等,黄色的有雄黄、雌黄、土黄、密陀僧、硫黄、愚人金等,绿色的有铜绿、孔雀石、巴黎绿、钴绿等,蓝色的有蓝铜矿、群青、铜蓝、汉蓝、苏麻离青、埃及蓝等,白色的有白垩、碳酸钙、铅白、骨白等。

为了增强、渲染颜料层画面效果或起到保护作用,有时会在画面表面涂上透明胶料。

有些石窟壁画结构较为简单,不具有完整的粗泥层、细泥层和白灰层的结构。比如只有粗泥层和白灰层(克孜尔石窟的 186 窟、180 窟和 178 窟);没有地仗层,只有白灰层(克孜尔石窟的 1 窟、165 窟和 167 窟);只有地仗层没有白灰层(敦煌莫高窟第 3 窟和 477 窟、榆林窟第 3 窟)。有些石窟壁画的结构更为精细,如西夏第 3 窟有两层细泥层。若壁画经历了重绘,则还有重绘层。

3.3 壁画的材料

3.3.1 壁画支撑体的材料

一般用作支撑体的材料有岩石、木板或竹板、砖体、土墙等。石窟壁画的支撑体是天然崖体。根据石质的不同,主要有砂砾岩和石灰岩。西北地区石窟壁画如敦煌莫高窟石窟壁画、天水麦积山石窟壁画以及新疆地区石窟壁画的支撑体都是砂岩,这种岩石硬度较小,开凿难度较低,但目前受风化影响较为严重。对于莫高窟支撑体,王旭东等人曾做过详细的研究。莫高窟洞窟分布在由酒泉砾岩组成的直立崖体上,酒泉砾岩的砾石成分主要有花岗岩、石英岩、辉长岩、千枚岩、片麻岩、石灰岩等,主要矿物成分为石英、长石、方解石、辉石、角闪石、黑云母等。砾岩组分中筛分出小于 0.1mm 细粒物质及胶结物质。经 X 射线衍射分析,其主要矿物成分为石英、长石、方解石等,主要黏土矿物有伊利石和绿泥石。中原地区石窟,如龙门石窟,支撑体是石灰岩,这种岩石硬度较大,开凿建造费时费力,但目前保存较好。

3.3.2　壁画地仗层的材料

地仗层的主要制作材料可分为黏土和石灰（或石膏）两种类型，前者多用于石窟壁画的制作，后者多用于墓葬壁画和殿堂壁画的制作。两种地仗层中都掺有植物纤维材料，植物纤维的掺加有着重要的作用，由于泥土具有易融性，植物纤维的存在不仅可以有力地支撑泥土，而且泥土中掺入了植物纤维后也会加强泥土自身的硬度和土壤颗粒间的团结力。植物纤维的添加也可以增加材质间的牵拉力，能够增强黏结强度、减轻泥胎重量。常见的植物纤维包括两大类，一类是稻草、麦秆、玉米秸秆和芦苇等秸秆类纤维，另一类是以棉及各种麻类为代表的呈现线状的纤维。

粗泥层一般由较粗的植物纤维、土和砂组成，如敦煌壁画粗泥层中掺加的纤维为长约 5cm 的麦草；细泥层一般由较细的植物纤维、过筛后的土和砂组成，较细的纤维通常是指撕碎的棉花纤维、剪成 2cm 长并捶打起毛的麻纤维、麦秆等。粗泥层和细泥层中土和砂的比例以接近 1∶1 居多。植物纤维是构成植物细胞壁的主要成分，主要成分包括纤维素、半纤维素和木质素。

如对于莫高窟地仗层，曾有学者研究表明，莫高窟地仗是一种人工加筋土，土料选自窟前河沟的沉积土，即所谓的"澄板土"，加筋材料为植物秸秆、麻纤维和棉纤维等。地仗土以粉粒和细砂为主。

3.3.3　壁画底色层的材料

底色层（俗称白灰层），是介于壁画地仗层和颜料层之间的过渡层。底色层的作用主要是统一地仗色调，便于表层颜料上色，节省表层颜料用量，易于表层颜料绘制，可使壁画绘制时运笔、染色更加自如、生动，也可使画面颜色更加绚丽。底色层组成一般为高岭土、石灰和石膏等研磨粉碎的白色矿物。只有少部分壁画的底色层中掺入纤维，如莫高窟露天壁画地仗层的白灰层中掺入麻。除了白色，也有土红、石绿等特殊的其他颜色。

3.3.4 壁画颜料层的材料

中国古代彩绘文物中使用的颜料繁多，红色的有朱砂、铅丹、土红等，黄色的有雄黄、雌黄、土黄、密陀僧、硫黄、愚人金等，绿色的有铜绿、孔雀石、巴黎绿、钴绿等，蓝色的有蓝铜矿、群青、铜蓝、汉蓝、埃及蓝等，白色的有白垩、碳酸钙、铅白、骨白等。古代壁画中使用的颜料绝大多数是天然矿物颜料，它们性质稳定，在一般环境条件下不易发生化学变化导致颜色变化。应用矿物颜料作画时，由于颜料自身不具备扩散和黏接能力，作画时必须加入分散介质（展色剂）和结合介质（黏接剂）。常用的展色剂有水、酒精，常用的黏接剂有明胶、骨胶、桃胶、蛋清等。此外，有些颜料为天然有机色素，由从动物或植物中获得的物质蒸发或干燥产生。

（1）壁画常用颜料

壁画颜料层一般由颜料和胶结材料调制而成。很早以前，中国劳动人民就从实践中认识到赤、青、黄三种颜色是三种原色，并掌握了"五色"技术，通过三种原色互相调配产生各种间色和复合色。历史上大多壁画所使用的颜料都是无机矿物颜料，如古代中国壁画、古罗马壁画等；一般将从矿物质、矿石中萃取的天然颜料，或者将以化学的方法用金属合成的颜料称为无机矿物颜料，由有颜色但不溶解的无机粒子构成；以色彩分，颜料大致可分为红、蓝、绿、黑、白、黄、金等几大类。

目前已被检测出的敦煌壁画所用矿物颜料有以下几种。(i)红色：朱砂，土红，铅丹；（ii）绿色：孔雀石，氯铜矿，斜氯铜矿；（iii）蓝色：青金石，石青；（iv）黄色：黄赭石，雌黄，铅黄；（v）白色：滑石，石膏，白垩，白云石，白铅矿，角铅矿；（vi）黑色：墨，磁铁矿，二氧化铅。表3-1为敦煌壁画莫高窟早中晚期壁画颜料分析结果，选自李最雄著作《丝绸之路石窟壁画彩塑保护》。附录2列出了国内外文献检测出的壁画颜料。

表3-1　敦煌壁画莫高窟早中晚期壁画颜料分析结果

时期	朝代	颜料	成分
早期	十六国北魏西魏北周	红色	土红、朱砂、朱砂、铅丹
		蓝色	青金石、石青
		绿色	氯铜矿、石绿
		棕黑色	PbO_2、$PbO_2 + Pb_3O_4$
		白色	高岭土、滑石、方解石、云母和石膏

时期	朝代	颜料	成分
中期	隋代 唐代	红色	朱砂、铅丹、土红
		蓝色	青金石、石青、氯铜矿
		绿色	石绿、氯铜矿
		棕黑色	PbO_2、Pb_3O_4
		白色	方解石、滑石、高岭土、云母、石膏、氯铅矿、硫酸铅矿
晚期	五代 宋代 西夏 元代 清代	红色	土红、朱砂、铅丹、雄黄
		蓝色	青金石、石青、群青、石绿
		绿色	氯铜矿、石绿
		棕黑色	PbO_2、Pb_3O_4、铁黑
		白色	石膏、方解石、少量滑石、云母、氯铅矿

1）红色颜料

古代壁画中最常用的无机矿物红色颜料有铁、朱砂、铅丹。主要的有机染料有胭脂。

①铁红（Hematite，又称红土、赭石）：是常见的红色无机矿物颜料，具有较好的遮盖力和着色力，在敦煌壁画绘制中被用于底色。

②朱砂（Cinnabar，又称辰砂）：是古代广泛使用的红色颜料。早在河姆渡文化时期（距今大约 6000 多年前），就有古代人使用天然朱砂作为彩绘的颜料的记载。魏晋以来，全国各地的壁画中都大量使用了朱砂。天然朱砂在古代称为丹砂或长砂（以产于湖南长沙而得名），色泽鲜红，但因其含杂质，颜色呈褐红，甚至光泽暗淡。在壁画中，因质量优劣，而用于壁画的不同部位。我国古代的炼丹家很早就掌握了人工合成朱砂的技术，但工艺复杂，在壁画中不可能使用人造朱砂作颜料。通过对各地壁画的红色颜料作 X 射线衍射分析，也证明绘制壁画主要使用的是天然朱砂。到了清代，随着人工合成朱砂工艺的改进，出现了大量的人造朱砂，如在敦煌清代壁画中大量使用了人造朱砂。

③铅丹（Red Lead，又称红丹、丹粉）：是人工合成颜料，鲜橘红色粉末。铅丹作为壁画颜料最早出现于汉代，在世界各地，铅丹也是使用极为广泛的红色颜料，在 5—10 世纪的中亚地区壁画、阿富汗壁画以及日本法隆寺壁画，都使用了铅丹。作为一种颜料，铅丹色彩鲜艳但性质不稳定，

世界各地壁画中的铅丹都存在着变暗、变黑问题。

这三种红色颜料中，铅丹的稳定性最差，加热时能变成暗红色，冷却后颜色复原；温度超过500℃时，分解为氧和一氧化铅。朱砂的稳定性较好，只有当长期阳光照射时，晶型发生转变，生成黑辰砂。铁红的化学稳定性最高，未见变色报道。

2）蓝色颜料

蓝色颜料来源比较广泛，不仅来源于矿物，也有来源于植物。

①石青（又称蓝铜矿）：为矿石颜料，常与孔雀石等共生。石青为欧洲中世纪重要的蓝色颜料，15—16世纪欧洲的架上绘画中，石青常作为群青的背底，直到18世纪初普鲁士蓝发明，石青被替代。中国最早的石青在长沙马王堆汉墓（公元前2世纪）帛画中发现，在中国彩绘文物中应用广泛。

②普鲁士蓝：最初由德国人于1704年在柏林意外发现，1724年欧洲开始使用这种颜料，18世纪中期开始工业生产，色泽鲜艳，价格低廉，在欧洲取代石青。

③青金石：是半宝石矿物，通常产于阿富汗，其制成的颜料叫作群青，呈鲜亮的宝蓝色，价格十分昂贵，一度贵比黄金。青金石与方解石、黄铁矿、其他硅酸盐矿物如透辉石、镁橄榄石、白云母、钙硅石等伴生，需要经过人工纯化得到质量上乘的青金石颜料。最早的考古实物是6—7世纪阿富汗巴米扬石窟壁画。中国敦煌莫高窟北朝到元代壁画都曾采用这种颜料。1828年首次人工合成群青颜料，工业生产后大大降低了群青的价格，晚清时期传入中国，由于其色相如天很受欢迎，在该时期建筑彩绘中大量使用，莫高窟清代壁画、故宫贞度门彩画中均有发现。

④蓝铁矿：呈深蓝色，其应用不多，在四川新都战国墓椁板中有发现。

⑤铜蓝：呈靛蓝色，在西汉古墓陪葬漆器上发现这种颜料。

⑥中国蓝（汉蓝）与中国紫（汉紫）：使用从西周一直延续到两汉，其中战国晚期与两汉时期运用较多，魏晋之后未见报道。在秦俑、汉阳陵、山东香山汉墓等均发现了这两种颜料。

⑦埃及蓝：组成与汉蓝相似，是最早的人造颜料，在公元前3000年开始在西方被广泛应用。最早的考古实物是11—12世纪的中国内蒙古壁画残块，我国11—18世纪均有使用，主要在搪瓷中作为着色剂。

⑧靛蓝和酞青蓝：都是有机蓝色颜料。靛蓝是一种植物染料，用于丝

织品的印染较多，如马王堆一号墓出土的丝织品，在泥塑彩绘和壁画中也偶有发现，如唐韩休墓壁画。

3）绿色颜料

①绿盐也称盐绿，最早是新疆等地的地方特产，唐代苏敬的《新修本草》中记载着绿盐的制造方法。由于古代文献中绿盐常与矿物颜料有关，甚至将其称为"石绿"，所以古代绿盐除作为医药、炼丹之外，也作壁画颜料使用。

②石绿（又称绿铜矿、岩绿青）：是古代壁画中最常用的绿色矿物颜料，属于天然矿物孔雀石，常与石青，硅酸铜类共生，加入铅粉变黄色，其耐大气作用性能较好，并颜色鲜艳活泼，根据纯度不同，大致可分为头绿、二绿、三绿。

③绿土：主要由土质矿物绿鳞石和海绿石组成，在陕西定边县郝滩壁画、美洲印第安人壁画、1—4 世纪庞贝壁画、公元前 2—1 世纪印度阿旃陀石窟壁画、6 世纪中期日本高松塚壁画等处发现绿土，其色调不够鲜明，但价格便宜，有优良的耐光性。

④铜绿：可以从氯铜矿制得，也可以人工合成，其使用较广，是 3 世纪的新疆克孜尔石窟唯一的绿色颜料，敦煌石窟从北凉到元代的彩绘文物中都有使用。氯铜矿性质不如石绿稳定，蚀变为石绿，或者吸水变成水氯铜矿，不耐光照。

⑤巴黎绿：是人工合成颜料，1814 年首次在德国合成，广泛用于晚清时期古建彩画中，如清晚期故宫贞度门建筑彩画和西藏哲蚌寺措钦大殿壁画。巴黎绿是含铜元素和砷元素的绿色颜料，有剧毒，接触硫化氢容易变黑。

⑥水胆矾：在麦积山壁画中有发现。

⑦砷铜矿：制成颜料为墨绿色，关于其用于颜料的报道不多，国内云南丽江白沙大定阁壁画中发现砷铜矿。

4）黑色颜料

彩绘文物上的黑色、深棕色、棕黑色等可分为原黑色和变黑色（即原本为白、红、橘红等色，后来变成了深色）。原黑色中用途最广泛的是炭黑，历代壁画中都大量使用。其他如氧化铜（麦积山后秦 74 窟）、铁黑（炳灵寺石窟）、无定型氧化锰（新疆库车千佛洞）、铁锰尖晶石（甘肃出土的土陶器）。变黑色如二氧化铅（铅丹变色产物，在莫高窟等石窟壁画中较为常见）、黑辰砂（朱砂长时间光照变色产物，不常见）。

5）白色颜料

①白垩：是古代壁画中经常使用的白色颜料，其主要成分是 $CaCO_3$，矿物名称为方解石，唐宋时期使用的大部分白色颜料以白垩为主。

②高岭土：是岩石的长石通过化学作用，被碳酸或者水分解、风化的过程中产出，具有水黏性，粒子细腻均匀半透明，经常作为底漆、壁画底料使用。

③文石：与方解石化学组成相同，但晶型不同，文石主要来源于贝壳。

④铅白：人造颜料，我国公元前 4 世纪开始制造，加热到 300℃转变成密陀僧，高温下生产铅丹。有文献报道称，铅白遇到硫化氢易变色生成黑色硫化铅，但值得探究。铅白、水合铅白、碳酸铅、碱式硫碳酸铅、角铅矿、硫酸铅、羟基氯铅矿、磷氯铅矿、砷铅矿、氯化铅、硫化铅都属于含铅白色颜料，除铅白以外，其他白色颜料应用不多。

⑤骨白：是用动物骨头或者鹿角制成，西方中世纪绘画中使用较多，在我国只在秦代秦陵地区的陪葬坑和汉阳陵陪葬坑中发现。

⑥立德粉和锌白：都是近代人工合成白色颜料。

⑦叶蜡石：在麦积山明代 51 窟菩萨背光云朵中有发现。

⑧碳酸钙镁石：属于碳酸盐类矿石，在莫高窟元朝 465 窟中发现。

6）黄色颜料

①黄丹：古代所使用的铅化合物中有两种叫黄丹的铅氧化物，其中之一就是黄色的 PbO，在敦煌北朝时期的壁画颜料中存在。由此可知，我国黄丹作为壁画颜料使用，最迟不会晚于 3 世纪，到了唐代，黄丹作为壁画颜料使用已很普遍。

②雌黄和雄黄：雌黄为柠檬黄色，雄黄为橘红色，都是矿物颜料，雄黄经过长时间光照会转变为雌黄和三氧化二砷，雌黄较稳定，只有当长时间光照或者高温加热会转变为三氧化二砷。

③密陀僧：密陀僧是人工合成颜料，我国东汉时期已经大量生产，莫高窟北凉时期（3 世纪）作品中有密陀僧。

④铅铬黄：铅铬黄是 1809 年由法国化学家沃奎林（L.N.Vauquelin）首先合成的黄色颜料，1818 年德国开始工业化生产，1924 年才开始在中

国生产，目前在山东章丘西河遗址清道光年间墓出土壁龛彩画颜料，在西藏 19 世纪之后的重绘壁画，以及山西太原纯阳宫明代彩塑中有发现。

⑤藤黄和槐黄：藤黄和槐黄是两种作为壁画黄色颜料使用的有机颜料。

7）金色颜料

隋代以后，壁画、彩绘上开始使用金箔、金粉以及"沥粉堆金"，使色调更为辉煌富丽。据对敦煌壁画金色处的分析结果，其底层为滑石、二氧化铅等颜料，而表层金色为金属元素金，从敦煌遗书等史料记载看，当地所使用的金箔为朝廷赏赐的或从中原地区购买的。

（2）壁画的胶结材料

胶结材料是古人在进行彩绘时添加的分散及固着颜料于文物表面的天然有机物，是颜料色彩长期保存的固定剂。胶结材料对色彩的稳定起着决定性的作用，是了解彩绘文物病害机理、保护对策的关键。胶结材料的使用反映出材料选择、提炼工艺、涂敷技艺等方面的成就，为文物研究提供了重要历史信息。中国古代壁画中常用的胶结材料主要是一些天然化合物，如动物胶（骨、皮、乳汁、血液）、植物胶、蛋清、油类等。

1）动物胶

动物胶是胶原蛋白通过热变形作用与化学降解得到的高分子量多肽。在工业生产中，动物胶是以动物的皮、骨或筋等为原料，将其中所含的胶原经过部分水解、萃取和干燥制成的蛋白质固形物。按原材料来分，动物胶大致可分为骨胶和皮胶两大类，广义上来说动物胶还包括血胶、鱼胶、乳酪胶、龟板胶等。

动物胶具有水溶性，微溶于酒精，不溶于有机溶剂，而且溶于水后的溶液具有表面活性，黏度较高，冷却后会冻结成有弹性的凝胶，正是因为它的这个特性使它被广泛地应用于颜料调和剂。与其他蛋白质肽键不同，动物胶中的肽键在酸性或碱性环境中稳定性较差，更易发生水解，导致分子量降低。此外，在霉菌和氧化剂（如过氧化氢、高碘酸盐、次溴酸盐）等存在的条件下，动物胶分子链也会发生断裂。然而在35℃ ~ 40℃条件下，其胶原蛋白分子形成折叠链区阻碍蛋白酶的攻击；在 pH 值为 5 ~ 7 范围内胶溶液的水解速度降低。

2）植物胶

植物胶是由一组非晶态的多糖组成，这种多糖主要存在于植物体内和植物排出液中，它们通常是由一系列单糖组成（如半乳糖、葡萄糖等）。早在 12 世纪就有了采用植物胶作为绘画胶结材料的记载。植物胶在冷水中溶胀，加热可加速溶解：却在水中无法形成黏稠液体，不含氮，这是它与胶原质和其他一些蛋白质材料最大的区别。植物胶的稳定性、耐温性、耐酸碱性、耐微生物腐蚀性都比较差，在温度过高、过酸或过碱的条件下，都会引起分子链的断裂，使其黏度降低，在使用过程中可以加入适量杀菌剂增强植物胶溶液的稳定性，提高使用强度。

常用的植物胶主要包括阿拉伯胶、黄芪胶和桃胶等，均属碳水化合物类，其组成相同，结构都属多糖类，为非离子型树脂，因此，性质基本相似。绘画中使用最多的植物胶为阿拉伯树胶，其他黄芪胶和桃胶等使用较少；黄芪胶多用于亚麻布上的绘画，桃胶通常与鸡蛋或酪素乳液混合使用，常作为进口阿拉伯胶的代用。

3）油类及其他蛋白质材料

古代常用的油类胶结材料主要有桐油、亚麻籽油等。油类属脂肪酸中的甘油丙三醇酯，常温为液体，具有"双"或"叁"不饱和脂肪酸，会呈现干性，聚合为半凝固体；主要饱和酸有棕榈酸和硬脂酸；不饱和酸有单不饱和油酸、"双"不饱和亚麻油酸和"叁"不饱和亚麻油酸。欧洲绘画技术中使用最为广泛的干性油为亚麻籽油、胡桃油和罂粟油，而且早在 13 世纪亚麻油在北欧已被广泛使用。意大利油画最早使用的干性油为胡桃油，随着亚麻油的推广，16 世纪开始在油画中使用亚麻油。近年来，另一些油，如红花油和桐油的使用也变得十分普遍，各类干性油广泛应用于绘画艺术品中起着胶结作用。奶类酪素、鸡蛋清等也曾被用来作为胶结物与颜料调配。酪素是发现于奶制品中的一类磷蛋白质的混合物，富含多种氨基酸，特别是含有大量亮氨酸。蛋清古称鸡子白、鸡卵白、鸡子清，其作为有机添加剂被加入各类无机材料中，较为著名的例子是始建于1357 年的捷克布拉格查理大桥，其中用来黏合石块的灰浆中加入了蛋清。在中国历史上，蛋清的使用可以追溯到战国时期。

人们用蛋清等作为大漆和桐油的催干剂。到目前为止，已经发现多处采用酪素、蛋清和蛋黄作为胶结物的例子，包括颜料层、临时涂层、地仗的密封层等。研究者在修复莫高窟 85 窟壁画时，采用蛋清作为主剂配制灌浆材料，完成空鼓部分的灌浆加固，其效果较为理想。有学者对蛋清灰浆的加固原理进行了深入探讨，研究了在蛋清作用下的含钙化合物沉淀的生长情况，结果表明灰浆在发生作用过程中，蛋清作为模板调控了含钙晶体的物相结构及形态，并利用生物矿化的原理对这一现象做出了合理解释。

3.4 壁画主要材料的检测

3.4.1 植物纤维的检测

植物的主要组成部分是植物纤维，植物纤维又是构成植物细胞壁的主要成分。植物纤维的主要成分包括纤维素、半纤维素和木质素。植物纤维是植物将水分、养料以及空气中的二氧化碳等通过光合作用而生成的，是细胞壁的主要物质。目前对植物纤维的研究比较少，原因在于植物纤维所能揭示和承载的信息有限，因为壁画中掺加的植物纤维多为稻麦等秸秆类和棉麻等，这些植物纤维存在的年代很悠久，且没有很明确的年代和地域局限性，因此不能为断代等提供辅助证明。它所能解释的信息最多还是在于它本身的种属信息上，可用来辅助了解壁画的制作工艺，由于相对于颜料、胶结材料等其他能够收获更多信息的研究方向，学界对植物纤维研究的重视程度不够高，进行的相关研究也较少。对于纤维的定性鉴定，目前的方法包括显微镜法、溶解法、化学燃烧法、红外光谱法、X 射线衍射法、元素分析法和氨基酸分析法等，目前主要的方法包括显微镜法和红外光谱法。表 3-2 列出了显微镜法和红外光谱法的原理与特点。

表 3-2　显微镜法和红外光谱法的原理与特点

方法	原理	特点
显微镜法	通过观察纤维纵表面特征和横截面形貌，结合标准样品判断纤维种类	可能出现纤维被腐蚀而失去纵表面形貌导致无法判别纤维种类的情况；需要对纤维制样来观察纤维的横截面
红外光谱法	干涉光通过样品后到达检测器，通过傅里叶变换对信号进行处理，最终得到透射率或吸光度随波数或波长变化的红外吸收光谱图	谱图信噪比高，重现性好，扫描速度快，通过与标准谱图的对比可以推断出纤维的种类

（1）显微镜法

显微镜是鉴别植物纤维的常用方法，也是利用率最高的一种判断鉴定纤维种属的主要方法。其原理很简单，即通过观察纤维纵表面与横截面形貌判断纤维的类型，是一种最直观的定性鉴别方法。浙江大学文物保护材料实验室开发了一套基于纤维横截面细胞形貌鉴别古代样品中植物纤维种类的鉴定方法。纤维横截面细胞形貌识别鉴定法的优点在于：①所用仪器设备简单，各种普通实验室都具备操作条件；②该方法不仅可以准确鉴别常见各类植物纤维的类别，也能根据细胞形貌识别同一类别纤维中不同的种属；③对于同一种属的不同部位，如稻壳和稻秸秆，其细胞形貌基本一致，不会因纤维部位的不同而引起错判。

利用显微镜法观察进行纤维分析包括两个步骤，其一是制样，其二是观察。其中制样是关键步骤，制样的好坏直接影响到观察纤维的清晰程度，在很大程度上影响到纤维类型的判断，因此必须重视制样工作。

纤维横截面的制样需要使用哈氏切片器，制样步骤大致为：将试样纤维包埋在粘胶纤维束中，并放入哈氏切片器样品槽。用锋利的刀片切去多余的纤维，安装好切片器，通过旋转精密螺丝，使纤维束稍稍伸出金属底板表面，然后在露出的纤维束上涂上一层薄薄的火棉胶，待火棉胶凝固后，用锋利刀片沿金属底板表面切下切片。把切片放在滴有甘油的载玻片上，盖上盖玻片，置于显微镜下进行观察。

图3-2为显微镜下的水稻的纤维横截面切片图，水稻各部位的表面形态也各有不同，试验中分别选取稻壳和稻秸秆两个部位进行切片。结果表明，两部分虽然外貌形态上有很大不同，但是其内部的细胞形状和结构也基本一致。图3-2中对比了稻壳和稻秸秆纤维在500倍和1000倍两种放大倍数下的横截面。图中①②是稻壳放大500倍的横截面，其中①是较规整的细胞形状，②为不太规整的形状；③④是放大1000倍的横截面，其中③为较规整的细胞形状，④为不太规整的形状。稻秸秆纤维的图片排布同理。

稻壳

稻秸秆

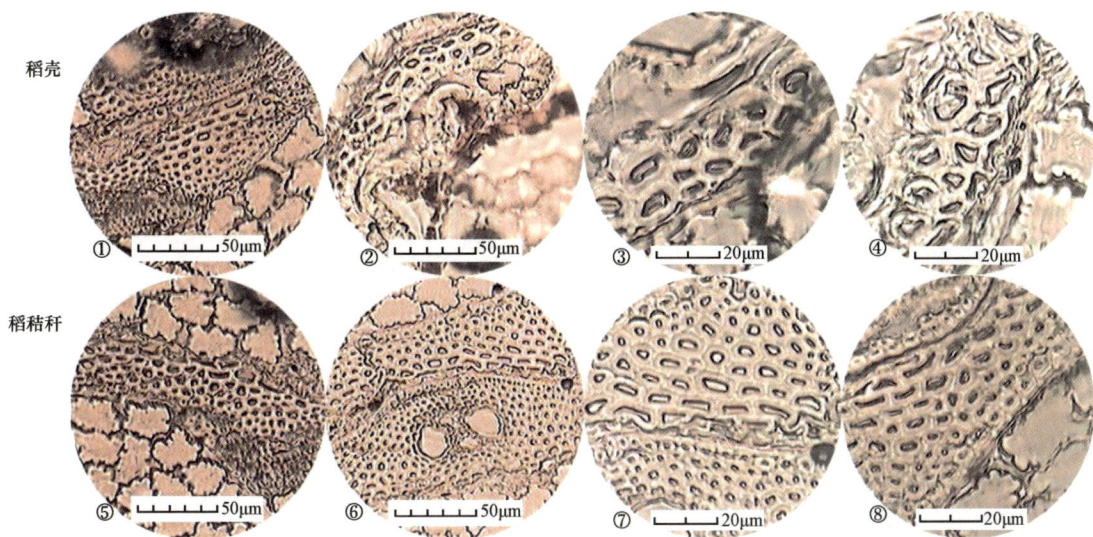

图 3-2　水稻纤维横截面切片

（图片来源：张秉坚，方世强，李佳佳，等 . 中国传统复合灰浆 . 北京：建材工业出版社，2020.）

　　图 3-3 为显微镜下的小麦的纤维横截面。小麦是一年生禾本科植物，由于小麦各部位的表面形态不同，分别选取麦壳和麦秸秆两个部位进行切片试验。结果证明，两部分虽然在外貌形态上有很大不同，但是其内部的细胞形状和结构一致。对比了麦壳和麦秸秆纤维在 500 倍和 1000 倍两种放大倍数下的横截面。图中①②是麦壳放大 500 倍的横截面，其中①是较规整的细胞形状，②为不太规整的形状；③④是放大 1000 倍的横截面，其中③为较规整的细胞形状，④为不太规整的形状。麦秸秆的图片排布同理。

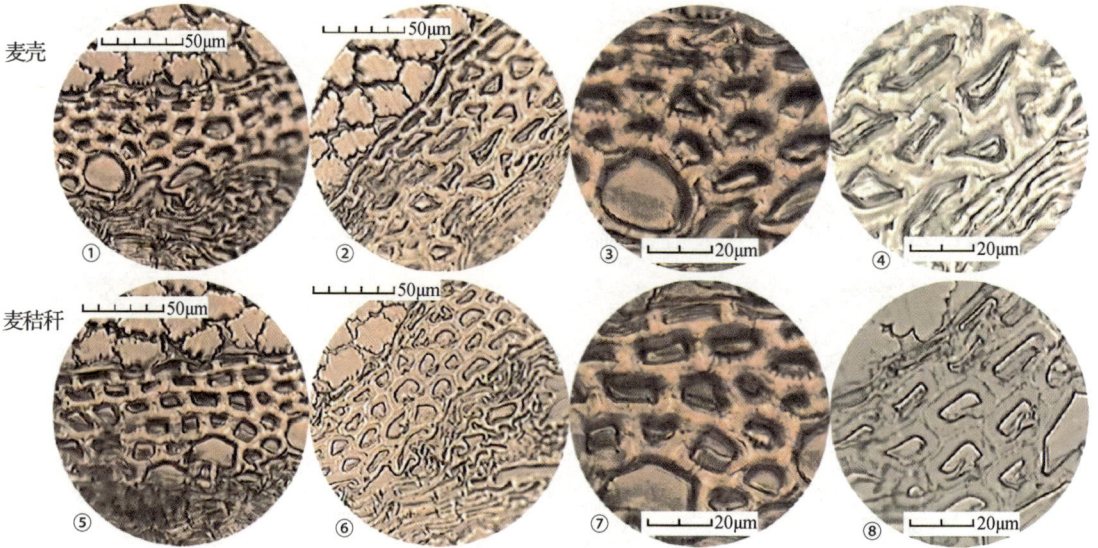

图 3-3 小麦纤维横截面切片

（图片来源：张秉坚，方世强，李佳佳，等 . 中国传统复合灰浆 . 北京：建材工业出版社，2020.）

图 3-4 为显微镜下的玉米的纤维横截面。玉米秸秆也是常见的农作物秸秆，图中列举了放大 400 倍下的玉米纤维的横截面。图中①②是较规整的细胞形状；③④是不太规整的形状。

图 3-4 玉米纤维横截面切片

（图片来源：张秉坚，方世强，李佳佳，等 . 中国传统复合灰浆 . 北京：建材工业出版社，2020.）

图 3-5 为显微镜下的棉的纤维横截面。棉纤维细腻绵软，能较好地与泥土混合均匀。

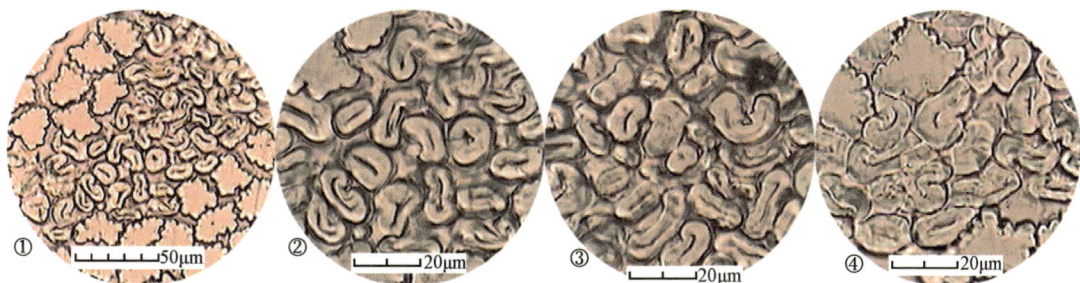

图 3-5　棉纤维横截面切片

（图片来源：张秉坚，方世强，李佳佳，等 . 中国传统复合灰浆 . 北京：建材工业出版社，2020.）

　　图 3-6 为显微镜下的黄麻纤维横截面，麻纤维比棉强度和韧度都要高，有利于更好地塑形和固型，提高与泥土的附着力，多用在粗泥层、粗泥层外部和细泥层中。

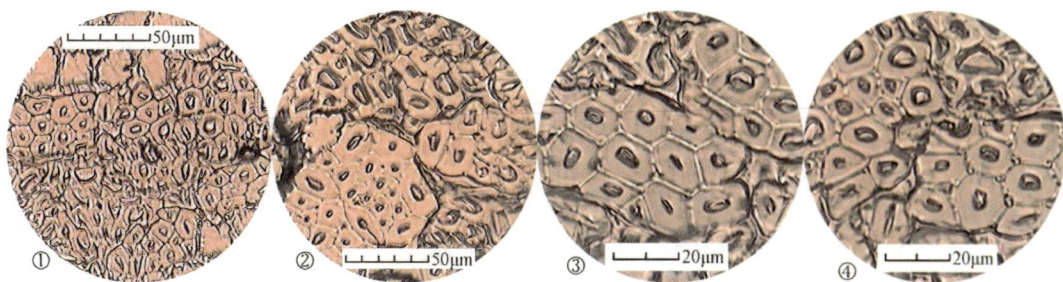

图 3-6　黄麻纤维横截面切片

（图片来源：张秉坚，方世强，李佳佳，等 . 中国传统复合灰浆 . 北京：建材工业出版社，2020.）

（2）红外光谱法

　　红外光照射在样品物质表面，物质会吸收与自身分子振动频率相同的红外辐射的能量，从基态振动能级跃迁到激发态，从而产生相应的特征吸收谱带。根据相应的吸收值和相应的波数作图，可以得到该物质的红外吸收光谱图。将吸收光谱图与已知物质的标准光谱图进行对照即可对物质进行定性分析。有机化合物的红外光谱能提供丰富的结构信息，除光学异构体及长链烷烃同系物外，几乎没有两个化合物具有相同的红外光谱，因此红外光谱法是有机化合物结构解析的重要手段之一。测试红外吸收光谱的仪器为红外分光光度计或傅里叶变换红外光谱仪。其中傅里叶变换红外光谱仪是最经常使用的仪器，它是 20 世纪 70 年代发展起来的新一代红外光谱仪，它具有以下特点：①扫描速度快，可以在 1 秒内测得多张红外吸收光谱图；②光通量大，可以检测透射率较低的样品，可以检测气体、固体、液体、薄膜和金属镀层等不同样品；③分辨率高，便于观察气态分子的精细结构；④测定光谱范围宽，只要改变光源、分束器和检测器的配置，就可以得到整个红外区的光谱。

3.4.2 壁画颜料的检测

从化学成分来讲，颜料可分为无机颜料和有机颜料。无机颜料是指从天然矿物中提取，或者将金属以化学的方法合成得到的颜料，其显色成分为不溶于水的无机离子，古代绝大部分彩绘文物上所使用的颜料都是无机颜料。有机颜料有天然与人工之分，区别于现代合成的有机颜料，古代的有机颜料几乎都是从植物汁液提炼而来，其颜色不如矿物性颜料艳丽，质地较为透明，覆盖能力较弱。颜料中有机物质容易老化褪色，所以在年代久远的彩绘文物上较难被检测出。

颜料的检测最早使用的是化学法。随着科学技术的发展，多种仪器分析手段可用于壁画颜料的分析。目前的分析方法包括（i）元素分析，如X射线荧光光谱法（XRF），激光诱导击穿光谱法（LIBS）；（ii）结构分析，如激光拉曼光谱法（Raman）、傅里叶变换红外光谱（FTIR）、X射线衍射法（XRD）、光导纤维反射光谱法（FORS）等；（iii）微区分析，如扫描电子显微镜法（SEM）和粉末偏光显微法（PLM）。常见的颜料分析方法有X射线荧光光谱、拉曼光谱、傅里叶变换红外光谱、X射线衍射、扫描电子显微镜能谱、偏光显微镜等。在对彩绘颜料的检测分析中若只用单一方法得到检测结果往往显得说服力不足，故研究者们常使用多方法进行检测，把不同方法得到的检测信息进行对比，从而提高分析结果的可靠性。以下为几种主要检测方法的介绍。

（1）X射线荧光光谱（X-ray fluorescence spectrometer，XRF）

X射线荧光光谱法是一种元素分析法。X射线是1895年伦琴发现的，是电磁光谱的一种，波长在 0.1 ~ 100Å 之间。X射线荧光光谱法的基本原理是：物质原子的芯电子吸收X射线，发射次级X射线（称为X荧光），不同原子所发射的X荧光的波长不同，据此可定性判断元素种类，同时X荧光的强度与元素含量不同，据此可定量判断元素组成。X射线荧光光谱法具有制样简单、可测元素范围广、分析速度快、测试准确可靠、检出限低等优点。在壁画颜料检测中，X 射线荧光光谱法技术也有不少的应用。国外学者曾使用 X 射线荧光光谱法与扫描电子显微镜能谱仪在意大利的一处教堂壁画中发现了埃及蓝颜料。国内文物研究中 X 射线荧光光谱法的使用也较多，敦煌研究院陈港泉等使用了 X 射线荧光光谱法等四种原位无损分析方法对永登鲁土司衙门壁画颜料进行了检测，发现了铅丹、朱砂、巴黎绿、氯铜矿、石绿等十多种无机颜料。总之，X 射线荧光光谱法在文物的无损检测分析应用中有着广阔的前景。

（2）拉曼光谱（Raman spectrum，RS）

拉曼光谱是 1928 年印度物理学家拉曼（C. V. Raman）发现的，其基本原理是：光束照射到物质后会发生拉曼散射现象，产生拉曼光谱，分析可得散射光的拉曼位移，而拉曼位移与物质分子的振动和转动能级有关，因而通过拉曼光谱能分析物质的分子结构。拉曼光谱具有几个明显的优点，一是不需要制样，能进行原位分析，检测过程中不接触样品，不损坏，这样不仅节省时间和费用，更重要的是，样品可用于后续检测；二是空间分辨率较高，测试区域能达到微米级，能发现更多关于样品微小区域的信息。这些优点使拉曼光谱尤其适用于检测珍贵的彩绘文物。

将拉曼光谱技术应用于文物样品中颜料的鉴定，在我国科技考古领域已经相当普遍。1999 年中国科技大学学者通过介绍拉曼技术的优点以及国外拉曼技术在彩绘文物分析中的应用，提出微区拉曼分析技术可用于中国古代颜料的研究。2012 年，王继英、刘照军等人连续发表两篇文章，比较系统地介绍了我国古代常用的几种矿物颜料的拉曼光谱及检测条件，他们提出红色、黄色和白色颜料应当使用红光或近红外的激发光检测，如 633nm 和 785nm 激发光；而绿色和蓝色颜料应采用绿光激发，如 532nm 的绿色激发光。

近年来，国内外有许多把拉曼光谱分析技术应用到彩绘颜料检测的案例。不少教堂壁画或洞穴彩绘中都做过拉曼光谱检测，表明了拉曼技术在彩绘文物检测中的实用性。国内的许多知名石窟如麦积山、大足、广元千佛崖等都曾用拉曼技术进行过分析研究，并结合了其他的表征手段以佐证拉曼结果。国内有研究者使用拉曼光谱分析出阿尔寨石窟壁画的颜料为铜绿、石蓝、方解石、朱砂和炭黑。表 3-3 列出了浙江大学文物保护材料实验室使用拉曼光谱法检查麦积山石窟壁画颜料的结果。然而，实际应用中，拉曼散射强度容易受光学系统参数（如外界灯光）、样品背景荧光等因素的干扰。

目前已有不少学者整理了常见颜料的拉曼数据库，如 1997 年英国伦敦大学学院学者建立了 60 种天然颜料和 1850 年以前的合成颜料的数据库；2001 年英国伦敦大学学院的学者建立了 60 种颜料、矿物、颜料中的胶结物和清漆的傅里叶变换拉曼光谱（FT-Raman）。浙江大学文物保护材料实验室根据网站（https://rruff.info/）中的数据，对中国古代常见颜料的化学组成和拉曼特征峰进行了整理，建立了古代颜料元素组成及拉曼特征峰资料库（附录 1）。在未来较长的时间内拉曼光谱技术在颜料检测中仍能占据主流地位。

表 3-3 麦积山壁画颜料的拉曼光谱分析结果

取样点	年代（朝代）	表层颜色	分析结果
15 窟壁画	10—13 世纪（宋朝）	白	钾长石
9 窟壁画	14—19 世纪（明清）	深红	铁红、石英、炭黑
9 窟壁画	10—13 世纪（宋朝）	灰	氯铜矿、三氧化二砷
20 窟壁画	6 世纪（西魏）	深红	铅丹

（3）傅里叶变换红外光谱（FTIR）

该方法是利用一束连续波长的红外光通过样品，当样品中的振动频率与红外光频率相同时，样品在此位置出现特征峰，由此分辨样品的组成。红外光谱在有机化学的物质结构分析中应用广泛。有的学者也将其引入壁画分析中，对壁画的颜料进行分析。如浙江大学文物保护材料实验室用红外光对壁画中的人工群青和天然群青进行鉴别，发现天然群青在 $2340cm^{-1}$ 处有一个尖峰，而人工群青无该特征。

（4）X 射线衍射（X-ray diffraction，XRD）

X 射线衍射是一项传统的材料学检测方法，其识别对象为分子晶体，不仅能对物质进行定性分析，还可通过积分计算得到半定量结果。该方法是利用晶体对一定波长的 X 射线进行衍射，得到对应晶体的衍射峰，通过分析图谱得到晶体的物相，可以应用于壁画的颜料组分的分析，如在陶寺遗址的 X 射线衍射检测中曾成功检出红色与白色颜料的成分朱砂和碳酸钙。有学者曾对河南石窟中的彩绘颜料进行过 X 射线衍射鉴别，并结合基底成分对石窟保护现状进行了评估。韩国学者曾用 X 射线衍射对 18 世纪的壁画进行检测，检测出壁画中使用了朱砂、铅红、铅白和孔雀石等无机颜料。然而，X 射线衍射检测过程中的样品消耗量很大，并不十分适用于量少、珍贵的文物，所以近十年来，X 射线衍射应用在颜料检测中的案例总体较少。

（5）扫描电子显微镜能谱仪（Scanning electron microscopy-energy dispersive spectrometer， SEM-EDS）

扫描电子显微镜能谱仪是扫描电子显微镜与能谱仪的联合装置，其原理是通过扫描电子束使样品产生二次电子、背散射电子、特征 X 射线等多种信号，依靠收集二次电子信号从而得到试样表面形貌的二次电镜成像，能谱仪通过探测特征 X 射线的能量值来表征元素类型。扫描电子显微镜被广泛用于材料的微观形貌和结构分析，根据特征物质的形貌判断材料的种类。能谱仪被用于对物质的主要组成元素进行测试，据此初步地判断材料的元素组成。扫描电子显微镜与能谱仪联用能够在观察颜料表面形貌的同时得到相应的元素类型与含量结果，在电子成像中还能观测到文物的表面状况，非常适用于文物检测。

扫描电子显微镜是通过电子束轰击样品成像的，若表面不平或者有杂质会严重影响成像效果，因此在样块平整的基础上，充分清洗样品是必须的。清洗步骤如下：

①用显微镜观察样品表面是否有划痕，若尚有划痕，需要用打磨和抛光等方法去除表面划痕。

②把样块放入烧杯中，倒入石油醚没过样块，超声清洗 3 分钟，取出样块，擦干。

③蒸馏水中加入适量的吐温 20，用该清洗液超声清洗 3 分钟，取出样块，擦干。

④用蒸馏水超声清洗 3 分钟，烘干。注意不可用普通纸巾擦干，以免留下纸巾纤维，更不能用手指触碰样块表面，以免污染。

⑤取一个干净的盒子，里面贴上双面胶，将样块表面朝上，粘在双面胶上。这样不会污染样品表面，方便携带。

完成上述清洗步骤之后，可以进行扫描电子显微镜检测。首先将样块粘在检测台上，因树脂样块，完全不导电，样块需要贴铜条，并且喷铂或金 2 分钟。使用扫描电子显微镜的背散射模式（SEM-BSE）观察样品横截面并拍照，样品的不同部分由于元素组成不同，会有不同的灰度。

由于扫描电子显微镜能谱仪检测得到的都是元素结果，一般需要将该法与其他方法结合才能精确分析出颜料分子的具体信息，因此它常与红外光谱、拉曼光谱、X 射线衍射仪结合运用。有研究者通过扫描电子显微镜能谱仪与 X 射线衍射技术对一处莫卧儿晚期壁画进行了成分与病害机理分析。也有学者通过结合拉曼光谱等方法评估了 16 世纪东正教壁画的构图和降解过程。国外有学者使用扫描电子显微镜能谱仪等方法，在陕西钟山石窟彩绘中检出了铅白、朱砂、红土、群青、孔雀石和酞菁绿等物质。

（6）偏光显微镜（Polarized light microscope， PLM）

偏光显微镜的技术原理是利用不同物质在光学性能上的差异从而鉴别物质类型。依靠滤片将普通光过滤成偏振光以观察得到物质的折射性质，进而判断出晶体类型。同时，可以根据显微镜视野内晶体的大小、形状等各方面指标判断得出物质颗粒的来源及形成过程。该方法在颜料检测中较为常用。意大利学者在 2011 年用偏光显微镜结合拉曼光谱对从维纳斯神庙（庞贝城）挖掘出的 57 幅壁画颜料进行过研究。国内有学者 2014 年报道了通过偏光显微镜检测出了中国古代秦帝国时期曾使用的钡铜硅酸盐颜料。

偏光显微镜最大的优势是仪器成本低，检测条件易于实现，样品需求量少。相较于其他通过检索特征峰就能得出结果的材料分析仪器（如拉曼光谱、能谱），偏光显微镜的实验结果不够直观，需要依赖人工判断，可能存在一定的偏差。所以偏光显微镜检测一般会结合拉曼光谱、能谱等方法进行对比验证。

（7）太赫兹光谱

太赫兹波（Terahertz Waves，THz）是指频率在 0.1 ～ 10THz，波长在 0.03 ～ 3mm（1THz=10^{12}Hz）之间的电磁波。太赫兹波段电磁波介于微波和红外之间，对陶瓷、塑料等很多介电、非极性物质具有良好的穿透性；太赫兹光谱频域范围覆盖广，许多物质在该波段具有明显的特征吸收谱；辐射能量低，具有较高的安全性。太赫兹技术于 20 世纪 90 年代开始应用在文化遗产的保存和分析领域，此后，逐渐在文物材料分析、无损检测等方面得到应用。日本学者从 2007 年开始使用太赫兹透射光谱对绘画作品颜料层（绘画颜料、胶料以及它们的混合物）进行鉴别。同时期，日本情报通信研究所开始建立艺术品材料领域的太赫兹光谱数据库，吸引了来自多个国家的研究机构致力于研究太赫兹技术在文物艺术品领域的应用。

相比于拉曼光谱和红外光谱，太赫兹波的穿透性好，能够对文物内部物质进行分析；X 射线穿透性较好，但相比于太赫兹波，X 射线穿透性太强，纵向分辨率差，且光子能量高，具有电离特性，而微波横向分辨率较低。因此太赫兹技术能够与红外、拉曼光谱、X 射线等技术形成互补，为文物检测提供多元化手段。利用太赫兹光谱技术对壁画进行分析，可实现对颜料、黏合剂的无损判断和区分。如颜料钴黄表现出多个狭窄吸收峰，而普鲁士蓝则在 7.5THz 表现为一个较宽的吸收峰，同时太赫兹光谱能够对相同颜色的不同颜料进行检测和区分。首都师范大学学者利用太赫兹光谱对中国古代艺术品中的七种红色矿物颜料（天然朱砂、人工朱砂、猩红、铅丹、赭石、镉红、茜草）进行检测，得到 0.3 ～ 3THz 范围内明显的光谱特征，包括频域、时域波形的强度和位置特征，并将以上结果应用在 19 世纪的紫禁城富臣寺两幅壁画的分析中，成功地鉴别出了朱砂颜料。当然，太赫兹光谱技术在颜料鉴别中也存在一些局限性。现阶段的太赫兹光谱学在对颜料的分析中依赖数据库的比对，但现有数据库还远远不能满足要求，颜料种类繁多且振动、转动能级变化多，给解谱带来一定的困难。

3.4.3　壁画胶结材料的检测方法

壁画中常用的胶结物可分为蛋白质类、多糖类、油脂类等，常见的猪皮胶、牛皮胶、蛋清、鱼胶属于蛋白质类，桃胶、白及胶等植物胶属于多糖类，桐油、亚麻籽油等属于油脂类。这些胶结材料基本都是有机大分子，随时光流逝往往易老化降解，因此彩绘层中残留胶结物的含量往往较低、杂质偏多，且和颜料呈混合状态；此外，壁画文物由于其珍贵性，往往只允许微损取样，这就要求分析方法具有很高的灵敏度。这些都给检测工作带来了不少挑战。

目前常用的胶结物检测方法以仪器分析为主，包括光谱法、色谱法和核磁共振波谱法。如红外光谱检测法、气相色谱质谱联用法、核磁共振法、紫外光谱法等。然而仪器分析方法的鉴别目标是样品所含的全部组分，对于成分复杂的颜料彩绘层来说特异性不够强，所以有学者将生物技术引入到壁画胶结材料检测中，如用蛋白质组学法、酶联免疫法及免疫荧光法检测胶结材料。以下是现阶段常用的胶结材料检测方法的介绍。

（1）微量化学法

微量化学法主要是通过观察反应过程中颜色的变化、溶解度及其熔点等物理化学性质来鉴别彩绘文物胶结材料的具体组成成分。方法操作简单、快速，可初步掌握胶结材料中有机物的相关信息。但是微量化学实验方法特异性较差，随着科学技术的发展，已逐渐被各种现代仪器分析方法和技术所取代。

（2）红外光谱法（Infrared spectroscopy，IR）

红外光谱技术是常用的有机物检测方法，其原理是当一束红外光照射至样品表面时，偶极矩不为零的物质会吸收能量，并使得分子中的官能团产生振动。红外光谱法通过捕捉到分子中的振动信息，得到物质的特征曲线并分析出分子结构，该技术适用于所有偶极矩不为零的物质。

红外光谱技术常与拉曼光谱分析一同进行，可以对文物检测结果起到补充和论证的作用。国内研究者检测了五种中国古代常用文物彩绘胶结材料的红外光谱图，总结得到了蛋白类胶料、桃胶和奶类胶料的红外吸收光谱特征峰。

红外光谱技术的优势在于它的高灵敏度、高分辨率、操作便捷，能有效鉴别物质的分子结构，且对有机和无机颜料都适用。但该方法局限在于它只能用于偶极矩不为零的物质，不能吸收红外光的样品是无法进行红外光谱分析的，而且检测结果中的目标峰有时会被其他峰值掩盖。对于壁画样品，本身成分复杂，具有内在非均质性的特点，来自不同的化合物的复杂红外谱信号会妨碍原本光谱中蛋白质的明确识别。此外，此方法缺乏特异性，因为无法实现蛋白质（动物胶、鸡蛋和牛奶）之间的区分。

（3）气相色谱质谱联用法（Gas chromatography mass spectrometry，GC-MS）

气相色谱质谱联用法通过气相色谱与质谱两种方法结合联用，使得其对有机物有着十分强大的检测能力，可以测定氨基酸、脂肪酸、有机酸、糖、糖胺、芳香族等化合物的代谢物。

意大利学者最早将该方法应用到彩绘文物胶结材料的检测中，通过测定有机物在水解后衍生的氨基酸和脂肪酸，在 18 世纪彩塑中检出了动物胶、牛奶和亚麻籽油成分。此后，意大利学者用该方法先后检测出 15 世纪意大利的蛋彩画中的牛奶，博物馆壁画样品中的鸡蛋、动物蛋白和酪蛋白。西班牙学者用该法在 17 世纪早期的拉贾斯坦邦壁画上发现了一种有机的印度黄颜料。也有学者首次报道出秦始皇兵马俑的胶结材料为鸡蛋，并推测还应当存在着其他非蛋白物质。

气相色谱质谱联用法的不足之处在于其实验分析物必须为可挥发物质。由于大部分代谢产物是不能挥发的，所以气相色谱质谱联用法的样品预处理环节比较烦琐。另外，当样品成分过于复杂时，会出现部分峰位信息重叠而干扰结果。

（4）核磁共振波谱法

核磁共振法适于分析材料的微观结构，并能提供丰富细致的结构信息，是研究聚合物微观结构的有效手段，在彩绘文物颜料胶结物分析中具有重要价值。核磁共振法通过建立化学位移与化学环境之间的相关性，获取化合物结构的基本信息，并且可以对彩绘颜料胶结物的复杂体系进行表征与分析。但是，核磁共振法用于壁画胶结物分析也存在局限，原因是大多数实验室的核磁共振技术相关设备远未普及，束缚了该方法的广泛应用。

（5）蛋白质组学技术

蛋白质是由氨基酸的组成单元构成的生物分子。"蛋白质组"这个术语是由澳大利亚博士生马克·威尔金斯（Marc Wilkins）在 1994 年于意大利锡耶纳举行的研讨会上提出的，指的是一个生物体可以表达的所有蛋白质。蛋白质组学是一种灵敏度高、检测结果精确的高通量技术方法，主要利用蛋白质分离和鉴定技术研究蛋白质，该方法可以分析复杂混合物中的蛋白质。其主要流程包括蛋白质的分离纯化、串联质谱联用测序和数据库检索。在蛋白分离纯化过程中采用高效液相色谱（HPLC）既可独立进行分离，又可以串联质谱仪，操作相对简便，拥有较高的灵敏度及较好的重复性，并且可以实现自动化。质谱技术（MS）因其结果可靠、操作简便、可以收集蛋白质等优点应用于蛋白质鉴定。质谱分析有两种方法：自上而下（top-down）法直接分析混合物中的多个完整的蛋白质，包括大片段蛋白质和修饰蛋白质，也包括肽段。该方法适用于在序列分析和翻译后修饰表征等方面，序列覆盖度高，但通量较低；自下而上（bottom-up）法，即鸟枪法（shotgun），是一种时间短、高通量的检测方法，适合复杂样本的分析。随着仪器高速发展，可以根据不同的检测要求选择不同的质谱分析仪或进行串联使用。蛋白质的鉴定是通过数据库搜索实现的，首先将数据库中的蛋白质按照理论的断裂位点切成肽，确定理论谱图，将检测到的谱图与数据库对比，之后利用数据处理软件和模块分析，确定样品所含蛋白质情况，进一步对比相应的蛋白质数据库完成种属鉴定。它的缺点在于操作较复杂，且通过质谱方法对蛋白的检测容易受到颜料的干扰，对蛋白的鉴定率较低，价格较为昂贵。

（6）免疫分析技术（Immuno-assay）

壁画等古代彩绘文物中所使用的胶结材料主要来源于动物和植物的产物，很多都属于天然高分子化合物，必定具有生物的某种特征结构和生理功能。免疫法分析检测技术就是以一种或多种抗体作为分析试剂，对待测物进行定量或是定性分析的检测方法。其基本原理是抗体和抗原之间的相互作用，其中抗体和抗原之间反应的特异性和灵敏性是免疫检测技术的关键。在胶结材料进行检测时，将被检测材料视为抗原，观察哪一种抗体会与之反应生成抗原－抗体复合物，从而判断被检测物质。与传统分析检测技术相比，免疫检测分析技术特异性较高，对于古代壁画胶结材料混合样品及降解样品的分析方面具有自身特有的优势。

抗原与抗体之间是否发生反应，需要借助标记物探测。标记物是一些易于检测的物质，如放射性同位素、荧光素、酶、化学发光体等。通过用标记物标记抗原抗体或抗原＋抗体复合物，然后对标记物进行检测，可以得到被测物的定性、定量信息。目前免疫标记技术主要分为免疫酶技术、荧光抗体技术、放射免疫技术、免疫胶体金技术和化学发光免疫技术五种。综合考虑各方面因素和技术本身的特性，免疫酶技术、荧光抗体技术成为常用的两类技术，而应用最广泛的是免疫酶技术中的酶联免疫吸附检测法（Enzyme-linked immunosorbent assay，ELISA）。表3-4记录了浙江大学文物保护材料实验室用免疫分析技术检测出的不同壁画样本中的胶结材料。

表 3-4　不同来源壁画样本中胶结材料的免疫分析技术检测结果

序号	文物	年代	酶联免疫吸附检测技术					荧光免疫技术
			动物胶	酪素	明胶	蛋清	动物胶	
1	吉安高句丽墓葬壁画			++				++
2	天梯山壁画	北朝	+				+	
3	山西忻州九原岗北朝墓葬壁画		+				+	
4	新疆库车库木土拉千佛洞3—5世纪壁画	3—5世纪	+	+				++
5	敦煌莫高窟 85窟壁画			++			++	++
	敦煌莫高窟 94窟壁画			++				++
	敦煌莫高窟 44窟壁画	明		+++				++
6	须弥山石窟 69窟壁画	唐	++	++			++	++
	须弥山石窟 62窟壁画	唐		++				++
	须弥山石窟 20窟泥塑	西魏	+	++			++	++
7	麦积山石窟 20窟壁画	西魏	+++	+++			++	+++
	麦积山石窟 9窟壁画（明清）	明清	++				++	
	麦积山石窟 9窟壁画（宋）	宋	+++	+++			++-	+++
8	四川甲扎尔甲山洞窟壁画 MJB-G-4				++	+		
	MJB-G-4				+	++		
	MJB-G-2					+		
	MJB-G-2					++		

注："+"表示有显色现象；"++"表示显色明显；"+++"表示显色非常明显。

1）酶联免疫吸附检测技术

酶联免疫技术可用来鉴别胶结材料类型。其原理是让抗原先附着在某一固相载体上，接着加入酶标抗体，使之与抗原结合后得到抗原抗体复合物，最后以酶标记物是否显色为判定依据鉴别目标中是否含有某种抗原。方法有直接法、间接法、竞争法、双抗夹心法（图3-7）等。酶联免疫吸附检测技术不容易受到其他物质的干扰，且具有检测限低、灵敏度高、操作简便等特点，能够对胶结物进行定量分析。以运用酶联免疫吸附检测技术的双抗体夹心法为例，其分析过程为：

a. 包被特异性抗体；

b. 封闭；

c. 加入抗原，在适宜的温度和湿度下让固相载体上的抗体与抗原充分反应，然后洗涤去除未反应的抗原；

d. 加入酶标特异性抗体，与固相载体上的抗体–抗原复合物充分反应，然后洗涤去除未反应的酶标抗体；

e. 加入显色底物，在一定时间内经酶催化显色，液体颜色的深浅与抗原物质的量成正比。

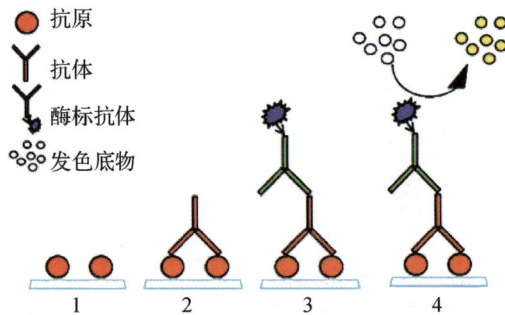

图3-7　酶联免疫吸附检测技术双抗体夹心法基本原理示意图

（图片来源：张秉坚，方世强，李佳佳，等.中国传统复合灰浆.北京：建材工业出版社，2020.）

酶联免疫吸附检测技术在壁画的胶结材料检测中的运用已经有了较多的研究。如有学者在2011年对13世纪的壁画样本进行检测，结果表明在灰泥或石膏等常见壁画基材存在的情况下仍可鉴定出其中存在酪蛋白，且蛋白质的老化降解对采用酶联免疫吸附检测技术进行鉴定不存在干扰，检测限可低至纳克级别。意大利有学者在2021年用酶联免疫吸附检测技术测出壁画中的胶结材料有动物胶、植物胶，并将之与质谱色谱结果相对照，结果一致。英国伦敦大学用酶联免疫吸附检测技术尝试了敦煌壁画胶结材料的鉴定。在我国，也有对胶结材料检测的一系列研究，南开大学学者用酶联免疫吸附检测技术鉴定出我国北方 5 世纪墓葬壁画中含有狗胶原蛋白，浙江大学文物保护材料实验室曾用该方法发现秦始皇兵马俑彩绘中曾使用过鸡蛋清，麦积山石窟彩绘中使用过动物胶和鸡蛋清，此外，还对藏族壁画样品进行了研究，在壁画样品中发现了明胶和酪蛋白。

2）荧光免疫技术（Immunofluorescence microscopy，IFM）

荧光免疫技术能够对复杂样品中的蛋白质进行类型识别和定位，是一种特异性非常强的检测手段。其方法和原理为：以荧光素作为标记物，与已知的抗体或抗原结合，但不影响其免疫学特性；然后将荧光素标记的抗体作为标准试剂，用于检测和鉴定未知的抗原；在荧光显微镜下，可以直接观察呈现特异性荧光的抗原抗体复合物以及存在的部位。主要检测方法有直接法和间接法两种，直接法是将标记的特异性荧光抗体，直接加在抗原标本；间接法主要用于检测未知抗原，先用已知未标记的特异性抗体（一抗）与抗原标本进行反应，冲洗未反应的抗体后，再用标记的抗体（二抗）与抗原标本反应，使之形成抗原－抗体－抗体复合物，从而实现未知抗原的检测（图 3-8）。以荧光免疫间接法为例，其分析过程为：

a. 将样品在封闭液中封闭 60min。

b. 封闭结束前，按说明书的指示用抗体稀释液稀释一抗。

c. 吸去封闭液，加入稀释后的一抗。

d. 在 4℃的温度环境下孵育过夜。

e. 用 PBS 润洗 3 次，每次 5min。

f. 把荧光素标记的二抗在抗体稀释液中稀释，将样品与稀释抗体在室温下避光孵育 2h。

g. 按上一步用 PBS/ 高盐 PBS 润洗切片。

h. 涂上抗淬灭试剂后盖上盖玻片。

i. 在盖玻片的周围涂上指甲油密封。

j. 立即在显微镜下用相应波长激发光观察样品。

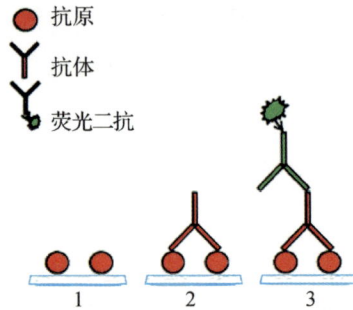

图 3-8　免疫荧光间接法基本原理示意图

（图片来源：张秉坚，方世强，李佳佳，等．中国传统复合灰浆．北京：建材工业出版社，2020.）

早在 1971 年，就有意大利学者首次提出将荧光免疫技术应用于检测胶凝材料中的蛋白质，他们成功使用一种抗体和简易的荧光显微镜检测出老化蛋彩的横截面中的鸡蛋白。1988 年，有学者首次提出将双抗体技术（即荧光免疫间接法）应用于文物保护。2008 年，意大利学者采用间接法对模拟制备的鸡蛋和牛奶壁画样块进行了蛋白质分析，通过对光学显微镜、荧光显微镜和共焦显微镜三者所获图像进行了比较分析，所有检测都得到了较为满意的结果，并准确地识别出其中的蛋清成分，实验验证了此方法的高效性，展现出其作为文物保护科学中一种检测技术的潜力。浙江大学研究者用荧光免疫技术成功检测出了秦始皇兵马俑表面彩绘上所用的蛋白胶结材料，也曾对藏族壁画样品进行检测，确定了胶结材料的位置。荧光免疫显微镜技术侧重于观察目标分子的空间分布情况，能够检测出彩绘文物修复的次数和痕迹，因此检测非常灵敏且直观，但可能会有非特异性荧光产生背景干扰。

3.4　壁画材料的检测案例

3.4.1　概述

我国古代墓葬壁画已有两千多年的历史，上自汉唐，下迄明清，内容广泛，包罗丰富。依据现有资料，墓葬壁画出现并最终形成一种丧葬文化现象是在汉代。汉代墓葬壁画自西汉前期形成以后，不断发展演变并形成了一套非常系统完整的体系，表达了深邃而复杂的信仰和丧葬观念，丰富和发展了中国古代绘画的造型技巧和艺术表现形式，因此墓葬壁画在早期绘画史和思想史上都占有非常重要的地位。

兰溪胡联宋代仿木结构壁画墓为长方形券顶砖室合葬墓，南北两墓室并列，北墓室发现时已被毁，南墓室见仿木结构立柱、斗拱等装饰建筑，并彩绘壁画，墓侧壁两端均砌有立柱，柱间以阑额连接，阑额中部上方补间斗栱为一斗三升，阑额上方斗拱之间墨绘卷草纹。后壁两砖柱上设方栌斗，栌斗顺墙身各出一跳斗栱，两斗栱上承托一枋。枋下中部伸出一砖，应为灯台。枋下栱眼板绘制瓶花。斗栱及枋刷红色，黑色缘边。墓壁内侧彩绘壁画。壁画题材为植物花卉草纹，为北宋晚期典型壁画墓。壁画题材新颖，相同墓例省内罕见，对于研究江浙地区北宋时期的社会历史动态及文化艺术取向具有十分特殊的意义。

3.4.2 壁画的结构分析

通过现场勘测时对壁画截面的观察，发现该墓葬壁画的支撑砖体主要为青砖，其上一层为白灰层，成分为黄白相间的灰浆材料，厚约 0.5cm，壁画直接绘制于其上，如图 3-9 所示。

图 3-9 兰溪宋墓壁画结构图

　　结合取样分析，灰浆类样品多土色、白色相混杂，质地较细腻，两色无明显分层，且其中暂未发现纤维，带有颜料的样品经显微观察发现其画面层厚度约为 0.1mm（图 3-10），初步判断壁画结构为"砖支撑体 + 白灰层 + 画面层"，即在墙体上仅抹 0.5cm 厚的白灰层并掺加补强材料后作画，有利于壁画在潮湿环境中的保存。

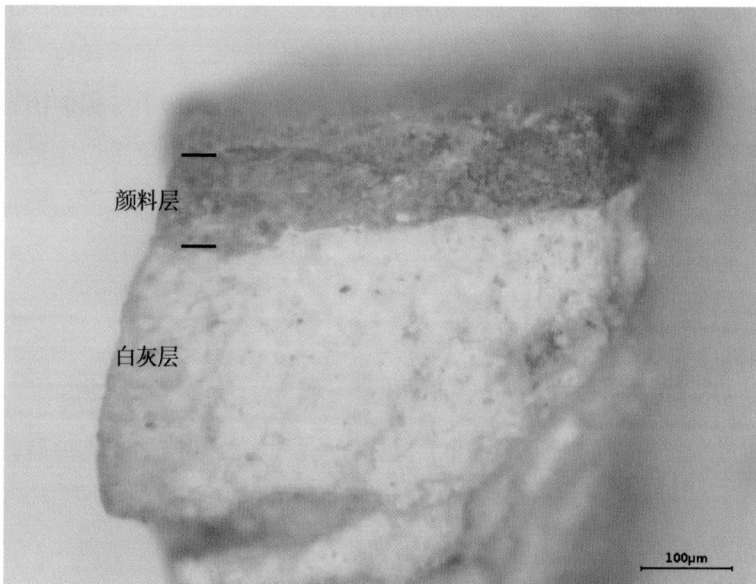

图 3-10　兰溪宋墓壁画样品显微截面图

3.4.3　支撑体材料的检测

　　对青砖支撑体的样品进行 X 射线衍射分析，结合 jade 软件对其检测成分半定量计算结果如表 3-5 样品 s1 和 s2 所示，分析结果可知其由黏土烧制而成，一般在含有铁的黏土烧制时加水冷却可使铁不完全氧化从而烧制而成的砖体呈现青色。对支撑砖体之间的灰浆样品进行分析，结合 X 射线衍射检测结果及热重分析得到的钙含量可知支撑砖体间的灰浆是以黏土为主的灰浆，调制时加入了适量的石灰，少量的云母等黏土矿物可能来自土壤。

表 3-5　样品 X 射线衍射、热重分析检测结果

样品编号	样品分类	X 射线衍射半定量分析结果	碳酸盐含量 /%
s1	砖砌支撑体	石英（+++）、方解石（+/-）	6.35
s2	砖体间灰浆	石英（+++）、云母（+）、方解石（+/-）	3.75
s3	白灰层灰浆	方解石（+++）、石英（+/-）	94.75
s4	白灰层灰浆	方解石（+++）、石英（+）	91.18
s5	白灰层灰浆	方解石（+++）、石英（+）	91.68
s6	白灰层灰浆	方解石（+++）、石英（+）	92.57

注："+/-"表示 1% ~ 3%，"+"表示 3% ~ 15%，"++"表示 15% ~ 40%，"+++"表示超过 40%。

3.4.4　白灰层材料的检测

对白灰层灰浆样品进行 X 射结衍射测试后，结合 jade 软件对其检测成分半定量计算结果如表 3-5 样品 s3、s4、s5、s6 所示，用 jade 半定量分析得到的碳酸钙（$CaCO_3$）含量在 95.7% ~ 99.0% 之间，与热重分析检测得到的钙含量检测结果基本相似，可知白灰层为石灰灰浆，混有少量黏土。

根据有机添加物的化学分析和酶联免疫分析检测结果，样品含有蛋白胶结成分，经酶联免疫吸附检测技术检测进一步确定样品 s3、s4 含有蛋清与桃胶，样品 s5 含有蛋清以及至少还含有大漆和桃胶中的一种。样品有机添加物蛋白成分的检测结果见表 3-6。

表 3-6　胶结物的酶联免疫分析结果

样品编号	样品分类	蛋清	酪素	大漆	桃胶
s3	白灰层灰浆	+	-	-	+
s4	白灰层灰浆	+	-	-	+++
s5	白灰层灰浆	+	-	+++	+++

注："+++"表示检测结果 ≥ 31%，"++"表示 30% ≥ 检测结果 ≥ 11%，"+"表示 10% ≥ 检测结果 ≥ 1%，"-"表示检测结果 < 0。

3.4.5　颜料层材料的检测

　　兰溪宋墓壁画颜料以黑色和红色为主，在不破坏文物的基础上，此次红色颜料样品取自于已塌毁的北墓室，从拉曼测试位点示意图（图 3–11）可初步观察到颜料的微观形貌，表面混杂白色晶体，色偏橘色。使用拉曼光谱仪对红色颜料进行分析，光谱范围 100 ~ 2000cm^{-1}，分辨率为 4cm^{-1}，在 532nm 的激光波长下得到颜料样品的拉曼光谱分析，结合拉曼光谱数据库 KnowltAll 进行数据匹配，分析得出其与朱砂（Cinnabar，HgS）的图谱基本对应，初步判定该墓葬壁画红色颜料的主要成分为朱砂。

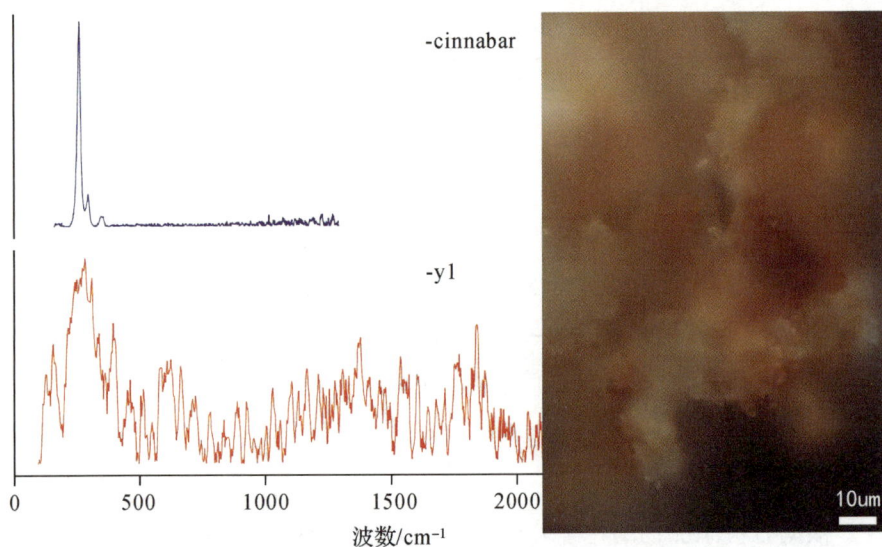

图 3–11　兰溪宋墓红色颜料样品拉曼图谱及拉曼测试位点示意图

3.4.6　结论

　　对兰溪宋墓壁画材料检测结果显示：砖砌支撑体为黏土烧制的青砖；白灰层主要成分为方解石和少量石英，部分样品显示其中添加有蛋清、桃胶等胶结材料；红色颜料主要成分为朱砂。壁画结构可视为无地仗层，直接在砖砌支撑体上刷白灰作底，这种结构在墓葬壁画制作中也发现较多，因为在潮湿的墓穴环境中泥质地仗层的吸潮和湿膨胀，往往使得壁画容易脱落。壁画灰浆样品中都没有检测到纤维成分，从表面观察来看质地较为细腻，可以初步推断当地在壁画制作时并不常用纤维成分等来提高材料的韧性。

参考文献

［1］AN J， YAN H. The binding media of ancient polychromy by matrix-assisted laser desorption/ionization time-of-fight mass spectrometry （i）［J］. Chinese Science Bulletin， 2013， 58（3）： 211-217.

［2］BIANCHIN S， CASELLATO U， FAVARO M， et al. Physico-chemical and analytical studies of the mural paintings at Kariya Museum of Istanbul［J］. Journal of Cultural Heritage， 2008， 9（2）： 179-183.

［3］BONADUCE I， BLAENSDORF C， DIETEMANN P， et al. The binding media of the polychromy of Qin Shihuang's terracotta army［J］. Journal of Cultural Heritage， 2008， 9（1）： 103-108.

［4］BORG B， DUNN M， ANG A， et al. The application of state-of-the-art technologies to support artwork conservation： Literature review ［J］. Journal of Cultural Heritage， 2020， 44： 239-259.

［5］CARTECHINI L， PALMIERI M， VAGNINI M， et al. Immunochemical methods applied to art-historical materials： Identification and localization of proteins by ELISA and IFM ［J］. Topics in Current Chemistry， 2016， 374（1）.

［6］CARTECHINI L， VAGNINI M， PALMIERI M， et al. Immunodetection of proteins in ancient paint media ［J］. Accounts of Chemical Research， 2010， 43（6）： 867-876.

［7］CASOLI A， MUSINI P C， PALLA G. Gas chromatographic mass spectrometric approach to the problem of characterizing binding media in paintings ［J］. Journal of Chromatography A， 1996， 731（1-2）： 237-246.

［8］COLOMBINI M P， MODUGNO F. Characterisation of proteinaceous binders in artistic paintings by chromatographic techniques

［J］. Journal of Separation Science, 2004, 27（3）: 147-160.

［9］CRISTEA-STAN D, CONSTANTINESCU B. Studies on pigments of religious mural paintings using a portable X-ray fluorescence spectrometer - the cases of urechesti-cicanesti arges and icoanei bucuresti churches［J］. Proceedings of the Romanian Academy Series A-mathematics Physics Technical Sciences Information Science, 2019, 20（4）: 347-352.

［10］DOMENECH-CARBO M T. Novel analytical methods for characterizing binding media and protective coatings in artworks ［J］. Analytica Chimica Acta, 2008, 621（2）: 109-139.

［11］FELICI A C, FRONTEROTTA G, NICOLAIS C, et al. A portable X-ray fluorescence device for in situ analyses of mural paintings ［J］. Nuovo Cimento Della Societa Italiana Di Fisica C-colloquia On Physics, 2006, 29（6）: 607-616.

［12］GEBREMARIAM K F, KVITTINGEN L, BANICA F-G. Application of a portable XRF analyzer to investigate the medieval wall paintings of yemrehanna krestos church, ethiopia ［J］. X-Ray Spectrometry, 2013, 42（6）: 462-469.

［13］HA J-W, LEE S-J. Identification of natural inorganic pigments used on 18th century Korean traditional mural paintings by using a portable X-ray fluorescence ［J］. Journal of Industrial and Engineering Chemistry, 2015, 28: 328-333.

［14］JOHNSON M, PACKARD E. Methods used for the identification of binding media in Italian paintings of the fifteenth and sixteenth centuries ［J］. Studies in Conservation, 1971, 16（4）: 145-164.

［15］KHRAMCHENKOVA R, IONESCU C, SITDIKOV A, et al. A pxrf in situ study of 16th-17th century fresco paints from sviyazhsk （tatarstan republic, Russian federation） ［J］. Minerals, 2019, 9（2）.

［16］MOIOLI P, SECCARONI C. Analysis of art objects using a portable X-ray fluorescence spectrometer ［J］. X-Ray Spectrometry,

2000，29（1）：48-52.

[17] PIOVESAN R, SIDDALL R, MAZZOLI C, et al. The temple of venus（pompeii）：A study of the pigments and painting techniques [J]. Journal of Archaeological Science, 2011, 38（10）：2633-2643.

[18] ROMANI A, CLEMENTI C, MILIANI C, et al. Fluorescence spectroscopy: A powerful technique for the noninvasive characterization of artwork [J]. Accounts of Chemical Research, 2010, 43（6）：837-846.

[19] STOUT S, COSENTINO A, SCANDURRA C. Non-invasive materials analysis using portable X-ray fluorescence（XRF）in the examination of two mural paintings in the catacombs of San Giovanni, syracuse [Z]. Digital Heritage: Progress in Cultural Heritage: Documentation, Preservation, and Protection. 2014: 697-705.

[20] VAGNINI M, PITZURRA L, CARTECHINI L, et al. Identification of proteins in painting cross-sections by immunofluorescence microscopy [J]. Analytical and Bioanalytical Chemistry, 2008, 392（1-2）：57-64.

[21] WEI S, MA Q, SCHREINER M. Scientific investigation of the paint and adhesive materials used in the western Han dynasty polychromy terracotta army, Qingzhou, China [J]. Journal of Archaeological Science, 2012, 39（5）：1628-1633.

[22] WOLBERS R C. Aspects of the examination and cleaning of two portraits by Richard and William Jennys [Z]. Washington, D.C., United States; American Institute for Conservation of Historic and Artistic Works. 1988

[23] WU M, ZHANG B, SUN G, et al. Determination of lacquer contained in samples of cultural relics by enzyme-linked immunosorbent assay [J]. New Journal of Chemistry, 2017, 41（14）：6226-6231.

[24] WU M, ZHANG B, YANG J. Detection of millennial rosin

in empress xiao's crown by ELISA［J］. Microchemical Journal， 2020，154.

［25］XIA Y， MA Q， ZHANG Z， et al. Development of Chinese barium copper silicate pigments during the Qin empire based on Raman and polarized light microscopy studies［J］. Journal of Archaeological Science， 2014， 49：500-509.

［26］陈尔新，张秉坚，林袁顺，等.浙江省文物建筑壁画彩绘颜料和胶结物的检测研究［J］.东方博物，2018（3）：107-113.

［27］陈港泉.干旱环境下古代壁画保护成套技术集成与应用示范研究［M］.北京：科学出版社，2019.

［28］胡文静，张秉坚.古代彩绘文物胶结材料免疫分析技术［J］.自然杂志，2015，37（5）：332-340.

［29］李蔓，夏寅，王丽琴.偏光显微分析和拉曼光谱分析在彩绘颜料鉴定中的应用［J］.光散射学报，2013，25（3）：268-275.

［30］李霞，滕晓云.X射线衍射原理及在材料分析中的应用［J］.物理通报，2008（9）：58-59.

［31］李妍，李振兴，侯爱琴，等.扫描电镜-拉曼光谱联用在文物研究中的应用［J］.分析仪器，2017（6）：34-38.

［32］李最雄.丝绸之路石窟壁画彩塑保护［M］.北京：科学出版社，2005.

［33］刘璐瑶.多方法检测古代珍贵彩绘文物颜料及胶结材料的研究［D］.杭州：浙江大学，2017.

［34］刘效彬，崔彪，张秉坚.浙江古城墙传统灰浆材料的分析研究［J］.光谱学与光谱分析，2016，36（1）：237-242.

［35］刘照军，王继英，韩礼刚，等.中国古代艺术品常用矿物颜料的拉曼光谱（二）［J］.光散射学报，2013，25（2）：170-175.

［36］施铁樱.中国古代建筑灰浆检测技术规范研究［D］.杭州：浙江大学，2014.

［37］石美凤，任建光，张秉坚，等.山西忻州九原岗北朝墓葬壁画颜料及颜色变化分析［J］.文物保护与考古科学，2018，30（1）：18-24.

［38］孙鹏飞,李星辰,吴强,等.古代壁画中常用颜料的拉曼光谱［J］.科技视界,2016（27）：232-233.

［39］汪小洋.中国墓室壁画史论［M］.北京：科学出版社,2018.

［40］王丹阳.古代泥塑彩绘分析中的植物纤维检测技术研究［D］.杭州：浙江大学,2016.

［41］王继英,魏凌,刘照军.中国古代艺术品常用矿物颜料的拉曼光谱［J］.光散射学报,2012,24（1）：86-91.

［42］王卓,苏伯民,于宗仁,等.太平天国侍王府壁画表面修复材料的原位无损 FTIR 分析［J］.光谱学与光谱分析,2020,40（2）：356-361.

［43］徐军平,鲁元良,宋朋遥,等.东平汉墓壁画制作工艺初探［J］.文博,2009（6）：211-215.

［44］徐莉.传统灰浆材料综合检测方法研究［D］.杭州：浙江大学,2018.

［45］杨景龙.秦代咸阳宫建筑壁画彩绘颜料偏光显微分析［J］.人类文化遗产保护,2009（0）：140-142.

［46］喻梦哲,张学伟.中国古代墓葬建筑中"仿木现象"研究综述［J］.建筑学报,2020（S2）：171-178.

［47］张秉坚,方世强,李佳佳,等.中国传统复合灰浆［M］.北京：中国建材工业出版社,2020.

［48］张坤.含土灰浆中有机物的生物酶学检测方法［D］.杭州：浙江大学,2014.

［49］赵凡,王冲,陈尔新,等.四川广汉龙居寺中殿壁画制作材料与工艺研究［J］.文物保护与考古科学,2020,32（4）：8-15.

［50］赵明星.宋代仿木构墓葬形制研究［D］.长春：吉林大学,2004.

第 4 章 壁画的清洗

4.1 概述

  清洗是壁画保护中最常见、最精细且最重要的工作之一。除了恢复壁画的美观外观，清洗在保存壁画方面也有积极的作用，因为污染物不仅会影响壁画的观赏性，也会参与表面降解的过程，可能会导致壁画材料的原始成分不可逆转地发生改变。大量的有害物质必须定期从壁画表面清除，包括泥土、普通污垢、污渍、可溶性盐分、艺术家使用的老旧材料或在修复工作中使用的材料（黏合剂、清漆、保护涂层）等。因此，壁画的清洗涉及多种不同的化学物，包括无机盐、小型疏水化合物、天然聚合物（蛋白质、多糖、聚萜烯等）及合成树脂（丙烯酸、乙烯等）。其中，需要清理的最常见损害包括：黑色结壳、盐碱风化物、硝酸盐、硫酸盐、有机和矿物沉积物，以及以前恢复壁画中使用的其他材料。尽管看起来简单，实际上，清洁对于保护者和科学家来说都是一个具有挑战性的问题。保护者必须从历史、伦理、审美甚至是哲学的角度考虑，评估是否要从壁画中清除某些材料，而科学家应提供有效和安全的方法来进行这项工作。清洁是一项关键且耗时的活动。从化学角度来看，清洗就是去除（即溶解、膨胀、水解）特定的物质而不影响其他物质。换句话说，选择的清洁方法必须是可控的和有选择性的，也就是只有不必要的材料被去除，且对壁画本体没有危害。清洁技术的其他要求包括高效的、环保的和低毒性，对环境和操作者具有高度可控性和安全性。

4.2　壁画的清洗材料与技术

清洗壁画对于壁画的科学保护和修复历史遗迹具有重要意义。壁画的清洗技术包括机械、物理、化学和生物技术。机械清洗技术基于软刷的使用，物理清洗技术基于激光等的使用，化学清洗技术包括在壁画上涂抹有机溶剂、微乳液或凝胶。此外，还有较为前沿的基于细菌的生物清洗技术，这是一种非常具有前景的清洗技术。

4.2.1　机械清洗

当壁画表面的状况良好，但覆盖有弱黏附性的粉末沉积物时，应使用软刷进行清洁。修复者特别注意沉积物的来源。因此，文物保护工作者应通过掌握的分析化学和生物知识，特别关注沉积物的来源。

4.2.2　物理清洗

国内外已经有很多实例证明了激光清洗技术的可行性。激光清洗是一种利用激光与壁画基底以及污染物相互作用产生的热效应，以及激光和基底材料产生的热应力，破坏污染物与基底之间的结合，使污染物脱离壁画本体的技术。激光清洗的方法具有快速、选择性和精密度高的特点，不涉及机械干预，也不会导致壁画的磨损。相比于有机溶剂清洗的化学方法，激光不会穿透到壁画内部的基底层，因此相对更为安全。但激光清洗法的成本较高。

4.2.3　化学清洗

在过去，保护人员和修复人员大多使用一种反复试错的方法，并用各种常见的天然材料作为清洁工具，如生物体液（唾液、胆汁，甚至尿液）、可食用成分（酒、大蒜、面包和热油）、灰和肥皂。这些材料中的一些含有表面活性剂、酶和螯合剂，类似目前大多数清洗剂中使用的现代化学品。直到 20 世纪八九十年代，专门为保护文化遗产而设计的清洁材料才被开发出来。早期，主要使用有机溶液对壁画进行清洁，之后，随着研究的发展，各种各样适应壁画清洁需要的材料被发明并应用于壁画的清洁，这些材料包括微乳液、胶束溶液、离子溶液和凝胶。

4.2.3.1　有机溶剂清洗

20 世纪早期，主要使用有机溶剂来清除污染物或已经不需要的材料。这种传统的方法由于简便、效果好，仍然被广泛使用。然而，这种传统的方法存在显著的缺点，包括对文物缺乏安全性，环境相容性差，以及有机溶剂本身存在不可忽视的毒性。如有机清洗剂在清洗过程中不但本身会渗透到壁画内部，导致壁画原始有机成分膨胀和浸透，而且还会将杂质引入到壁画底层，从而造成更加严重的污染和破坏。此外，用有机溶剂方法几乎没有选择性和可控性，如无法合理控制清洁的时间和面积，以及可能存在的聚合物残留物。有研究表明，虽然可以用十二烷去除沉积在壁画上的蜡斑，但在溶剂蒸发后，蜡又重新沉积到孔隙中。大多数有机溶剂的毒性是一个严重的问题。由于许多壁画的表面很宽，而且保存在通风不良的环境中，因此有机溶剂的安全性直接关系到操作人员的健康。

《考古现场处置与文物保护技术》一书介绍了清洗的常用试剂：

第一，除油污、蜡质沉积常用溶剂：三氯乙烷、三乙醇胺（表面活性剂类）。

第二，除树胶常用溶剂：二甲基甲酰胺、乙醇、苯、丙酮或其混合溶剂。

第三，除动物胶常用溶剂：挥发性弱酸水溶液（如甲酸、乙酸等）。

第四，除可溶盐常用溶剂：去离子水、去离子水 - 纸浆敷料。（如果画面表层存在泛盐的现象，可先用软毛笔轻轻刷去）。

第五，除难溶盐（碳酸盐、硅酸盐、硫酸盐）：一般先机械清除至接近画面层，然后用试剂清洗。常用试剂有以下几种。

① AB57 混合清洗剂：水 1000 毫升，碳酸氢铵 30 克，碳酸氢钠 50 克，羧甲基纤维素 6 克，10% 烷基 - 二甲基 - 苄基氯化铵 25 克，混合成敷料使用。

② H 型阳离子交换树脂或 OH 型阴离子交换树脂。

③ 1% ～ 2% 柠檬酸三胺。

第六，除鸟粪：常用机械法剔除至一薄层残痕，然后用稀氨水擦除。

第七，除霉斑：使用 2% 氯胺 -T 含水乙醇溶液，并用防霉剂（如 0.02% 霉敌乙醇或丙酮溶液）处理。

4.2.3.2　微乳液清洗

微乳液这个概念是1959年由英国化学家舒尔曼(Schulman)提出来的，它是一种胶体系统，纳米尺寸的水滴通过一个或多个表面活性剂稳定在有机溶剂的连续相中。一般说来，微乳液是由表面活性剂、助表面活性剂、油与水等组分在适当比例下组成的无色、透明（或半透明）、低黏度的热力学体系。由于液滴在纳米尺寸范围，因此又称为纳米液滴或纳米乳液。微乳液由三个不同的区域组成，即极性材料组成的极性区域、非极性材料组成的非极性区域，两性材料组成的界面区域。这三个不同的区域有着不同的溶解能力，因此微乳液在相同溶液里能溶解不同极性的很多材料。人们根据结构不同，一般将其分为水包油型（o/w），油包水型（w/o），双连续相型。图 4-1 为水包油型微乳液示意图。

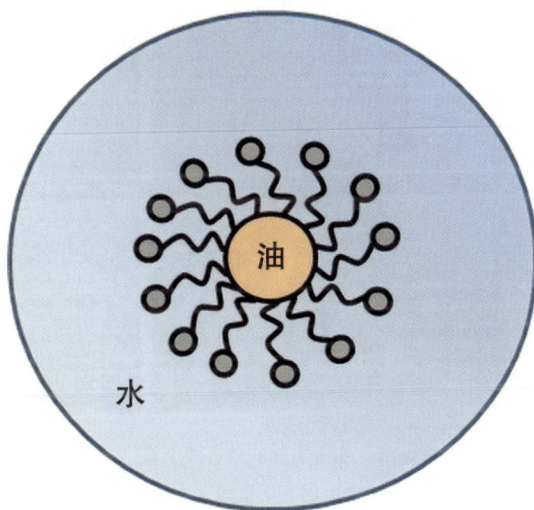

图 4-1　水包油型（o/w）微乳液示意图

近年来，学者提出用微乳液清洁水敏感的艺术品表面。和溶剂清洗不同，微乳液中的纳米微滴形成了巨大的交换表面积，增强了与污染物的相互作用，促进了被去除物质的去除或溶胀。并且可以降低水分含量，并将水滴限制在非极性溶剂中来控制水溶液在水敏感表面的输送。自1986年以来，美国国家科学基金会首次应用水包油型微乳液来保护文化遗产，这是发展艺术品先进清洗系统的一个里程碑：在意大利佛罗伦萨文艺复兴时期的壁画表面发现有蜡的痕迹，在亲水性壁画表面除去疏水性的蜡需要有一个体系，这个体系能够很好地溶解蜡并且能避免它重新溶解后渗入壁画里面，研究者首次研发了含有正十二烷、正戊醇和阴离子表面活性剂（十二烷基硫酸钠，SDS）的水包油型微乳液系统，有效地溶解和去除了有害蜡渍（图4-2）。从那时起，不同的微乳液被开发和应用于艺术品保护，作为新的清洗系统，以去除各种不必要的材料（污染物、小非极性分子、清漆、合成聚合物涂层）。目前出现了很多成功应用基于水的微乳液清洗污染物和已失效的保护材料的例子。米歇尔·巴格里奥尼（Michele Baglioni）团队在过去的20年中，研究了若干种微乳液体系，这些微乳液的最终清洗效果证明，微乳液优于传统的有机溶剂。意大利文艺复兴时期的壁画在修复过程中被施加了丙烯酸类树脂，研究者曾使用微乳液成功将这些涂层洗去，因此，微乳液法是一种有效去除壁画表面保护材料的方法。

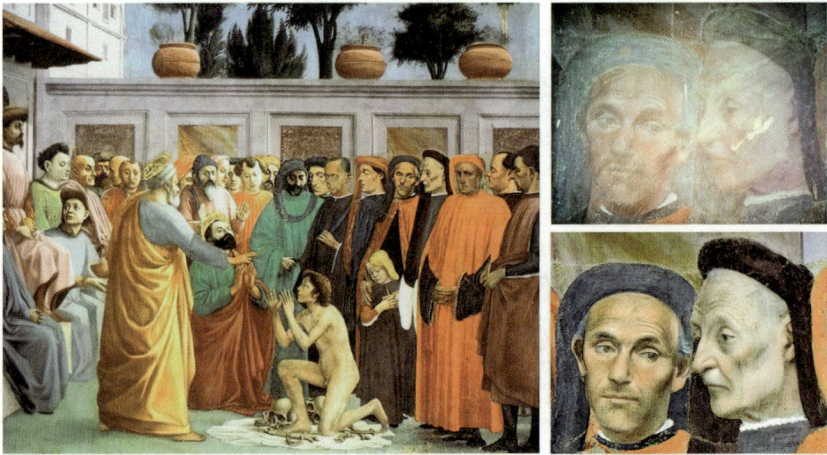

图4-2　佛罗伦萨教堂中的壁画细节。右上方为在紫外线下显示的蜡斑（清洗前）。右下方显示了在可见光下用微乳液清洗后的相同区域。左边是修复后的整个场景。

（图片来源：Baglioni P，Chelazzi D，Giorgi R，Poggi G. Colloid and Materials Science for the Conservation of Cultural Heritage：Cleaning，Consolidation，and Deacidification. LANGMUIR，2013，29（17）：5110-5122.）

微乳液是用于壁画较好的清洁产品，它们只含有少量溶剂，因此，能够降低毒性程度和对环境的影响。然而，微乳液可能存在的缺点为：使用了大量的表面活性剂，这是稳定非极性溶剂中的水滴所必需的，这些水滴可能作为有害残留物留在艺术表面。因此，对于开发清洁的微乳液体系来说，表面活性剂的选择是一个非常值得重视的问题。用于壁画清洁开发的第一种微乳液使用的表面活性剂是十二烷基硫酸钠（SDS），这是一种阴离子表面活性剂，它的使用可能存在一些限制，如它具有很高的起泡倾向，并且临界胶束浓度相对较高，因此，产生微乳液需要大量表面活性剂，在壁画表面使用时会有表面活性剂残留的风险。最好能够使用可降解的表面活性剂。有学者研究了几种可生物降解的表面活性剂，如聚烷基糖苷。聚烷基糖苷是由可再生资源生产的非离子表面活性剂，具有良好的生态毒性和高生物降解性。

4.2.3.3　胶束溶液清洗

胶束是指在水溶液中，表面活性剂浓度达到一定值后开始大量形成的分子有序聚集体。在胶束中，表面活性剂分子的疏水基聚集构成胶束内核，亲水的极性基团构成胶束外层。

在意大利的阿雷市，通过胶束溶液的方法，疏水性丙烯酸酯共聚物已经完全地从文艺复兴时期的意大利画家斯宾内洛·阿雷蒂诺所创作的壁画上去除，这种聚合物是在 20 世纪 60 年代壁画修复的时候施加的。意大利东北部的科内利亚诺大教堂，文艺复兴时期装饰外墙的壁画曾用聚乙酸乙烯酯树脂修复，这种物质也被用胶束溶液的方法去除。

4.2.3.4　离子液体清洗

离子液体是指在室温或接近室温下呈现液态的、完全由阴阳离子所组成的盐。它一般由有机阳离子和无机或有机阴离子构成，常见的阳离子有季铵盐离子、季鏻盐离子、咪唑盐离子和吡咯盐离子等，阴离子有卤素离子、四氟硼酸根离子、六氟磷酸根离子等。离子液体具有特殊的性质，比如蒸汽压低，不易燃，热稳定性好。通过阳离子和阴离子的组合，可以改变某些性质（黏度、pH 值、熔融温度）。添加蛋白酶（从大豆曲霉中获得）的离子液体对去除蛋白质沉积物有良好的效果。离子清洗的优点是多功能性和选择性。然而，其低蒸气压决定了残留物与壁画本体有可能会产生化学作用，因此壁画本体上的溶液残留是这种方法的一个缺点。为了广泛使用离子液体，还需要进一步研究增溶参数、降解动力学以及与传统材料的相容性。

4.2.3.5　凝胶清洗

凝胶又称冻胶。溶胶或溶液中的胶体粒子或高分子在一定条件下互相连接，形成空间网状结构，结构空隙中充满了作为分散介质的液体（在干凝胶中也可以是气体，干凝胶也称为气凝胶），这样一种特殊的分散体系称作凝胶。它没有流动性，内部常含有大量液体。

凝胶清洗的优越性主要体现在几个方面。首先是凝胶相较于传统的诸如纸浆、脱脂棉等作为清洗剂的载体，能够容载多种类型的清洗剂如水溶液、有机溶剂等，除清洗剂外，如助溶剂、酶等都可以添加到凝胶中以提高其清洁能力。其次在延长清洗剂在文物表面的作用时间、减少渗透、通过毛细作用控制溶剂释放、在垂直及复杂表面的贴合清洗等方面有着更好的表现，此外凝胶还有现场操作简单、减少清洗剂挥发、对环境和人毒害小等特点。近年来，使用凝胶作为清洗剂的载体是国际上文物清洗发展的趋势之一。

对于水敏感的艺术品，直接施加两性水溶液（微乳液／胶束溶液）会造成对艺术品的破坏，例如对于敦煌壁画，该体系会使壁画的胶结材料（明胶）溶胀／溶解，从而破坏了原始的壁画。凝胶采用的清洗材料主要包括凝胶和进行有效清洗的活性组分，其优势就在于，它可以将溶剂限制在自身的立体结构中，可以延长溶液在物体表面停留的时间，通过限制毛细作用来限制液体的渗透深度，最大化地减小溶剂对壁画的渗透，更好地控制溶剂在壁画表面的清洗行为，使清洗只发生在界面上，而不影响周围区域，并且有利于在垂直和其他复杂表面的清洗过程控制。因此在保护科学领域，凝胶受到越来越多的关注。

沃尔贝（Wolber）在20世纪90年代首次提出使用凝胶清洗方法，使用物理凝胶／凝胶类似物来去除艺术品表面（油画）的污物和涂层，这种凝胶主要是使用一些聚合物（例如聚丙烯酸）作为凝胶剂。这种方法通过对溶剂的控制，减少了溶剂对艺术品的毛细管渗透，但是这种物理凝胶大都是基于分子间作用力或氢键作用力而形成的，结合力非常弱，清洗之后容易在文物表面留下残余物，对这些残余物的清除又会导致二次污染。布姆斯托克（Bumstock）和基斯里奇（Kieslish）证实了尽管用松节油可以将聚丙烯酸凝胶从壁画表面去除，但凝胶剂仍然存在。事实上，这些凝胶正是因为自身的高黏度才可以控制溶剂的渗透，也因此导致了凝胶残余物的去除变得困难。研究者们发明了一种"可逆性有机凝胶"来试图解决凝胶残余物问题。例如，一种基于聚胺的新型凝胶，室温条件在 CO_2 存在的情况下可由低黏度的流体转变为普通标准凝胶，而去除 CO_2 则会使其变回低黏度流体。

化学凝胶，由于共价键的缘故，其结构和机械性能相比于物理凝胶较稳定，在凝胶中添加有效的清洗组分可达到更好的清洗效果。此外可塑性也比较强，可以根据需要制作成各种形状和大小。目前，越来越多的新型可控凝胶被研发出来，用来解决凝胶残留问题，例如聚丙烯胺可逆有机凝胶、高黏度聚乙烯醇、硼酸凝胶、磁性凝胶等。如最近有学者提出将一种新的高黏度聚合物分散剂用于艺术品的清洁。该凝胶是基于聚乙烯醇和硼酸盐（PVA- 硼酸盐）之间的交联反应。它们属于水凝胶类，可以装载极性溶剂，水 / 溶剂混合物和盐。清洗后，该凝胶可以很容易地从表面剥离，而不需像传统凝胶一样，使用溶剂或侵入性机械作用来去除凝胶残留。

如今，凝胶的应用涉及石材保护、涂层、污渍等的清洗，以及木材防腐（木材浸渍硅溶胶凝胶）。在艺术品的清洗方面，凝胶具有很大的潜力和价值。有学者研究了一种多功能的金属有机凝胶，这种凝胶具有很高的机械性能，能够对外界的化学刺激（金属捕捉剂）产生反应。此外还可以作为气体和染料的吸附剂。国外有研究者合成了一种新型磁性凝胶，这种凝胶含有功能磁性纳米粒子 $CoFe_2O_4$，因此在清洗非常珍贵的艺术品表面时，只需在外加磁场（例如一块永久磁铁）的作用下便可轻松去除这种凝胶，将机械影响降低到最小化。此外这种凝胶装载水包油微乳液可以有效地去除 Paraloid　B72 涂层。还有学者研究了一系列的新型高黏度凝胶，这种凝胶是基于不同水解程度的聚醋酸乙烯酯和硼酸。研究者将这些凝胶应用在 15 世纪的木板蛋清画和 16—17 世纪的木板油画上，结果发现，它们能够有效地去除表面氧化的聚合物涂层。意大利学者合成了一种基于甲基丙烯酸羟乙酯（HEMA）和聚乙烯吡咯烷酮（PVP）的新型凝胶，这种凝胶是半互穿结构，透明且能够任意塑形，能够用于清洗水敏性的艺术品，实验证明，在壁画模型上，清洗过程能够有序且可控地进行，清洗之后肉眼可见涂层被去除且壁画颜料没有被浸出。

国内浙江大学文物保护材料实验室也在这个方面进行了相关研究，为了去除壁画表面已经老化的常用黏结加固材料，包括聚醋酸乙烯乳液（简称 PVAC）、纯丙烯酸乳液（简称纯丙）、有机硅改性丙烯酸乳液（简称硅丙）和 Paraloid B72 树脂（简称 B72）等，制备了四种凝胶，分别为硼砂凝胶、海藻酸钠凝胶、聚乙烯醇凝胶、羧甲基纤维素凝胶等，从凝胶的成膜效果，对加固材料的清除效果等方面进行评价，发现硼砂凝胶具有相对较好的清洗效果，在仿真壁画表面对加固材料 B72 的清洗效果较佳。

4.2.4　生物清洗

研究者近年来发现，除了机械性、物理性和化学性的清洗技术之外，还有生物清洗技术可以用于壁画的清洗，包括使用活生物体或其中的酶作为清洗剂。最近几十年，无论是在实验室还是在文物保护现场，微生物在文化遗产新生物技术领域的作用都逐渐增加。当现有的清洗方法被证明是无效的、具有侵略性的、对操作人员和环境都具有潜在危险时，微生物技术就可以成为一种有效替代它们的新方法。它的优势在于：（i）细菌活动导致二氧化碳和水的释放，不会产生污染物；（ii）选择非致病微生物，使用安全和没有潜在危险；（iii）与化学方法相比，无危险废物的排放，对环境安全；（iv）与传统方法相比，成本较低。

（1）生物清洁的材料和方法

将一定细胞密度的微生物悬浊液施加到文物表面，利用其营养摄取特点和新陈代谢机制，即可有针对性地去除不同类型的污染物和退变物质。常用的微生物包括细菌、古生菌和真核生物，例如可去除黑色硬结物、硝酸盐和硫酸盐的普通脱硫弧菌（Desulfovibrio vulgaris）、硫酸盐还原菌（Desulfovibrio desulfuricans），类产碱假单胞菌（Pseudo-monas pseudoalcaligenes），以及用来去除盐风化物质、有机物的斯氏假单胞菌（Pseudomonas stutzeri）等。

（2）影响生物清洁的因素

影响生物清洁的因素包括微生物、水、运送系统、黏度、安全性、成本等几个方面（图4-3）。

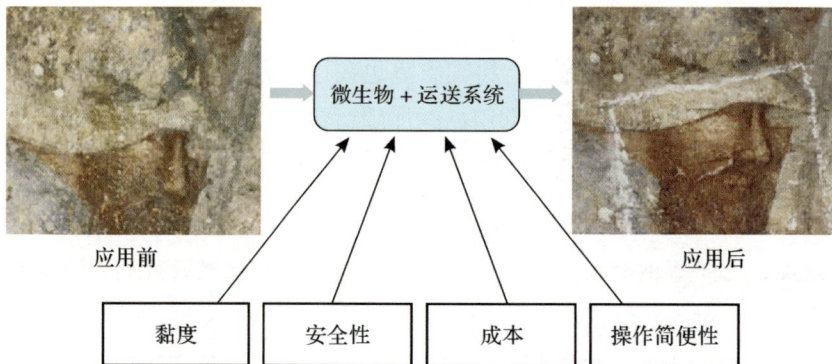

图4-3　生物清洁过程的主要特征和影响因素

（图片来源：Bosch-Roig P，Ranalli G. The safety of biocleaning technologies for cultural heritage. Frontiers Microbiology，2014，5：1-3.）

①微生物：参与生物修复过程的微生物可以从自然环境中分离出来，因此我们可以直接从存在于艺术品上的原住微生物群落中进行选择。可用的微生物的另一个来源是国际微生物培养保藏中心，从这里可以选择无致病性和安全的微生物，从而避免耗时的微生物分离过程。然而，在这种情况下，由于它们的自然栖息地不同于遭受蚀变后的壁画，这些微生物作为生物清洁剂的工作能力需要被仔细测试。到目前为止，有三个微生物群已被用于壁画等艺术品的生物清洁处理：硫酸盐还原菌、硝酸盐还原菌（或反硝化菌）和有机物降解菌。最近也有研究报道了极端环境下的微生物在该领域的应用。

②水：无论生物的体型和复杂程度如何，水都是维持所有有机体的生命所必需的。因此，在进行生物清洁时，水的存在（游离或包裹在水基凝胶中）是考虑维持微生物存活性和活跃度所必需的一个关键。此外，在艺术品保护的几个阶段，制备溶液或清洗步骤也需要水。然而，当材料非常脆弱、多孔或存在表面变化（孔隙、裂缝等）时，水的使用本身就可能对材料产生风险，如导致材料中水扩散增加、化学物理变化或机械变化。因此，为了减少水在材料表面上的扩散和吸收，有必要控制水的添加及其在配方中的使用。

③运送系统：有文章报告了对艺术品进行生物清洗时采用不同运送系统的研究。研究者提出的运送介质包括：海泡石，Hydrobiogel-97（水凝胶），聚丙烯酸凝胶（卡博凝胶），棉花，碳胶体，混合藻酸盐颗粒的水泥砂浆，琼脂，锂皂石和木质纤维素。比较这些运送系统的持水性能、释水性能、与菌种的兼容性、贴附能力、对文物本体的风险程度、操作难度以及时间和经济成本后，认为针对黑色硬结和硝酸盐、硫酸盐的清除，最佳的方法是以普通脱弧硫菌用亚波思或卡博凝胶湿敷，以斯氏假单胞菌用脱脂棉或琼脂湿敷则能对风化产物和有机物的去除起到良好效果。而水泥砂浆由于贴附性过高，对文物本身容易造成伤害，应尽量避免使用。以上结论出于综合考虑，并非上述四种推荐的敷料就在所有方面都尽善尽美。例如亚波思和脱脂棉的持水能力相对较低，卡博凝胶操作和去残余难度较高，琼脂在粗糙表面上的贴附性欠佳等。想要准确评估实际可用的运送系统的主要特性和性能，并与过去的经验和应用进行比较，就必须根据具体的生物清洁应用安全要求，进行个性化的选择，并协助保护修复人员和研究人员发现最合适的系统。表 4-1 列出了两种已在壁画清洗上应用的递送系统。表 4-2 列出了它们的优缺点。

表 4-1　两种递送系统对壁画的清洗

递送系统	损害因素	文物材料	选用微生物	代谢类型	时间/小时	清除效率/%
棉绒	动物胶	壁画，比萨	P. stutzeri A29 + 蛋白酶	好氧	2 ~ 12	80 ~ 100
	动物胶和盐霜	壁画，巴伦西亚	P. stutzeri	好氧	1.5 ~ 3	60
琼脂	动物胶和盐霜	壁画，巴伦西亚	P. stutzeri	好氧	1.5 ~ 2	92

表 4-2　两种递送系统及相应的优缺点

递送系统	优点		缺点			经济评估	
	水分保留	细菌亲和	黏附能力	风险	效果	递送系统/（欧元/千克）	总价/（欧元/平方米）
棉绒	低	很高	低	低	低	10 ~ 20	40 ~ 50
琼脂	很高	很高	高—低	无报道	低	30 ~ 50	10 ~ 40

说明："风险"一栏指引起文物变色、加快水分流失等危害；"效果"一栏包括对各系统时间花费、材料组成、准备过程、施用和清除时的复杂程度等方面的评估；"递送系统"估价一栏中只计算了系统本身，不包括相应微生物的价格。"总价"一栏是按照表 4-1 中计算得出的平均值，其中微生物的成本是按照各自适合的递送系统来算出的。

④黏度：从生物清洗的角度来看，该因素是水溶液的性能（高表面张力和低润湿能力）的另一个重要方面。考虑到添加矿物质或有机物质可以获得一定的水黏度，有几种作为增稠剂的物质可以选择，如海泡石、纤维素化学浆或纤维素醚。这些产品的优点是经济、易于制备、效果持久，但当使用浓度低于 10% ~ 15% 时，它们的附着力就会出现一定的局限。自 1980 年以来，人们提出了聚丙烯酸衍生物（即碳胶体和碳酚）的运送系统，当其浓度在 1% ~ 1.5%（w/v）之间时，会出现一个非常高的黏度（比纤维素醚高 40 ~ 50 倍以上），并具有例如透明性高、材料没有颜色变化、处理后容易去除等的良好性能。

⑤安全性：与化学处理相比，生物清洗显示出一个重要的优势：它可以使用安全的微生物，以排除艺术品和文化遗产材料的传统清洗方法所用的有毒化学品带来的危险。此外，微生物在壁画上的安全应用是生物清洗所需要考虑的另一个重要方面。首先，慎重选择要使用的微生物；其次，因为微生物可能在未来引起预期不到的变化，因此使用某些方法来确保被

清洁处理的表面不会留下微生物是非常重要的，必须对微生物活性进行监测。研究者可以选用微生物和生物化学技术，控制接触表面上的活菌数量以及快速测量 ATP 含量，用于监测表面存在的总活菌生物量。

⑥成本：研究者必须对生物干预的总成本进行深入评估。成本分析必须考虑如何减少微生物对人体健康风险的影响，以及源头、制造过程和最终残留物对环境的影响。

除了上文提到的因素外，易操作性也是需要考虑的要素。此外，在保护和修复领域曾经长期使用的一些做法和程序可能会增加文物的生物风险。事实上，一些材料（即动植物胶、蛋清、其他用于清洁的材料和浸泡营养素的材料）可以作为细菌和真菌等微生物生长的营养素，特别是当壁画暴露在室外环境条件下时（高含水量、空气湿度、温度等）。随着时间的推移，这些材料与暴露在大气无机环境和有机污染物的材料表面相互作用，导致其累积并形成沉积物和水垢。

任何修复性质的实践都必须考虑初始表征阶段，对物化材料成分和矿物学性质、壁画退化的等级和范围以及退化过程的机制进行分析，深入研究和查看该领域发表的科学著作，最终找到一种跨学科的方法。生物清洁处理方案应包括以下步骤：

a. 壁画的诊断和特征描述；

b. 筛选不会产生变异的微生物菌株；

c. 实验室试验，以评估去除效率并选择最有效的微生物菌株；

d. 采用合适的运送系统作为微生物活细胞的载体；

e. 评估运送系统的定殖时间和微生物代谢的更好条件；

f. 在人工富集的标本和真实改变的残片上进行生物应用试验；

g. 优化与环境条件有关的主要参数；

h. 在生物应用过程中监测细胞活力和活性；

i. 清理生物应用和清洁处理后的表面；

j. 在实验结束后进行短期、中期和长期监测；

k. 成本评估。

（3）生物清洁的国内外研究进展

从 21 世纪开始，研究者就在开发有前途的先进方法，以取代传统的清洁艺术品表面的方法。第一个开创性的生物清洁程序被应用于一幅位于米兰纪念墓园（意大利比萨）中的由斯宾内洛·阿雷蒂诺创作的中世纪壁画——《圣徒的皈依》。本次研究采用的实验方案是基于微生物新陈代谢和水解酶反应的协同组合而设计的。该壁画曾在二战时期经历了一次惊人的炸弹轰炸，被以一种近乎"撕裂"的方式从墙上剥离了下来，也就是说，它曾被涂有动物胶的厚纱布覆盖表面然后剥离下来。后来，修复者尝试移除纱布，但他们发现，风化胶在表面加入甲醛后聚合，并且对多种增溶剂有抵抗力。采用单一或混合酶（蛋白酶、脂肪酶等）的初步测试没有显示出正面的效果。生物清洁方法是修复该壁画的唯一方法。该方法需要直接将斯氏假单胞菌（Ps. stutzeri）A29 菌株在壁画表面培养 10 ~ 12 小时，然后用浸入相同细菌悬浮液（$2lm^{-2}$）的棉层包裹。这种生物棉包消化了 80% ~ 100% 的动物胶，只在很小的表面区域留下少量残留物。这些残留物可以通过使用胶原酶和蛋白酶纯化后的酶溶液，以手动使用软刷刷除的方式（每次 10 分钟）达到完全去除的效果。另外，有学者研究发现，可以使用硫酸盐还原细菌（SRB）作为生物清洁剂对壁画进行生物清洁处理来去除硫酸盐。近期，研究者在这一领域重点研究混合使用硅酸镁锂（laponite）和纤维化纤维微细菌（Cellulosimicrobium cellulans）去除卡西纳法尔内塞（Casina Farnese）壁画（位于意大利罗马帕拉蒂尼山）中的硫酸钙和碳酸钙。此外，坎波桑托（Camposanto）纪念碑壁画的复原工作仍在继续。研究人员使用了活性斯氏假单胞菌 A29（Ps. stutzeri A29）菌株细胞作为单一的生物清洁处理剂，对壁画的正反面进行修复，恢复了壁画的原貌，在 3 小时内去除了残损的古老壁画《圣父的故事》（Storie dei Santi Padri）中的动物胶。

近年来，这一领域受到越来越多的关注，主要是因为通过优化微生物代谢中的自然和生物反应来实现文物保护效果，本身较为环保和安全。在过去 20 年中，有几篇论文报告了将生物技术应用于艺术保护的案例研究。特别是，这些技术包括去除岩石中的硝酸盐和硫酸盐，去除黑色外壳，以及去除壁画中陈旧的有机化合物。然而，即使关于这一主题的科学论文数量一直在增加，现成的清洁系统的可用性及其在大规模上的可用性仍然是一个具有挑战性的问题。

最近，为了分别去除胶水和酪蛋白等有机物，研究人员对坎波桑托纪念公墓（Pisa）和坎帕尔多实验室（OpaPisa）存放的残损壁画都进行了双面的生物清洁。研究者记录了对博纳米科·布法马可（Buonamico Buffalmacco）的大壁画《死亡的胜利》进行生物清洁的两个步骤，他们使用与上述相同的斯氏假单胞菌 A29 菌株细胞在 3 小时内去除壁画正面上的动物胶和反面脱落的酪蛋白酸钙残留物。

最近十年，欧洲研究者也对这些先进的、富有创新性的清洁方法产生了极大的兴趣。研究者们对西班牙巴伦西亚的桑托斯胡昂斯教堂（Santos Juanes Church）中经过修复的壁画也进行了类似的生物清洁处理研究。该壁画中的硝酸盐风化物和动物胶残留物有待清洁。动物胶残留物是由于修复者的不当修复造成的。随着时间的推移，这些有机残留物对壁画造成物理上和美学上的损害，因此需要将其清除。在壁画的某些区域还检测到盐风化现象。盐风化是由于表面盐晶体的形成而导致的老化过程，这些盐晶体会使涂料层产生微小的断裂，从而导致材料流失。研究者采用一种新型生物清洁方法对硝酸盐风化物进行清洁——使用固化在琼脂凝胶中而非棉花或碳胶体的斯氏假单胞菌 DSMZ5190 菌株（Ps. Stutzeri DSMZ 5190），并将接触时间缩短为 90 分钟。清洁后，使用离子色谱 IC 对生物处理进行监测，结果显示硝酸盐减少了 92%。在一个月后测定了 ATP 含量，排除了处理表面存在活体斯氏假单胞菌的可能性。

西班牙巴伦西亚的圣尼古拉斯教堂（San Nicolas church）的壁画也出现了类似情况。20 世纪 60 年代之前，壁画碎片上存在有机残留物。研究者使用上述新的生物清洁方法对壁画进行清洁，在 4 小时内去除了全部有机残留物。

在罗马，曾进行另一个用生物手段对壁画清洁的案例。2014 年，有学者对意大利罗马帕拉蒂尼山较低处的凉廊内壁画中的石膏、草酸钙石、碳酸钙、磷灰石、硝酸盐和老化的蛋白质物质进行了生物清洁。他们在实验室中选择了三种细菌菌株为主要物质进行生物清洁：纤维化纤维微细菌 TBF11E（Cellulosimicrobium cellulans TBF11E）用于去除硫酸钙（无机黑色结壳层），嗜麦芽寡养单胞菌 UI3E（Stenotrophomonas maltophilia UI3E）用于去除蛋白质沉积物（褐色层），假单胞菌 UT30E（Ps. koreensis UT30E）用于去除无机和蛋白质沉积物的混合物，并在实验需要时采用无机黏土硅酸镁锂作为运送系统，单独或依次加入嫁接了所选细菌菌株的微小集群，时间为 24 ～ 48 小时。

　　有研究者利用一个使用琼脂－生物凝胶的生物清洁系统，对受蛋白质残留物影响的油画壁画进行了清洁。梵蒂冈博物馆（Vatican Museum）内壁画和比萨大教堂穹顶上的壁画均采用了这一清洗方案：首先，用热裂解气相色谱质谱联用技术和傅里叶变换红外光谱法对壁画进行分析，发现在梵蒂冈博物馆的壁画上存在微量的蛋白质物质和脂肪酸，表明鸡蛋和动物来源的脂质成分的存在。然后，制备琼脂－生物凝胶用于垂直的壁画，制备琼脂－纱布－生物凝胶用于拱顶的壁画。两种生物凝胶都含有假单胞菌 stutzeri a29 细胞，浓度为每平方厘米 200 万至 500 万个活细胞。在梵蒂冈博物馆的壁画的 60 厘米到 4000 厘米的表面上进行了 10 ～ 150 分钟的处理，在比萨大教堂的圆顶上进行了 12 小时的处理。同时，使用含无菌水的凝胶作为对照。去除生物凝胶后，用无菌蒸馏水浸湿的海绵清洗处理过的表面，并取样品进行假单胞菌生存能力测试，以证明 stutzeri a29 细胞是否仍然具有生存能力。在 2 个月的监测中，没有发现假单胞菌菌落。在一些地方可以观察到完全清洁的效果，但在生物凝胶的边缘，只有部分被清洁。生物清洗的成功主要归因于 P. stutzeri 细胞代谢的多功能性，这些细胞合成水解壁画中有机化合物所需的酶，以确保营养。值得注意的是，温度、湿度、金属离子的存在和碳源等因素均会影响细菌的代谢活性和合成酶的活性。生物清洗的效率取决于处理的时间，但是否应用生物清洗必须与壁画的保存状态相关。延长治疗时间并不会增加其有效性，因为细菌细胞的数量会增加，并会影响颜料层。细菌的数量可以通过测量 ATP（三磷酸腺苷）来控制。

　　生物清洁在文化遗产领域应用的一个新方向是使用从微生物、植物和海洋微生物中提取的蓝色和绿色生物活性分子（生物表面活性剂、螯合剂、天然杀菌剂、精油等）。在这方面，一项研究报告称，通过在文物清洁凝胶（Laponite RD）中加入从地杆菌属（Pedobacter sp.）的微生物中获得的生物表面活性剂 Bio-Z，在 18 小时内可以去除实验室标本和壁画（意大利罗马的法尔内塞城堡下廊）上厚厚一层的灰尘、大气微粒和酪蛋白。

　　（4）总结

　　除了对壁画清洁的效果以外，壁画的安全性、对材料的高度选择性、人类健康的安全性、经济评估都是非常重要的因素。生物清洁技术在这些方面展现了令人鼓舞的成就和显著的优越性。

科学家已经对微生物、酶和生物活性分子等进行了大量的研究来优化生物清洁策略。我们需要充分考虑这一过程中的所有步骤：对要清洁的艺术品进行深入的诊断研究，评估所有相关的风险，评估过程的有效性和效率，以及对经济和环境方面进行最终评估。尽管在该领域开展工作的研究论文和研究小组数量有所增加，但更大规模的技术使用仍然是亟待解决的问题。

4.3　壁画的清洗案例

金华侍王府壁画在 20 世纪 90 年代采用多种化学加固剂进行过表面加固处理，其中有些材料已经失效且产生了不良后果。本部分内容主要针对侍王府壁画上失效的三甲树脂保护剂的去除研究。三甲树脂由甲基丙烯酸甲酯（MMA）、甲基丙烯酸丁酯（BMA）、甲基丙烯酸（MA）和丙烯腈（4%左右）共聚而成。总体上本研究主要分为三个阶段。第一阶段为凝胶的制备，第二阶段为凝胶与清洗剂的配合使用，第三阶段为清洗效果评价。通过查阅文献资料，在这里我们决定选用硼砂凝胶作为清洗剂的载体。

4.3.1　实验仪器与材料

（1）仪器

数显恒温水浴锅（HH-2），电子天平（JM-B5003，$d=0.001g$），分析天平（FA1004，$d=0.1mg$），超景深三维显微镜（VHX-700FC，日本 KEYENCE），FTIR：NICOLET 560（美国），电热恒温鼓风干燥箱（DHG-9023A，上海精宏实验设备有限公司）。S21-2 恒温磁力搅拌器（上海司乐仪器有限公司）。

（2）材料

实验材料：盖玻片，尺寸 24mm×32mm×（0.13～0.17）mm；石绿 A22（北京岩彩天雅有限公司）；特级明胶（苏州姜思序堂国画颜料厂）。

试剂：三甲树脂（固含量 54.6%，由敦煌研究院提供）；氢氧化钙（国药集团化学试剂有限公司，AR）；乙酸乙酯（国药集团化学试剂有限公司，AR）；碳酸二甲酯（阿拉丁，AR，简称 DMC）；十水合硼酸钠（国药集团化学试剂有限公司，AR）；聚乙烯醇（国药集团化学试剂有限公司，

GR）；正丙醇（国药集团化学试剂有限公司，AR）；二甲苯（国药集团化学试剂有限公司，AR）；吐温 80（国药集团化学试剂有限公司，CP）。

4.3.2 实验方法

（1）样品的制备

配比：石灰：水 =1：0.7

1）石灰样品。将搅拌好的石灰浆均匀涂覆在盖玻片表面，厚度控制在 1mm 以内；或者将盖玻片浸入石灰浆，使石灰浆自然沉淀，富集在盖玻片表面，取出放在室内使其自然固化。

2）待石灰样品固化完全，在表面均匀涂刷带有 10% 明胶的颜料，制成样品。

3）将 27.3% 的三甲树脂均匀涂刷在颜料层表面，制成待清洗样品。

（2）凝胶的制备

凝胶配方一：正丙醇 14g、水 80mL、硼砂 0.40g、聚乙烯醇 3.2g、吐温 2.0g。

凝胶配方二：正丙醇 14g、水 80mL、硼砂 0.48g、聚乙烯醇 3.2g、吐温 2.0g。

硼砂溶在 1/4 水中，吐温 80 溶于 1/4 水中，稍微加热充分溶解，再加入正丙醇；另外，将聚乙烯醇溶在 1/2 水中，密封搅拌加热到 90℃使其溶解；然后在搅拌下将聚乙烯醇溶液倒入硼砂溶液中，再密封搅拌加热到 90℃，反应 3 小时后，冷却回室温。

（3）凝胶性能的表征与选择

对于所制备的凝胶必须具备以下几点性能：良好的成膜性；在较短时间内能够完整揭取；在颜料层表面无残留，并且对颜料层不加以破坏；与清洗剂能够很好地相溶，以便提高清洗效率；放置一段时间加热后能够恢复到刚做后的性能。所以本实验对所做的两种凝胶进行筛选实验。

（4）凝胶成膜效果实验

将做好的凝胶涂抹在颜料层表面观察其成膜效果，成膜状态，以及对颜料层的破坏情况。

（5）凝胶与清洗剂的混溶实验和成胶效果实验

将两种清洗剂"乙酸乙酯 80%+ 二甲苯 20%"和"碳酸二甲酯 80%+

二甲苯 20%"与上述所做性能优良的凝胶进行混溶。做法是将两者搅拌加热到 60℃，观察其溶解状况，静置到室温后观察其成胶效果。再将两个混溶好的凝胶各放置一天，再看其成胶效果。

（6）凝胶的稳定性实验

将混溶和成胶效果好的凝胶–清洗剂组合做一个稳定性实验。方法是称取一定质量的上述凝胶 m_0 装于封口试管中，再称其总质量 m_1。将其放置一天后把溶出的清洗剂倒掉，再称其总质量 m_2，算出它的溶出率。我们将其放置三天，每一天都按上述方式测量。做此实验的目的是方便所做的凝胶在一定时间能够保持一定的稳定性。

（7）清洗剂对明胶的影响试验

在壁画中所用到的明胶是用动物的皮、骨经过一系列的变性而做成的大分子类蛋白质物质，水溶液成黏性，在古壁画颜料中所掺加的明胶没有具体的定量，而是作画者根据经验和直觉而所加入的。

考虑到颜料是与 10% 的明胶溶液等量进行配制的，所以在用清洗剂清洗颜料层表面的保护剂时要验证本实验中的两种清洗剂是否对明胶有影响，如果清洗剂会对明胶产生一定的破坏作用，那么所选的清洗剂将不符合要求，反之才能进行下一步的实验。

在石灰层表面涂刷一层 10% 的明胶溶液后晾干，用超景深显微镜观察并拍照记录实验前的状态，再分别用"乙酸乙酯 80%+ 二甲苯 20%"和"碳酸二甲酯 80%+ 二甲苯 20%"滴加在明胶表层，放置一定的时间后轻轻拭去残留的清洗剂，再到显微镜下观察明胶层的状态，并拍照记录。

（8）凝胶与清洗剂组合的清洗效果实验

将 27.3% 浓度的三甲树脂涂刷在颜料层表面作为待清洗测试的样品，3 块，用超景深显微镜观察并拍照记录清洗之前的样品，用上述混溶和成胶效果好的凝胶–清洗剂组合清洗颜料层上面的三甲树脂 3～4 遍，再用超景深显微镜观察清洗之后的样品并拍照记录，用近红外反射光谱作含量对比。

（9）凝胶清洗效率实验

在壁画上失效的保护加固材料已经经历很多年了，而在实验室涂刷在颜料层表面做清洗测试的保护剂只有 2～3 个小时，所以我们有必要做一个保护剂经历较长时间的清洗测试，从而推测一下我们所选用的清洗剂是否能够清洗年代久远的保护加固材料。

做 5 个涂有三甲树脂的盖玻片颜料层，编号 1–5，1 号放置 5 天清洗，2 号放置 10 天清洗，3 号放置 15 天清洗，4 号放置 20 天清洗，5 号放置 25 天清洗，在清洗之前放到电热恒温鼓风干燥箱恒重 1 小时，干燥温度为 80℃，冷却后称重记录，再用凝胶 – 清洗剂组合清洗该样品 3～4 次，再放置干燥箱中恒重 1 小时，称其质量，这样，在 5 次清洗之后，对每次的质量差与放置天数进行数据分析绘制折线图，看看是不是保护剂在经历较长时间后，我们选用的清洗剂是否还有清洗效果。

4.3.3　实验结果与讨论

（1）凝胶性能的比较

按照前述的凝胶配比要求制备了下面①和②两种凝胶。

图 4-4　两种不同配比的凝胶制备结果

（左①为硼砂 0.40g 配比的凝胶，右②为硼砂 0.48g 配比的凝胶）

硼砂作为一种交联剂，含量的多少直接影响凝胶性能的好坏，在制备凝胶①的过程中发现，此配比的凝胶在搅拌反应的时候会有很多的凝胶残留在搅拌器上和锥形瓶壁上，且转移至烧杯的过程比较困难，待其放置室温后，测试其硬度时发现，硬度太软，将其放置手中时，残留在手上的凝胶太多，这并不符合我们对凝胶性能的要求。但是凝胶②在制备的过程中有比较好的表现，在搅拌时残留在瓶壁上和搅拌器上的凝胶很少，且在转移至烧杯的过程中发现取出过程顺利且其韧性较好，放置手中时并没有残留凝胶在手上，是比较理想的凝胶。

经过以上性质的比较，可以发现②号凝胶在各个方面都有着较优良的性能，符合壁画清洗所需凝胶的要求。

（2）两种凝胶成膜及残留实验结果

凝胶的成膜状况见图4-5，记录见表4-3。

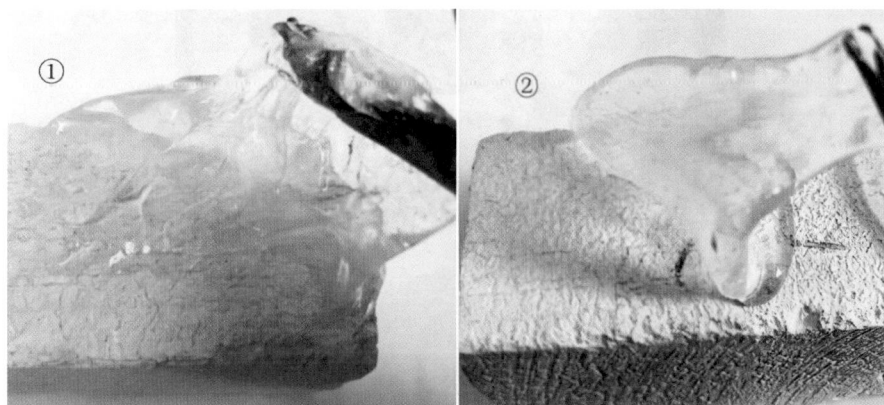

图4-5　左图为①号凝胶，右图为②号凝胶

表4-3　凝胶在石灰层上的成膜状况

浓度	成膜时间	成膜状况
硼砂凝胶 ①	即时	成膜黏性，不能完整剥离
硼砂凝胶 ②	即时	成膜光滑，可完整剥离

从图4-5可以很明显地看出，贴敷相同的时间内，①号凝胶的黏性太大，残留在石灰层表面的凝胶太多，无法完整揭取。而②号凝胶不管是成膜效果还是残留量，都有很好的表现，与我们理想当中的凝胶相一致，性能更适用于清除壁画表面失效加固材料，所以在后续的实验过程中，所用的凝胶全都是②号凝胶。

本部分实验的目的不只是筛选出这两种凝胶中性能良好的一个，也是探索一个评价凝胶好坏的标准，为以后壁画的清洗工作节约时间。

（3）不同清洗剂与凝胶的相溶性和成胶效果实验结果

将筛选出的②号凝胶分别与两种清洗剂"乙酸乙酯80%+ 二甲苯20%"和"碳酸二甲酯80%+ 二甲苯20%"混溶。所用清洗剂的量为20%的凝胶质量。实验结果发现两种清洗剂与凝胶的相溶性都较好。所以含有这两种清洗剂的凝胶可以进行下一步成胶效果实验。

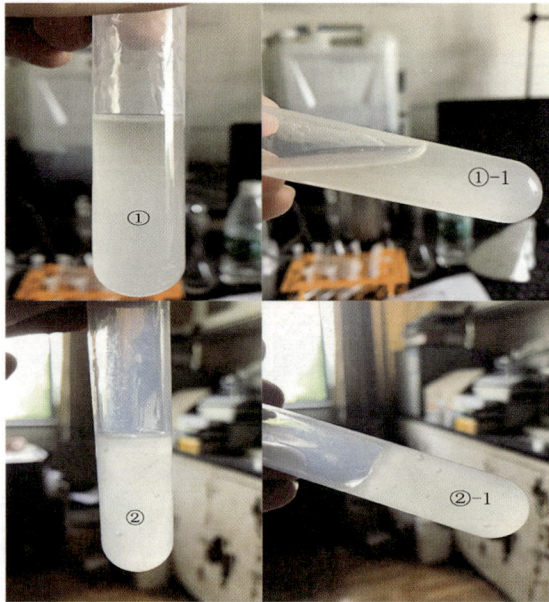

图 4-6 与清洗剂混溶后凝胶的成胶效果实验
（左上①为乙酸乙酯与凝胶混溶后的状态，右上①-1 为①放置 1 天后的状态；左下②为碳酸二甲酯与凝胶混溶后的状态，右下②-1 为②放置 1 天后的状态）

  ①和②号试管中分别是刚做好的"乙酸乙酯 80%+ 二甲苯 20%"和"碳酸二甲酯 80%+ 二甲苯 20%"两种清洗剂与凝胶混溶后的组合。而① -1 和② -1 分别为两者放置 1 天后的凝胶，从图中可以看出，短时间内，乙酸乙酯跟碳酸二甲酯跟凝胶混溶后两者的成胶效果都是比较好的，但将其放置两天后，跟乙酸乙酯混溶的凝胶变成了液体状，而跟碳酸二甲酯混溶的凝胶还保持着原来的状态。

  乙酸乙酯是无色透明液体，低毒性，有甜味，浓度较高时有刺激性气味，易挥发，对空气敏感，能吸水分，使其缓慢水解而呈酸性反应。碳酸二甲酯是一种低毒、环保性能优异的化工原料，而且是集清洁性和安全性于一身的绿色溶剂。

  综上所述，从跟凝胶混溶后的成胶效果方面来看，碳酸二甲酯是比较优良的清洗剂。绝大多数有机溶剂会对人的健康产生威胁，尤其是文物保护工作者，他们通常是在通风不良的环境下操作，所以从环保健康的角度来看，无疑碳酸二甲酯是最好的选择。当然，在后续的清洗实验中我们还会将两者作对比，因为跟这两种清洗剂刚刚混溶后的凝胶，成胶效果并无太大差异，而且乙酸乙酯在清洗壁画表面的失效加固材料的时候，很多文物保护者也是将其作为清洗剂来使用的。

（4）凝胶稳定性实验

从上述的实验结果得出，跟乙酸乙酯混溶后的凝胶放置一天后成胶效果极差，所以此处只记录跟碳酸二甲酯混溶的凝胶的实验数据。

表 4-4　凝胶稳定性实验记录表　　　　单位：克

第 1 天		第 2 天		第 3 天	
溶出量	剩余量	溶出量	剩余量	溶出量	剩余量
0.069	9.256	0.153	9.172	0.237	9.088

从表 4-4 可以看出，混溶好的凝胶每放一天，清洗剂溶出的量就每增加一倍左右，所以在做壁画的清洗工作时，做好凝胶后使用的最佳时间是一天之内，否则将会降低清洗剂的利用率。

（5）清洗剂对明胶的影响试验

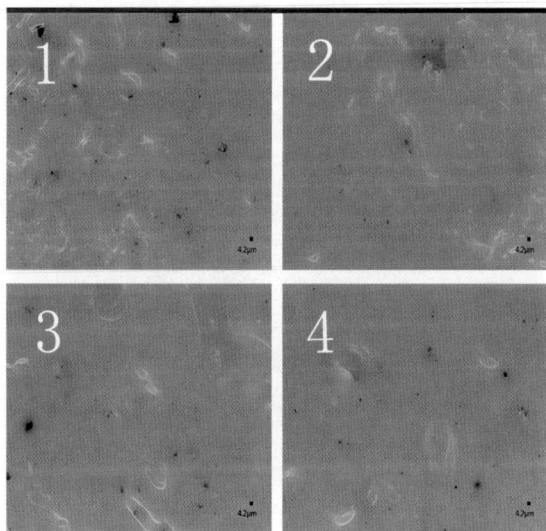

图 4-7　用两种清洗剂对明胶层清洗后的前后对比图

（1 号为乙酸乙酯对明胶层清洗前放大 500 倍后的显微镜图，2 号为清洗后的图片；3 号为碳酸二甲酯对明胶层清洗前放大 500 倍后的显微镜图，4 号为清洗后的图片）

通常制作壁画所用的矿物颜料都是掺有明胶的，目的是避免画中的颜色出现"跑色"现象，能够使颜料长久地附着在基底上。在清洗壁画表面失效保护材料时，明胶层的完整性也是我们要考虑进去的一个方面。

根据所述方法，我们做了一个本实验用到的清洗剂对明胶的影响试验，实验结果如图4-7所示，可以看出，不管是"乙酸乙酯80%+二甲苯20%"还是"碳酸二甲酯80%+二甲苯20%"，在对明胶表层清洗后，通过在500倍下的显微镜拍照作对比发现，两种清洗剂对明胶并没有破坏作用，所以可以进行下一步的清洗实验。

（6）两种凝胶－清洗剂组合的清洗效果

将两种凝胶－清洗剂组合进行清洗效果实验，清洗结果见图4-8和图4-9。

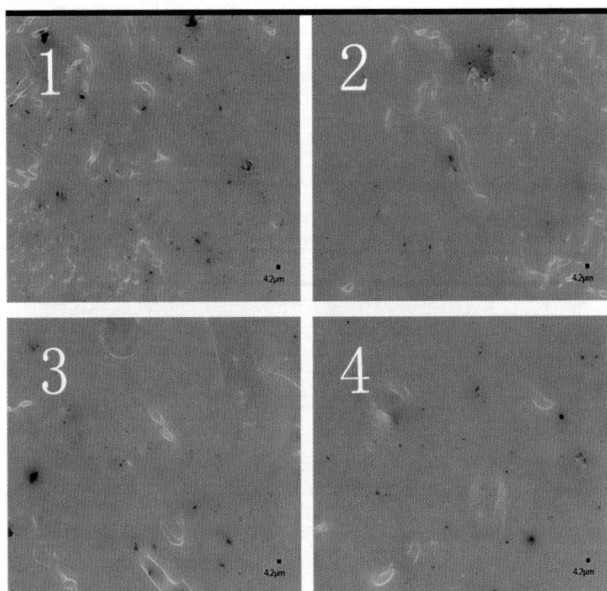

图4-8 "乙酸乙酯80%+二甲苯20%"清洗前后照片（1号和2号分别为清洗前放大100和200倍下的显微照片，3和4分别为清洗后放大100和200倍下的照片）

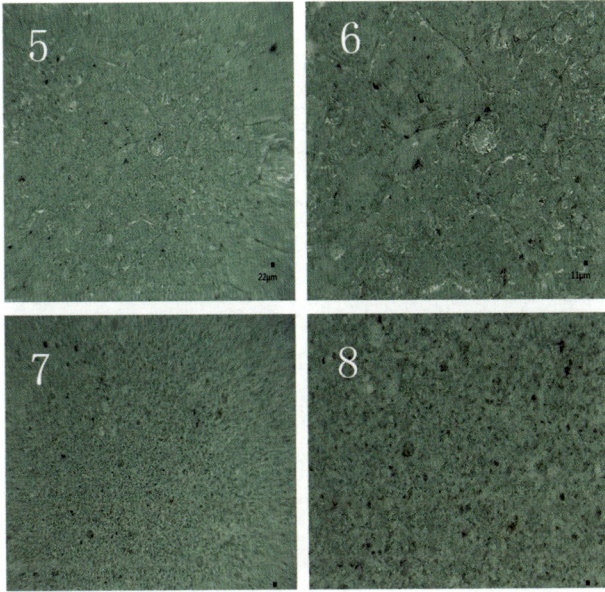

图 4-9　"DMC 80%+ 二甲苯 20%"清洗前后照片（5 和 6 分别为清洗前 100 和 200 倍下的显微照片，7 号和 8 号分别为清洗后放大 100 和 200 倍下的照片）

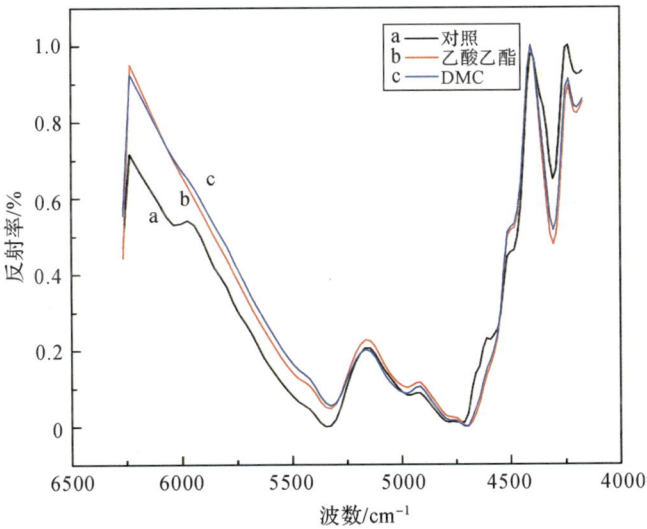

图 4-10　用两种清洗剂对颜料层表面清洗后的红外光谱比较（a 为对照，b 为用"乙酸乙酯 80%+ 二甲苯 20%"清洗后的红外光谱，c 为用"DMC 80%+ 二甲苯 20%"清洗后的红外光谱）

　　图 4-8 和图 4-9 是在超景深显微镜下所拍的照片，可以看出两种凝胶 - 清洗剂的组合对模拟壁画样品表面的加固材料都有一定的清除效果，并且在清洗过后，颜料层的亮度发生了改变，变得更加亮丽。

为了更加清楚地评价清洗效果，我们用傅里叶变换红外反射光谱对清洗前后的样品做了谱图分析，如图 4-10，从红外谱图上我们可以直观地看到，用两种清洗剂清洗过后，在 6250 ~ 5250cm^{-1} 之间，以及 4500cm^{-1} 波数的三甲树脂的吸收峰明显减弱，说明颜料层表面的保护剂得到了有效的清除，而清洗后红外谱图中其他的杂峰却有所增强，这可能是颜料层其他物质的吸收峰。

一般情况下，清洗剂配方中所加入的二甲苯，首先是使聚合物层发生溶胀作用，接下来是乙酸乙酯或者 DMC 使其发生后续的分离，在制备凝胶的过程中加入了非离子表面活性剂吐温 80 的原因主要有两个，一是有助于清洗剂和凝胶在混溶的过程中使清洗剂能够更多地进入凝胶孔隙结构中，而另一个原因是在清洗颜料层保护剂的时候，有助于清洗剂的有效成分使聚合物膜与颜料层更容易发生分离，提高清洗的效果。

（7）清洗效率实验

在 25 天后完成对 5 块颜料层涂有三甲树脂的样品每隔 5 天进行清洗称重实验，所得实验结果如图 4-10 所示。

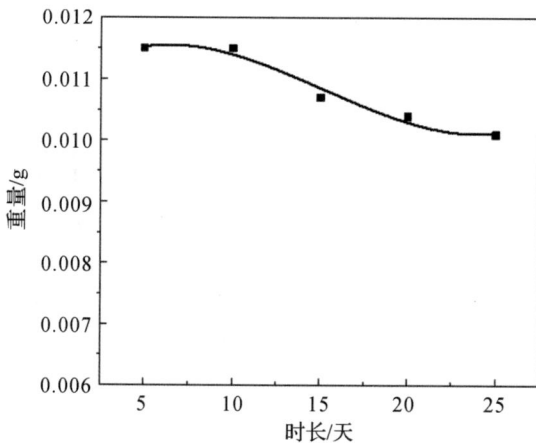

图 4-11　凝胶清洗效率曲线

在早期的文物保护过程中，在壁画表面涂上保护加固材料距今已历时几十年，颜料层上面的保护剂跟颜料层已交联得非常紧密，想让其顺利被清洗掉，不是一件容易的事。从图 4-11 可以非常清楚地看到，短短的 25 天已经使清洗工作变得困难，所以在清洗侍王府实际壁画的时候，我们希望能够用凝胶多贴敷几次以达到清洗的目的。

4.3.4　小结

通过大量的实验以及数据分析，对实验的结果进行了讨论，现已将整体分析的结果整理如下：

以配方②制备成的凝胶从其性能、成膜效果和残留量三个方面比较得出，该配方所制的凝胶完全能够满足我们清洗工作的需求。"乙酸乙酯80%+二甲苯20%"和"碳酸二甲酯80%+二甲苯20%"这两种清洗剂是我们初定的清洗剂，后面通过与凝胶的混溶实验、混溶后的成胶效果实验和对涂有保护剂的样品的清洗实验，通过对清洗结果的显微分析和红外光谱分析，发现这两种清洗剂对颜料层的三级树脂都有不错的去除效果，所以单从清洗效果来讲，这两种清洗剂是可以满足我们的清洗条件的。但是考虑到乙酸乙酯的毒性和浓度较高时有刺激性气味，会对我们的文物修复人员造成健康威胁，最终我们选择集清洁性和安全性于一身的碳酸二甲酯作为清洗剂的有效成分。最后所做的清洗效率实验表明，在清洗工作中应当用凝胶尽可能多地贴敷几次，以保证对壁画的清洗能够达到想要的效果。

参考文献

［1］AL-EMAM E，MOTAWEA A G，JANSSENS K，et al. Evaluation of polyvinyl alcohol-borax/agarose（pva-b/ag）blend hydrogels for removal of deteriorated consolidants from ancient Egyptian wall paintings［J］. Heritage Science，2019，7.

［2］BAGLIONI M，GIORGI R，BERTI D，et al. Smart cleaning of cultural heritage：A new challenge for soft nanoscience［J］. Nanoscale，2012，4（1）：42-53.

［3］BAGLIONI M，POGGI G，CHELAZZI D，et al. Advanced materials in cultural heritage conservation［J］. MOLECULES，2021，26（13）.

［4］BAGLIONI P，BERTI D，BONINI M，et al. Micelle，microemulsions，and gels for the conservation of cultural heritage［J］. Advances in Colloid and Interface Science，2014，205：361-371.

［5］BAGLIONI P, CHELAZZI D, GIORGI R, et al. Colloid and materials science for the conservation of cultural heritage: Cleaning, consolidation, and deacidification ［J］. LANGMUIR, 2013, 29（17）: 5110-5122.

［6］BAGLIONI P, CHELAZZI D. How science can contribute to the remedial conservation of cultural heritage ［J］. Chemistry: A European Journal, 2021, 27（42）: 10798-10806.

［7］BAGLIONI P, GIORGI R, DEI L. Soft condensed matter for the conservation of cultural heritage ［J］. Comptes Rendus Chimie, 2009, 12（1-2）: 61-69.

［8］GOMOIU I, RADVAN R, GHERVASE L, et al. Curatarea picturilor murale si a mortarelor: Review cleaning of mural paintings and mortars: Review ［J］. Revista Romana De Materiale-romanian Journal Of Materials, 2020, 50（4）: 485-492.

［9］KRIZNAR A, RUIZ-CONDE A, SANCHEZ-SOTO P J. Microanalysis of gothic mural paintings （15th century） in Slovenia: Investigation of the technique used by the masters ［J］. X-Ray Spectrometry, 2008, 37（4）: 360-369.

［10］PEPE O, SANNINO L, PALOMBA S, et al. Heterotrophic microorganisms in deteriorated medieval wall paintings in southern Italian churches ［J］. Microbiological Research, 2010, 165（1）: 21-32.

［11］PEREZ BENITO P, REGIDOR ROS J L, ROIG PICAZO P. Emulsion system without surfactant as an alternative to the use of a solvent gel ［J］. Conservar Patrimonio, 2020, （34）: 101-108.

［12］SEGEL K, BRAJER I, TAUBE M, et al. Removing ingrained soiling from medieval lime-based wall paintings using nanorestore gel peggy 6 in combination with aqueous cleaning liquids ［J］. Studies in Conservation, 2020, 65: 284-291.

［13］SUN M, ZOU J, ZHANG H, et al. Measurement of reversible rate of conservation materials based on gel cleaning approach ［J］. Journal of Cultural Heritage, 2015, 16（5）: 719-727.

［14］胡钢，刘文兵. 库伦一号辽墓壁画表面失效封护材料分析与清洗［J］. 文物修复与研究，2014（0）：559-565.

［15］贾成思，张秉坚. 基于凝胶法的古代壁画表面加固材料的去除技术模拟研究［J］. 文物保护与考古科学，2016，28（4）：9-18.

［16］贾成思. 基于凝胶法的古代壁画表面加固材料的去除技术研究［D］. 杭州：浙江大学，2016.

［17］李存信. 考古现场处置与文物保护技术［M］. 北京：中国社会科学出版社，2016.

［18］刘仁植. 不可移动石质文物表面有害污染物化学清洗技术研究［D］. 杭州：浙江大学，2012.

［19］马易敏. 不可移动石质文物污染物清洗技术和可溶盐破坏机理研究［D］. 杭州：浙江大学，2014.

［20］牛贺强，武发思，王丽琴，等. 凝胶材料在文物表面污渍去除中的研究进展［J］. 应用化学，2021，38（11）：1441-1453.

［21］沈依嘉. 石质文物和壁画表面的生物清洗：最合理的应用方式［J］. 文物保护与考古科学，2017，29（3）：13.

［22］孙明远. 古代壁画表面失效加固材料的去除技术研究［D］. 杭州：浙江大学，2015.

［23］王佳，霍晓彤，杨文宗. 馆藏壁画表面污染物的激光清洗初步研究［J］. 文物保护与考古科学，2020，32（1）：61-69.

［24］王伟锋，李蔓，夏寅. 中国古代墓葬壁画制作工艺初步研究［J］. 文博，2014（5）：88-93.

［25］武发思，张永，苏敏，等. 生物技术在文物保护修复中的应用研究进展［J］. 文物保护与考古科学，2022，34（1）：133-143.

［26］赵丹丹，成倩，郭宏. 几种清除壁画失效保护材料方法的应用研究［C］// 王春法. 中国国家博物馆文物保护修复论文集. 北京：北京时代华文书局，2020.

［27］赵丹丹，成倩，郭宏. 微乳液在清除文物失效保护材料中的应用研究：以壁画清洗为例［J］. 中国文化遗产，2020，（04）：83-88.

第 5 章　壁画的病害及加固保护

5.1　概述

壁画在保存的漫长岁月中，受到自然和人为因素的影响而发生变化，总体而言，壁画的主要病害的产生可归因于三个方面：物理因素、化学因素以及生物因素。但是从壁画本身的角度出发，壁画的主要病害可以归结为两个大类：壁画的表面病害（如起甲、粉化等）以及壁画内部结构性病害（如裂隙、空鼓等）。了解壁画的病害类型以及发生原因，有助于我们采取相应的保护措施、选择合适的保护材料。

5.2　壁画的常见病害及原因

5.2.1　壁画的常见病害

壁画病害指的是壁画的制作材料或者壁画自身的结构受到人为、自然等因素的影响而发生变化的总称。常见的壁画病害有龟裂、起甲、粉化、颜料层变色、颜料层脱落、裂隙、酥碱、空鼓、地仗层脱落等（图 5-1）。

龟裂：壁画表面出现的微小的网状开裂的现象；

起甲：是壁画的底色层、颜料层或表面涂层发生了龟裂，进而形成鳞片状卷翘的现象；

粉化：壁画颜料层由于壁画中的胶结材料老化，形成粉末状或细颗粒状脱落的现象；

颜料层脱落：壁画的颜料层脱离底色层或地仗层的现象；

裂隙：壁画形成错位，开裂的现象；

酥碱：由于可溶性盐的作用导致壁画的地仗层产生的疏松状态；

空鼓：地仗层局部脱离支撑体，但脱离部分的周边区域仍与支撑体连接的现象；

地仗层脱落：地仗层脱离支撑体进而发生脱落的现象。

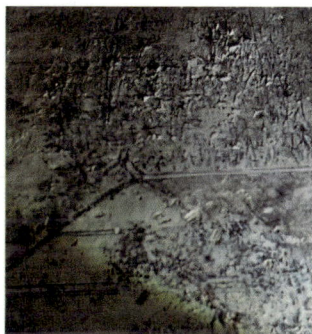
（a）起甲

（b）颜料层脱落

（c）裂隙

（d）地仗层脱落

图 5-1　金华侍王府壁画典型病害图

（图片来源：李倩，张秉坚.太平天国侍王府壁画保护工程前期研究图录.杭州：浙江人民美术出版社，2021.）

浙江大学文物保护材料实验室曾对太平天国侍王府壁画病害进行调查，发现太平天国侍王府壁画的三大病害分别为空鼓病害、起甲病害和裂隙病害。太平天国侍王府壁画的第一大病害为空鼓病害。壁画的地仗层和颜料层具有不同的热膨胀系数，温度剧烈变化易导致壁画产生空鼓。在前人已修复过的 11 幅壁画中，空鼓病害在出现的总病害中占 79.15%。未经前人修复的 53 幅壁画中，空鼓病害占出现的总病害的 92.65%。由于太平天国侍王府的建筑是典型的江南砖木结构建筑，建筑的结构随着时间的变化而逐渐出现变化，木质的梁柱出现了不同程度的收缩，而且局部墙体也出现了微小的位移或者下沉等现象，加上地仗层与墙本体的黏结性减弱，导致地仗层与墙体脱离，产生了空鼓病害。在已修复过的壁画中，空鼓病害的发病率为 28.20‰，轻度、中度和重度三种程度分别为 7.26‰、15.70‰和 4.88‰；在未修复过的壁画中，发病率为 62.76‰，轻、中和重三种程度分别为 2.32‰、17.72‰和 42.72‰。此现象说明了，经过修复后的壁画空鼓病害程度为中度，而未经过修复的壁画，则空鼓病害程度主要为重度。同时，未经过修复的发病率明显高于修复后的发病率，说明修复具有一定的效果，降低了空鼓病害的发病率，同时也减轻了该病害的严重程度。

太平天国侍王府中经前人修复过的壁画的第二大病害为起甲病害，在前人已修复过的 11 幅壁画中的发病率为 5.16‰，中度病害为 0.08‰，重度病害 5.08‰，可见大部分的壁画起甲已经达到重度病害，起甲病害占总发病率的 14.49%。而且侍王府壁画大约有 80% 以上都出现了粉化病害的现象，其中大约 30% 粉化现象严重。用手指轻轻触摸壁画表面，指尖上会有粉末状残留物。粉化在壁画上的分布，一般是在同一幅壁画上，底部的粉化程度要高于上部。湿度变化也是导致壁画粉化等病害的另一个重要原因。越是接近地面的区域湿度越大，远离地面的区域湿度要小一些。壁画的湿度随气候的不断变化而发生变化，出现了表面以及结构上的膨胀收缩，最终导致地仗层、底色层和颜料层酥松，引发壁画的粉化等一系列病害。

太平天国侍王府未经前人修复过的壁画的第三大病害为裂隙病害，发病率为 1.43%。侍王府壁画裂隙总计有大小数十条，总长度超过了 25 米，有些壁画中的裂隙从上部贯穿到中部，裂隙较长且宽度大，这严重威胁到壁画的安全。壁画裂隙病害产生的原因大体有三类：其一是因墙体或立柱变形引起壁画开裂；其二是修补过的地仗层因膨胀收缩差异与原壁画间产生裂隙；其三是空鼓或墙裙处因重力或潮湿膨胀引起壁画开裂。

5.2.2 壁画病害的影响因素

引起壁画病害的因素主要包括人为因素和自然因素两种。人为因素指由于人类的活动造成的壁画病害；自然因素是指由于自然环境的变化导致文物受到损害。

（1）人为因素

人为因素包括内因和外因。内因为直接发生在壁画及遗址的事件，包括不受控制的参观和蓄意破坏，如涂鸦和盗窃、剐蹭等；另外一个重要的因素是不当修复，即壁画病害还与修复者的技术和经验以及修复材料和方式的选择有关。这些内在的因素不仅会导致偷盗等行为对壁画艺术的直接破坏，还会通过诸如安装人工照明等行为引入微生物生长，为光营养微生物创造食物来源。外部因素虽难以控制，但仍威胁着壁画的生存。外部因素包括附近的采矿和建筑工程、城市化进程及其随之而来的污染、附近的农业实践以及火灾等。附近的工厂或其他形式的空气污染物会导致石膏结壳的增长，覆盖在脆弱的壁画上。

目前，世界上最著名的两个旧石器时代晚期岩石壁画所在洞穴，法国的拉斯科洞穴和西班牙的阿尔塔米拉洞穴，已被关闭。在它们所在的地区，相应的复制品被创造出来，供游客参观。这些壁画所在的洞穴被迫关闭的原因是，自它们最初被重新发现以来，发生了严重损坏，其主要原因是每年参观的游客数量惊人，以及为了方便和安全而需要对洞穴进行修缮。1935 年，也就是阿尔塔米拉被"发现"56 年后，阿尔塔米拉洞穴保护和防御委员会的两名成员亨利·布勒伊和雨果·奥伯缪尔总结说，"这些壁画在过去 50 年里遭受了比它们被绘制（近 2 万年前）以来更多的痛苦"，很大一部分原因是随着游客数量的激增，二氧化碳水平、温度、相对湿度增加，从而加快了生物退化的速度。

（2）自然因素

自然因素常常会对壁画产生有害的影响，最显著的例子是庞贝古城的壁画，被火山爆发产生的火山碎屑物质掩埋了几个世纪之后，被发掘并暴露在大气环境中而遭到严重的破坏。自然因素相对复杂，主要包括物理、化学和生物因素三类，如光照、湿度、温度、酸雨、灰尘、微生物和植物、昆虫、可溶性盐、空气污染物等。

①光照：光照会对壁画造成破坏，可能会引起颜料的褪色和变色以及胶结材料的老化降解，胶的老化会导致胶黏性下降，从而使颜料颗粒从壁画表面脱落，颜色的饱和度从而下降。其中紫外线的破坏能力最强。相比于可见光，紫外光波长比较短，能量比较高，穿透力比较弱，易被表面颜料吸收，容易引起颜料分子间高能态的变化和能量的传递，导致壁画表面的颜料产生一系列的光化学反应，不仅如此，颜料中含有的胶结物也会在紫外光的照射下发生老化。照明光源通常都含有紫外线和红外线。旅游景点通常都会大量安装照明设备，会对壁画造成一定的破坏，故而需要开发和更换适宜的光源。

②湿度：湿度因素对壁画的影响较大，构成壁画的材料，如纤维类、泥土、胶结材料等对水都很敏感。（i）对地仗层的影响：长期处于高湿度环境下会影响地仗层强度，地仗中纤维腐蚀变质后使其强度大大降低，地仗变得酥松，容易脱落；水分蒸发以后溶解的盐类会重新结晶，破坏地仗层的稳定；（ii）对胶结材料的影响：湿度高容易引起颜料中的胶结材料的降解分解，使颜料层与地仗层结合力降低，壁画容易起甲和剥落。（iii）对颜料层的影响：高湿环境可以引起可溶盐的移动和局部富集，污染破坏壁画的颜料；水分的存在有利于微生物在壁画表面繁殖，代谢过程产生的有机酸会对颜料造成严重破坏和污染；高湿度可使许多种颜料发生化学反应或加快反应速度。如铅白碱式碳酸铅和铅丹四氧化三铅，由于水的作用而转化为二氧化铅，使原为白色、红色、粉色的画面变为棕色。蓝色的石青在潮湿条件下也会转化为绿色的石绿。红色的朱砂在潮湿和光线的作用下，有时会变为黑色的偏硫化汞等。

③温度：一般而言，温度越高，物理、化学性质变化的速度就越快。较高的温度会加速胶结材料和颜料的老化，如氧化作用、分解作用，缩短壁画的寿命。温度对壁画的破坏分为直接破坏和间接破坏：a. 直接破坏：温度在化学反应中具有加快反应速度的作用，由于各种物质的膨胀系数不同，当温度变化时，壁画表面的收缩率不同，就会发生开裂等现象。此外高温会加速胶结材料和颜料的老化、变色，缩短壁画的寿命。所以壁画保存的环境温度的变化不宜过大，最好可以是一种恒温环境。b. 间接破坏：由温度的改变，对壁画产生病害的间接作用包括相对湿度的变化和冰冻风

化两类。冰冻风化是指填充在岩石裂隙中的水分结冰使岩石受到破坏的作用。

④酸雨：酸雨指的是 pH 小于 5.6 的雨雪或其他形式的大气降水。雨雪等在降落过程中，吸收并溶解了空气中的二氧化硫、氮氧化合物等物质，形成了 pH 低于 5.6 的酸性降水。酸雨会带来大量含氮、含硫的酸性物质，这些酸性物质与带有一定碱性的壁画接触时，会发生反应。含酸性物质的液体通过微孔扩散到壁画结构中，被内表面吸附，发生化学反应而生成石膏。由于石膏的生成，在内部不断膨胀，使微孔隙结构不断增大，增大后的微孔隙又为后来的酸性物质以及水提供了场所，使得酸性物质继续腐蚀壁画内部结构，于是又生成石膏，使孔隙结构进一步扩大，这样反复发生的化学反应，最后使壁画表面与结构疏松，导致剥落。

⑤灰尘：随着年代的推移，壁画表面会积累大量的灰尘。这些灰尘会通过分子运动慢慢进入壁画内部，难以清理干净。最终导致的后果是使壁画失去光泽，甚至失去原有颜色。

⑥微生物和植物：壁画上的微生物主要以真菌为主，细菌较少。在壁画中存在着许多无机矿物，还有少量的有机物。在潮湿环境下，微生物孢子附着在壁画上，很容易滋生蔓延，它们分泌出各种有机酸和强氧化物，强氧化物使颜料变色，而各种有机酸和有色代谢产物直接污染了壁画颜料层。而微生物吸收空气中的灰尘和有害气体，对壁画同样也有严重的破坏作用。有学者认为壁画的病害与微生物有密切的关系，壁画中的有机营养源及外界适宜的环境促进了微生物的生长，因此，微生物对壁画的破坏是物理作用和化学作用综合作用的结果。物理作用体现在两个方面，分别为：壁画内部大量微生物的生长会向外挤压壁画，使其逐渐脱落；某些微生物的菌丝会在壁画表面附着，遮住壁画的原有色彩。而化学作用体现在：同化作用消耗壁画中的有机胶结物质；异化作用的产物可能含有酸、酶等严重破坏壁画的物质。学者通过对一些意大利教堂中世纪壁画的生物退化情况研究表明，壁画中微生物的生长会导致绘画变色，甚至导致油漆剥落。报告中显示这些画中有不同数量的微生物种群。基于 16SrDNA 序列的鉴定表明，最显著的类群与蜡样芽孢杆菌、苏里金芽孢杆菌、炭疽芽孢杆菌和短小芽孢杆菌群密切相关。除芽孢杆菌外，他们还分离并鉴定了 13 种链霉菌属、其他放线菌菌株以及属于青霉属、曲霉属、镰刀菌属和链格孢

属的真菌。

对露天壁画有害的影响还包括植物的生长。壁画附近的各种灌木和树木也会造成破坏，如杂草和灌木摩擦地仗层或壁画表面，树根劈开壁画的地仗层。附近的植物也可能是潜在的火灾隐患，暴露在外的壁画可能会被火和烟熏黑而遭受破坏

⑦昆虫：昆虫对壁画的危害包括：

a.成虫飞行时碰撞壁画，使起甲、酥碱严重的壁画脱落；

b.鳞粉及成虫排泄物撒落在壁画表面，严重污染壁画；

c.更为严重的是，昆虫排泄物中的水分、有机物质与壁画地仗成分、颜料成分发生化学反应，引起局部壁画颜料褪色、变色，甚至导致颜料层、白粉层翘起、脱落，加速了壁画病害的发生。

⑧可溶性盐：盐分吸水导致体积的膨胀以及水分蒸发以后结晶产生的压力是壁画物理破坏作用的体现。盐吸水后产生的水合盐会导致体积的剧烈膨胀，对周围的壁画产生破坏。这些可溶性盐在水分的参与下，不断重复溶解、迁移、结晶等过程，晶体会填充地仗层的微孔隙，且晶体生长时会挤压临近的地仗层，从而改变了地仗层的结构，使其颗粒间结合力减弱，导致地仗疏松和脱落、颜料层剥落。

⑨空气污染物：空气中的 NOx、SO_2、H_2S、O_3 等气体也会对壁画类不可移动文物造成破坏。NOx、SO_2 等是酸性气体，会与壁画中某些不溶性颜料发生反应生成可溶性盐，当有水分存在时，这些可溶性盐会随水分一起流失，从而破坏壁画的原有色彩。

5.2.3 壁画常见病害的形成原因

在壁画的病害中，对壁画损坏较严重且较难治理的，是起甲病害，壁画颜料层脱落、变色、褪色和壁画地仗层酥碱及空鼓病害。

起甲病害：起甲是画层与其下部结构之间的黏结力丧失造成的。壁画起甲最常见的原因有两类，一类是壁画原始胶料的老化，另一类是后期修复所用加固材料的问题。（i）原始胶料老化后，其黏结力明显降低，因而使底色层或颜料层与下面的地仗层分离，尤其是那些原始地仗层制作过于致密，地仗层表面过于光滑，层与层之间性质相差过于明显的壁画，一旦胶料老化就开始龟裂卷翘。特别是颜料层较厚，胶含量过高，胶老化时

就容易引起起甲。（ii）修复的加固材料使用也容易引起起甲，加固材料使用过量或使用低透气的加固材料，使画面的透气效果大大降低，导致水分无法均匀透过画面蒸发，因而聚集在画层背面。水分中含有的盐离子随着材料的老化、收缩产生了一些微小裂隙，而聚集在画层背面的水分就会集中从裂隙处挥发，盐分也在裂隙处积累、结晶，使裂隙扩大。裂隙的扩大反过来又促进了水分在裂隙处的挥发和盐分的积累，造成恶性循环。随着裂隙的发展和盐分的积累，画层被盐结晶顶起，造成起甲。内蒙古呼和浩特市的大召寺馆藏唐墓壁画早期从揭取到复原性修复过程中，使用保护材料明胶的浓度过大，胶层较厚。此外揭取过程中，颜料层泥土没有清理干净就施加明胶等保护材料。受库房环境温湿度波动影响，出现颜料层大面积起甲。

颜料层脱落病害：颜料层脱落指颜料层脱离底色层（依附层）或地仗层由于胶料老化（包括原始胶料和修复胶料）导致的颜料层脱落，主要原因是胶结材料粘接加固作用的减弱，导致颜料颗粒相互之间以及与地仗之间的黏接力逐渐失去，颜料层渐渐粉化脱落，尤其是颜料层较薄或制作时用胶量较少的壁画。

颜料层变色、褪色病害：如今我们看到的壁画大部分都已经失去了原来鲜艳的颜色，有的甚至已经从墙体脱落。造成这种现象不光是受到人为的破坏，自然因素的影响也尤为重要，比如温度、湿度、光照、微生物等。变色是某种颜料的颜色长期在光或其他因素作用下慢慢变成了另外一种颜色；褪色是原来鲜艳亮丽的颜色由于颜料颗粒的脱落或吸附粉尘，使颜色逐渐变淡。颜料的变色或褪色不仅在视觉上造成破坏，而且会改变绘画所传达的意义。虽然目前我国各地的古代壁画上的颜料颜色都处于比较稳定的状态，这种状态不是壁画的原始状态，而是经过一段时间的变化后颜料逐渐与周围环境作用形成的一种相对稳定的状态。这点充分证明了颜料是否变化，不仅与颜料本身的特性有关，而且与周围环境有着密切的关系。如浙江大学文物保护材料实验室石美凤等人研究证明了忻州九原岗北朝墓葬壁画采用中国古代传统矿物颜料进行绘制，此类颜料在埋藏环境中性质稳定，不易变色、褪色。出土后壁画画面色彩的变化，主要是壁画表面湿度的变化所致。新出土的壁画，由于长期埋藏于土壤环境中，表面潮湿，水分的作用导致矿物颜料对光的反射增强，从而显示出较为鲜艳的色彩。

壁画出土后，随着画面的干燥，壁画表面水含量降低，颜料对光线的反射减弱，色彩变浅。

地仗层酥碱病害：壁画地仗层酥碱病害的形成是一个相当复杂的物理化学过程，影响因素很多，主要有以下四个方面：①洞窟围岩中可溶盐的含量；②壁画地仗层中可溶盐的含量；③围岩和洞窟内的温度及湿度的变化；④壁画内部水分含量及迁移途径。壁画中的水分及可溶盐是壁画酥碱成因的基本物质条件，围岩和窟内的温湿度变化和差异是酥碱形成的动力；盐水的迁移、蒸发、结晶、水合等过程决定了酥碱的形式和状态。可溶盐的结晶膨胀和水合膨胀可使壁画层完全疏松和酥化，对洞窟壁画的危害性极大，是莫高窟壁画的首要危害。

空鼓病害：空鼓病害大体有三类。第一类是原始制作工艺导致的地仗与崖体的自然脱离；第二类是地仗与崖体之间因盐结晶或酥碱而造成脱离。地仗层与崖体岩石的孔隙率和毛细水迁移性不完全相同，可溶盐随着环境干湿变化在地仗与崖体之间来回迁移时最容易在界面附近聚集，不断的溶解—结晶过程足以使地仗层，特别是靠近地仗与崖体界面的区域变得酥松，破坏地仗层与岩体的粘接，造成空鼓病害。盐结晶往往是成片出现，形成较大面积的空鼓，使壁画像幕布一样悬挂着，一旦失去黏结力就可能导致整片脱落。另外，在对空鼓壁画进行修复时，常常使用一些黏结材料对地仗与崖体间的空隙进行灌浆。灌浆材料的介入虽然加固了空鼓的壁画，但也会改变原来毛细水的运移途径，尤其是灌浆材料的透水透气性能不佳时会形成明显的阻挡界面，从而促进可溶盐的聚集，导致壁画空鼓再次发生或者产生新的酥碱病害。现在，在灌浆的同时都要进行脱盐处理，已取得了较好的治理空鼓和起甲的效果。第三类是由于不当的修复材料及措施造成的。地仗与崖体的物理性质（如热膨胀和湿膨胀等）毕竟不一样，随着壁画年代的久远，会使地仗与崖体的黏结力有所下降，尤其是那些自然破坏力，如温度差和湿度差变化比较大的区域，或者是当年制作过程中有泥层压实不够等缺陷的区域，就容易发生自然脱离，形成空鼓病害。

5.3　壁画的保护现状及理念原则

5.3.1　国内壁画保护现状

我国壁画文物遗存数量大，分布广泛，随着时间的推移，同其他类型文物一样会产生多种病害，成因复杂，一般是由于其赋存的环境因素复杂多变及本体材料及工艺的脆弱性和材料老化不可逆、不可再生等。我国近代文物保护观念始于 20 世纪 30 年代，壁画的科学保护也与我国的文物保护科学技术同步，始于 20 世纪 50 年代。当时，于 1943 年成立的敦煌艺术研究所改名为敦煌文物研究所，可视为标志着我国壁画科学保护的开启。此外，国家还通过委托部分重点高校、文物单位及专家等对重要石窟及古建筑进行现场勘察并于 20 世纪 60 年代前期制定颁发了多项文物保护规划和法律法规。敦煌研究院是我国最早开始进行壁画保护科学研究的单位之一，其对壁画保护的研究进展可在一定程度上反映我国壁画科学保护研究的发展历程。从 20 世纪 50 年代到 80 年代初期，敦煌研究院开始了对壁画保护的探索性研究，并制定了相关的保护技术发展规划等，在壁画材料及工艺方面研究所得的经验和成果为后续壁画科学保护的发展打下了坚实的基础。1978 年以后我国文物科学保护进入发展新阶段，同时对于壁画的保护也在国家推进的文物保护科研项目中占有重要地位，主要包括壁画病害机理研究及科学治理、壁画制作材料分析、保护修复材料研究等方面。进入 21 世纪以后，科学技术在壁画保护中的应用更多并趋于系统全面，从保护技术程序探索研究到实践应用，反映了我国几十年来壁画保护方法的系统性发展，《古代壁画病害与图示》《古代壁画保护修复档案规范》等文件的公布确立了我国壁画保护工作的规范性发展。

5.3.2　壁画保护的理念和原则

文物保护理念一直在不断发展中。1931 年，第一份文化遗产保护的国际文献《关于历史性纪念物修复的雅典宪章》提出修复时保持文物"原有外观和特征"及采用新材料的"可识别"原则等。1964 年，《关于古迹遗址保护与修复的国际宪章》强调古迹保护"日常的维护"及修补"必须与整体保持和谐"，但同时须遵守"区别于原作"等原则。1994年，《奈良真实性文件》强调了文化遗产的"价值与真实性"。1999年，《巴拉宪章》详细规定了文化遗产保护中的部分相关术语及其他条款。中国在以上及其他国际文件的基础上，于2000年通过了《中国文物古迹保护准则》。2003年，国际古迹遗址理事会通过的《壁画保护、修复和保存原则》强调了壁画真实性问题，为了保护画作的真实性提出三个重要的概念："原位保护所有画作""可逆性"和"可再现性"。干预必须在最低水平上进行，适用于绘画的各种干预必须是可逆的。选择兼容的材料将用于壁画修复等。

随着这些国际文件的通过，保护工作者对文物保护的理念不断发生变化，我国的文物保护工作逐渐国际化、科学化，并进一步在实践中不断完善。

文物往往是复杂的，各具特色且不可再生，这又使得保护修复工艺十分复杂和难以归纳。即使是针对同一种病害的修复和保护，如果壁画类型等因素不同，也往往会造成修复材料、修复工艺、信息资源的保存以及日常维护等截然不同。面对复杂多变的文物保护问题，需要深入理解文物保护工作的理念，更需要把握文物病害的原因、机理，在科学化程序化的保护流程基础上，针对性地选择修复材料和保护工艺。修复工作必须由艺术历史学家、考古学家、建筑师、工程师和专门从事保护的材料专家组成的团队来完成。壁画的现状、技术和形式特征、修复的所有步骤和结果都必须记录下来。

由于壁画是特定历史条件下的艺术形式，是各个朝代当时的历史背景的真实记录，真实地反映出当时的社会、生活、文化、宗教等诸多方面，具有重要的历史、艺术和科学价值。对于壁画的修复材料的选取自然需要我们文物保护工作者遵照一定的理念和原则。要想如实地将壁画所承载的历史文化信息更好的传给后世，我们在保护壁画的过程中，首先要知晓并且遵循文物保护原则。文物保护原则有如下几点：

（1）保持原状或不改变文物现状的原则。亦有修旧如旧的说法。其含义在于：文物作为特定时期的历史产物，它的价值是体现在各个方面的，但是文物保护工作人员因为受到时代的局限，不能全然领悟其中的信息，必然要将文物原样保存并传承，等待后人深入研究。

（2）最低人为干预原则。对文物的处理和保护，最好是针对文物所处的环境实施一定的控制，让文物尽可能处于稳定的状态，尽可能不要直接在文物上采取措施，只有在十分必要的情况下才能对文物进行保护性的处理。

（3）符合所有物品内在要求原则。文物的损坏部分应尽可能得到保护，使其不再转移，避免出现"保护性"损害，应当保持文物表面的美观。

（4）过程可逆性原则。修复后的文物一旦需要更换修复材料或者不需要原修复材料时，能够设法去除掉，并且使文物可以恢复到修复处理前的状态，以便于为将来更先进的保护技术和更好的材料留下足够的空间。

（5）与环境统一的原则。在选择保护材料和保护方案时，必须考虑施工条件以及对周围环境的影响，应当符合生态要求。

（6）文物材料自身老化的结果不应被伪装起来或除掉原则。这条原则包括一个附加原则：后来增加的东西不应在自然老化生成的物质遮蔽之下保留下来。

（7）预防永远优于弥补的原则。应当对现有文物进行一定的预防病害措施，防患于未然。壁画作为不可移动文物的一种，如果仅仅是对其存放的环境进行控制是不能够满足实际需求的，要想真正地达到保护的效果，让文物能够流传后世，文物保护工作者必然要在遵循文物保护原则的前提之下，努力探索，选择合适的优良保护材料。

5.4　壁画加固保护应用及实践

壁画受到多种因素的影响而发生降解，包括化学（应有较好的腐蚀）、物理（侵蚀、冻融循环）和生物（微生物）因素。降解通常会导致表面粉化和剥落，鳞片脱落，以及风化等。此外，在传统修复实践中用作固化剂的合成聚合物与壁画缺乏物理化学相容性，它们的应用可能导致壁画更加严重的降解。总体而言，常见壁画病害主要有两大类：表面病害（如起甲、颜料层脱落等）和结构性病害（如空鼓、裂隙等）。对于表面病害，常需要使用渗透性加固剂进行表面加固处理。对于内部结构性病害，常用的处理方法是使用灌浆材料对病害区域进行填补和黏结。一般来说，要求保护材料的黏度低、渗透性好、耐候性好，与文化遗产应有较好的黏结力和相容性，并且不改变文化遗产外观、老化后不应产生有破坏性的新物质。另外，尽可能利用当地传统材料以增强其相容性，辅之以必要的添加材料和胶黏剂。

5.4.1 壁画的表面加固

5.4.1.1 表面加固材料

对于壁画出现的表面病害，国内外的文物保护工作者常常需要使用具有一定渗透性的表面加固材料，对需要加固、修复的壁画进行表面加固、修复等处理。加固材料的首要条件是，加固剂应浸润表面，达到理想的黏合功能，而且可以渗入内部，部分地提高强度；第二个条件是加固对象与新的加固材料之间的匹配问题。就表面加固材料的使用情况来说，目前国内外文物保护工作者所使用的表面加固材料主要有以下几种有机加固材料：纯丙乳液、硅丙乳液、聚乙酸乙烯酯乳液、Paraloid B72。

（1）常用有机加固材料

1）纯丙乳液

纯丙乳液是多种丙烯酸、甲基丙烯酸、甲基丙烯酸甲酯、丙烯酸酯类以及功能性助剂多元聚，通过优化工艺共聚而成的乳液，是一种重要的中间产品和原料。纯丙乳液一般是透明或是乳白略带浅黄色的黏稠液体，颜色根据不同的厂家制作工艺不同而不同，实验室是浅乳白色，但工厂条件下很多做成乳白色，是在里面加入了其他的原料所致。粒径细，高光泽，优良的耐候性，优良的抗回黏性，具有广泛的适用性。纯丙乳液是一种常用的壁画保护材料，1982年，纯丙乳液被用于约旦的一座1世纪的犹太墓壁画的加固修复，1988年，大英博物馆内的一幅15世纪中国壁画也用了这种材料进行修复加固，2001—2008年，敦煌研究院筛选出了一系列纯丙乳液用于西藏布达拉宫、罗布林卡和萨迦寺等壁画的修复、加固和保护，并且取得了不错的效果。目前纯丙乳液已广泛应用于莫高窟、新疆和西藏等地的寺庙、墓葬和石窟壁画的加固与保护。

2）硅丙乳液

硅丙乳液是将含有不饱和键的有机硅单体与丙烯酸类单体加入合适的助剂，通过核壳包覆聚合工艺聚合而成的乳液。硅丙乳液结合了有机硅耐高温性、耐候性、耐化学品性、疏水、表面能低、不易污染性和丙烯酸类树脂的高保色性、柔韧性、附着性，是一种高耐候、高耐水、抗污染的环保型建筑用乳液及涂料。硅丙乳液兼有有机硅树脂和丙烯酸醋树脂两者的优点，与醋丙、苯丙、纯丙等涂料相比，硅丙涂料具有超耐候性、耐沾污性及耐高低温性的特性。在加固保护土遗址中，硅丙乳液也表现出了良好的性能。近年来，敦煌研究院采用黏结性、抗老化性能、透气性及渗透性较好的纯丙乳液和硅丙乳液修复起甲壁画，研究表明，硅丙乳液在壁画的地仗层上渗透性更好一些，目前对于这两种修复材料的研究正在进行。近十多年来，硅丙与纯丙混合乳液一直被应用于壁画修复实践中，如莫高窟第 23、217 窟等。

3）聚乙酸乙烯酯乳液

聚乙酸乙烯酯又名聚醋酸乙烯酯，简称 PVAc，是乙酸乙烯酯（醋酸乙烯酯）的聚合物。聚乙酸乙烯酯和聚乙烯醇（PVA）是最常见的壁画保护材料。聚乙酸乙烯酯是无定形聚合物，外观透明，溶于苯、丙酮和三氯甲烷等溶剂，呈无色黏稠液或淡黄色透明玻璃状颗粒，无臭，无味，有韧性和塑性，不能与脂肪和水互溶，可与乙醇、醋酸、丙酮、乙酸乙酯互溶。在文物保护中，聚乙酸乙烯酯是常见的黏接加固材料，常应用于壁画保护。从 20 世纪五六十年代起，敦煌研究院初选聚乙酸乙烯酯乳液作为敦煌壁画的修复材料，并沿用至今，莫高窟第 94、108 窟等都是采用该材料进行修复的。多年来，聚乙酸乙烯酯乳液修复了大量起甲、酥碱病害，特别是对起甲病害的修复取得了不错的效果。敦煌壁画修复的实际效果证明，聚醋酸乙烯乳液是一种较为理想的加固材料。敦煌研究院还对聚乙酸乙烯酯乳液进行了改性，使其与聚乙烯醇形成渗透性更好的材料，起到了良好的保护效果。

4）Paraloid B72

Paraloid B72（简称 B72）是现今世界文物保护领域中使用的最广泛的一种聚合物材料，已被广泛应用于壁画、石刻、泥塑、陶器等文物的渗透加固和表面防护。该材料是甲基丙烯酸乙酯和丙烯酸甲酯的共聚物，一种无色透明的热塑性树脂，可以用作文物保护加固剂、文物保护黏结剂、文物保护封护剂等，但经过国内外大量的实验研究，发现其耐老化性能表现一般。2000 年，陕西省考古研究所与德国专家使用 B72 对揭取前旬邑东汉墓室壁画表面进行加固修复。近几年，文物保护工作者在敦煌莫高窟开展了 Paraloid-B72 壁画加固试验。西北大学有学者在 B72 中加入紫外吸收剂对进行改性，经过保护处理的颜料画面胶黏强度高，未出现颜料脱落、颜色褪去等现象。

（2）新型加固材料

碳酸钙是壁画中用作黏结剂的原始材料，也是众多壁画的主要成分之一。在壁画本体中形成新的碳酸钙是改善其力学性能和限制降解的最佳策略。为此，可以将 $Ca(OH)_2$ 制备为纳米颗粒，稳定分散在短链醇（乙醇、丙醇）中，并通过刷洗、喷涂等方式应用于壁画表面。这些颗粒能够穿透壁画表层，与大气中的二氧化碳发生反应，形成 $CaCO3$，在壁画的孔隙中起到黏结加固作用。人们提出了不同的合成方法来合成纳米颗粒，并进行了大量表征和评估，以研究碳酸盐相的形成（例如相对湿度和温度的影响）。$Ca(OH)_2$ 纳米颗粒已成功用于修复属于不同艺术作品的艺术品，从文艺复兴时期的壁画（图5-2）到中美洲壁画。2018年西北工业大学材料学院应用纳米氢氧化钙对李道坚墓的壁画残块进行加固。经纳米氢氧化钙加固后，壁画的强度增加，而颜色和孔隙率没有明显变化，并且渗透性极好。

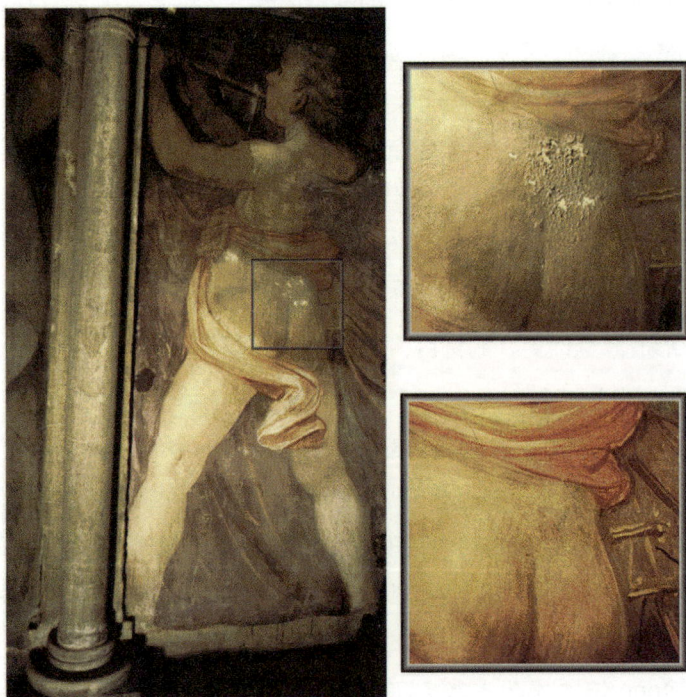

图5-2　$Ca(OH)_2$ 纳米颗粒用于加固佛罗伦萨大教堂文艺复兴时期壁画

（图片来源：Ambrosi M，Dei L，Giorgi R，et al. Colloidal Particles of $Ca(OH)_2$: Properties and Applications to Resforation Frescoes. LANGMUIR，2001，17：4251-4255.）

5.4.1.2　应用实践

从保护的角度来看，不同类型的壁画有共同的特点，但每种壁画所需的修复技术在细节上有很大的不同。

在长期的修复实践中，敦煌研究院已经对表面加固材料进行了一系列的筛选研究和探索性实验，其中最具代表性的有三大类：其一是聚乙酸乙烯酯乳液，从 20 世纪五六十年代开始使用，并且沿用至今，例如，第94、108 窟等都是采用该材料进行保护修复的；其二是有机硅改性丙烯酸和纯烯酸的混合乳液，近十多年来，混合乳液被应用于壁画修复实践，例如，第 23 和 217 窟的起甲病害均采用该材料进行保护修复。其三是明胶，近几年来考虑到壁画的原始胶黏材料是牛皮胶等天然水溶性胶类，倘若使用的保护材料性能接近原有的材料，不仅符合传统工艺的做法，还贴近壁画原本的性能特点，能起到良好的保护效果，故而开始探索使用明胶溶液作为壁画病害的粘接修复材料，例如，985 和 98 窟均采用了明胶进行修复。

以起甲壁画的修复为例，基于大量的修复实践，起甲壁画的修复工艺一般分为下面六个步骤：

a. 用软毛小排笔或洗耳球，轻轻地清除起甲壁画表面和起甲翘起的小片下面的尘土；

b. 用注射器，在起甲颜料层起甲的下部或龟裂的缝隙中慢慢注射已调配好的胶结剂；

c. 待注射的胶结剂被地仗层吸收后，用竹、木刀或不锈钢刀，将起甲画面轻轻压贴回地仗层；

d. 对上述局部压过的起甲壁画用棉球排压；

e. 为了对壁画表面的颜料层做进一步的加固，检查起甲壁画有无未注射黏合剂的遗漏处，视情况再喷涂胶结剂；

f. 当喷涂黏合剂的壁画表面达到 70% 的干燥程度后，将白绸布铺在壁画上，用软胶滚压壁画表面。

根据这一操作工艺流程，敦煌研究院及时有效地抢救修复了大量的起甲壁画，保护了珍贵的文化遗产瑰宝。

5.4.2　灌浆加固

对于壁画出现的内部结构性病害，国内外文物保护工作者常用的治理方法是使用灌浆加固材料对病害区域进行填补和黏结。灌浆加固技术是目前解决空鼓病害的主要措施之一。"灌浆"一词来源于工程学，原指把浆液压送到建筑物地基的裂隙、断层破碎带或建筑物本身的接缝、裂缝中的工程。通过灌浆可以提高被灌地层或建筑物的抗渗性和整体性，改善地基条件，保证水工建筑物安全运行。由于灌浆作业的流程与壁画加固修复的过程非常相近，所以在壁画的加固修复中也使用"灌浆"一词。为了确保灌浆材料的充分流动以及在内部空隙的正确填充，必须确保灌浆材料具有良好的新鲜灌浆特性，例如稳定性，保水性以及流变。就灌浆加固材料的使用情况来说，20 世纪 40 年代至 60 年代，敦煌研究院的文物保护工作者在露天壁画的边沿剥落处，选用麻刀石灰浆作为灌浆加固材料进行加固处理，原本的露天壁画的表面是使用石灰浆内掺和一定量的麻刀以及少量的红土，所以在修复中，所选用的石灰浆中也加入了麻刀和少量红土，使其能够与原壁画协调，文章结论称其加固效果良好。2005 年，樊再轩等人对西藏拉萨布达拉宫的空鼓壁画进行现场灌浆加固试验，采用高模数硅酸钾对软土层渗透加固，文章结论称其提高了地仗和墙体疏松部位软土层的强度，使壁画处于安全稳定的状态。2005 年，中国学者用焙烧料礓石掺加一定比例的沙土或矿物纤维作为潮湿环境下空鼓壁画的灌浆材料或地仗加固材料，在墓葬壁画中得到应用。2007 年，中国研究人员和英国研究人员对敦煌莫高窟第 85 窟壁画病害进行了灌浆加固处理，配制出按照澄板土∶玻璃微珠∶浮石∶蒸馏水=1∶2∶1∶0.66（体积比）的配比，再按干物质 5％的体积比加入蛋清配制出灌浆所用的浆料，文章结论称该浆料经使用后效果良好。2007 年，中国学者在对布达拉宫壁画的修复中，使用了模数为 3.7，浓度为 12％的 PS 为主剂，固化剂为 1.2 的氟硅酸钠，掺杂粉煤灰、巴嘎土和澄板土，试验后该文章作者得出的结论是浆液结实体完全稳定，且操作方便无污染。2014 年，黄志义等人对西藏贡嘎曲德寺空鼓壁画进行修复实验研究，选用丙烯酸乳液（浓度为 4％～6％）作为主剂，水硬石灰与黏土配比为 3∶7 作为填充剂，取水灰比 0.65∶1 配置灌浆液，结合灌注工艺以及锚固补强措施，该文章作者得出的结论是，不仅可以获得良好的加固效果，而且能够有效防治壁画酥碱病害。2016 年，刘亨发对甘肃省永靖县炳灵寺石窟的空鼓壁画选用了当地的经脱盐处理的黏土，再配以适量蒸馏水和 5% 麻刀填料制成灌浆材料，此篇文章作者得出加固效果良好的结论。

以空鼓壁画的修复为例，基于大量的修复实践，空鼓壁画的灌浆加固工艺一般分为下面七个步骤：

a. 配浆。采用天平准确称取灌浆材料的各个组分，混合搅拌，时间不少于 20 分钟。

b. 开孔。在空鼓壁画的适当位置开一直径约为 1 ～ 2.5 厘米的小孔。

c. 埋设注浆管。根据壁画空鼓的情况，利用壁画开裂处，向不同的方向插入注浆管。

d. 支顶。用铺有 2 ～ 3 层吸水纸的壁板支顶空鼓壁画表面。

e. 灌浆。先注射适量（约 20 毫升）浓度为 10% 的 PS 溶液，渗透加固地仗层。注入浆液，随时检查浆液流向以及灌浆填充效果。每天更换两次吸水纸，以加快壁画地仗的干燥速度。

f. 封孔。浆液凝固后，用浓度为 2% 的丙烯酸乳液加固孔边，选用当地的白土，加入少量的澄板土，按 2∶1 的比例混合，再用浓度为 2% 的丙烯酸乳液调制成泥，进行封孔。

g. 补色。待填补注浆孔的泥完全干透后，选用与原壁画颜料成分相同的矿物颜料，进行补色。

5.4.3　壁画保护材料的评估

5.4.3.1　壁画的保护性破坏

墨西哥玛雅文明的平塔 - 多斯壁龛神庙（Templo de los Nichos Pinta-dos）壁画于 1999 年使用 mowilith DM5 进行封护，当时情况较为稳定。但是，不到 10 年时间，壁画画面层质地疏松，负载颜料的地仗已与下层地仗脱离，出现大面积起翘、脱落，详见图 5-3。

图 5-3　玛雅平原（尤卡坦半岛）的平塔 - 多斯壁龛神庙壁画，图片显示的是 1999 年最后一次修复时使用 mowilith DM5 涂层造成的退化。

（图片来源：Giorgi R，Baglioni M，Berti D，Baglioni P. New Methodologies for the Conservation of Cultural Heritage：Micellar Solutions，Microemulsions，and Hydroxide Nanoparticles. Accounts of Chemical Research，2010，43（6）：695-704.）

我国的壁画类型多样，分布广泛，壁画所处环境条件多变。自 20 世纪 50 年代始，许多壁画因为揭取或原址保护需要，采取加固措施。保护材料以传统材料胶矾水、明胶、桃胶和一些有机高分子材料为主，如聚乙酸乙烯酯乳液、聚乙烯醇、聚丙烯酸树脂等。大部分保护修复材料在当时起到维护壁画彩绘稳定的积极作用。但是随着保护理念的发展，认识的不断进步，其中小部分保护修复材料已失效，并对壁画产生不同程度的负面影响。

东北地区墓葬壁画根据保护修复档案记录，曾于 20 世纪 70 年代使用树脂材料进行过大面积的加固封护。由于时间久远，材料老化，现在已难以查找该保护材料的原始有机组成。这些加固封护材料以当时的认知水平对壁画颜料的稳定性起到了积极作用。但是按照现有的评价标准，这些施工工艺和材料选择引发诸多问题，如壁画眩光、变色、龟裂、点状脱落、起翘开裂等不同程度的病害。

这些保护性破坏对壁画造成不良影响，因此，在选择修复材料时候，需要根据文物保护的原则并因地制宜慎重地采用合适的材料。

5.4.3.2　壁画的保护材料的评估

由于壁画的珍贵性，在壁画上使用保护材料时应特别谨慎，以免造成保护性破坏。因此，在实验室研究保护材料的使用浓度、效果等就显得尤为重要，特别是研究为何该浓度下的某种保护材料的保护效果最好，其性能如何，这将对于日后选取何种保护材料保护壁画提供重要的理论依据。

对于保护材料的评估流程，一般包括模拟样品的制备、样品的破坏及保护材料的性能评估。敦煌研究院的苏伯民提出了材料修复性质的评价指标包括水汽透过性、黏结性、渗透性、接触角，同时具有材料作用于壁画试块后壁画色度的变化、材料作用于壁画地仗后的引起地仗土层微观结构变化和耐老化等。各个地区使用的支撑体、粗泥层、细泥层、底色层、颜料层等的工艺和材料不同，应根据具体情况具体分析。

参考文献

［1］BAGLIONI M，POGGI G，CHELAZZI D，et al. Advanced materials in cultural heritage conservation ［J］. Molecules, 2021, 26（13）.

［2］BAGLIONI P，GIORGI R. Soft and hard nanomaterials for restoration and conservation of cultural heritage ［J］. Soft Matter, 2006, 2（4）: 293−303.

［3］GIORGI R，AMBROSI M，TOCCAFONDI N，et al. Nanoparticles for cultural heritage conservation: Calcium and barium hydroxide nanoparticles for wall painting consolidation ［J］. Chemistry: A European Journal, 2010, 16（31）: 9374−9382.

［4］NATALI I，SALADINO M L，ANDRIULO F，et al. Consolidation and protection by nanolime: Recent advances for the conservation of the graffiti, carceri dello steri palermo and of the 18th century lunettes, ss. Giuda e Simone Cloister, Corniola（empoli）［J］. Journal of Cultural Heritage, 2014, 15（2）: 151−158.

［5］RATHOUSKY J，KALOUSEK V，ZOUZELKA R. Nanomaterials and nanotechnologies for the conservation of the materials of cultural heritage ［Z］. Nanotechnology 2012, Vol 1: Advanced Materials, Cnts, Particles, Films and Composites. 2012: 417−420.

［6］RODRIGUEZ−NAVARRO C，RUIZ−AGUDO E. Nanolimes: From synthesis to application ［J］. Pure and Applied Chemistry, 2018, 90（3）: 523−550.

［7］蔡欣良. 关于壁画保护修复技术的一些思考: 以 2017 年壁画保

护修复技术培训班学习为例［J］．丝绸之路，2017（20）：69-70.

［8］曹婧婧．壁画颜料层加固材料研究进展［J］．常州文博论丛，2020（0）：103-108.

［9］樊再轩，陈港泉，苏伯民，等．莫高窟第98窟酥碱壁画保护修复试验研究［J］．敦煌研究，2009（6）：4-7.

［10］顾文婷．壁画加固材料的研究进展［J］．草原文物，2021（1）：120-124.

［11］和玲，梁国正．热裂解气相色–质谱在文物保护和艺术品研究中的应用［J］．文物保护与考古科学，2003（1）：55-60.

［12］和玲，梁军艳，王娜，等．软物质材料用于文化遗产的保护［J］．中国材料进展，2012，31（11）：22-32.

［13］贺翔．彩绘文物次生病害与典型保护材料失效机理研究［D］．杭州：浙江大学，2019.

［14］邝玲华，刘成．彩绘文物高分子保护材料浅析［J］．文物鉴定与鉴赏，2021（15）：77-79.

［15］苏伯民，张化冰，谈翔，等．高分子材料应用于莫高窟壁画保护的历史、现状与研究［J］．敦煌研究，2018（1）：80-84.

［16］铁付德，孙淑云，王九一．已揭取壁画的损坏及保护修复［J］．中原文物，2004（1）：81-86.

［17］汪万福，武光文，赵林毅．北齐徐显秀墓壁画保护修复研究［M］．北京：文物出版社，2016.

［18］王博．常用文物加固材料在不同湿度环境中的适用性研究［D］．西安：西北大学，2017.

［19］王丽琴，杨璐，党高潮，等．改性b72文物保护材料耐光老化性能研究［J］．西北大学学报（自然科学版），2006（5）：761-764.

［20］王卓，苏伯民，于宗仁，等．太平天国侍王府壁画表面修复材料的原位无损FTIR分析［J］．光谱学与光谱分析，2020，40（2）：356-361.

［21］徐童伟．南方潮湿地区壁画的表面加固与裂隙灌浆加固材料的评价研究［D］．杭州：浙江大学，2019.

［22］杨富巍．无机胶凝材料在不可移动文物保护中的应用［D］．杭

州：浙江大学，2011.

　　［23］杨雯，王晨仰，刘军民，等．无机纳米材料在文物修复与保护中的应用研究［J］.无机化学学报，2021，37（8）：1345-1352.

　　［24］张化冰，苏伯民，段修业，等．壁画保护材料 pvac、pva 的性质研究与表征［J］.敦煌研究，2011（6）：29-35.

第 6 章 壁画的微生物病害及防治

6.1 概述

　　壁画的微生物劣化是指由于微生物的生命活动而对壁画材料的特性带来的任何有害的改变。最终，它代表了微生物通过用于营养、形态适应（生物膜）和代谢产物（可能包括酸、溶剂、表面活性剂或色素）生成的降解途径确保其在不同环境中生存的结果。所有这些都可能导致壁画材料的劣化，从轻微的外观改变到严重的物理和化学损伤（图 6-1）。一旦发现微生物定殖对壁画的完整性有负面影响，就必须采取措施来减轻这种影响。事实上，生物技术与分析方法的结合可以在保护和保存壁画这一文化遗产方面发挥重要作用。

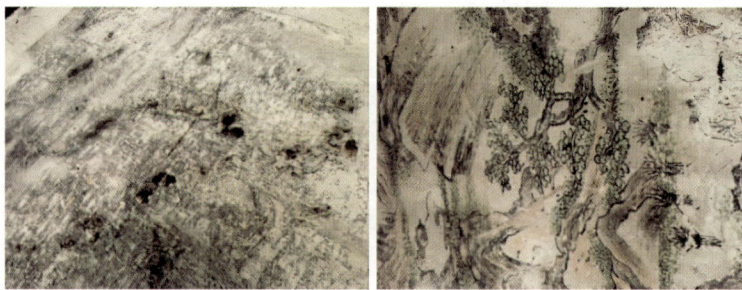

图 6-1　金华侍王府壁画上微生物的生长
（图片来源：浙江大学文物保护材料实验室拍摄）

6.2　壁画的微生物类型

壁画保存于各种环境中，一些保存在可控制的室内环境中，有些存在于基本上不受控制的环境条件下。保存在室外环境的壁画特别容易受到物理、化学、生物因素的影响。生物劣化（特别是微生物，如细菌、藻类、地衣、古菌、真菌等）的影响是壁画保存的主要风险。

微生物的称呼来自法语"Microbe"一词，指大量的、极其多样的、不借助显微镜看不见的微小生物类群的总称。它们都是一些个体微小（直径一般小于 0.1mm）、构造简单的低等生物。微生物虽然个体微小，但其繁殖迅速，往往只需要几十分钟就可繁殖一代，故而其种群数量的增长往往呈指数型增长。另外，微生物的代谢方式多样，产生各种代谢产物，这使得它们对各种环境的耐受度极高，在自然界广泛分布。微生物种类多样，根据营养需求进行分类，可以分为自养和异养微生物，分别以无机和有机碳源为营养来源；也可以分为光养微生物和化学营养微生物，分别从阳光和有机或无机化合物的氧化中获取能量。蓝藻是一种光合微生物，可以利用二氧化碳作为碳源进行生长，是艺术品中生物膜形成的主要生物体。地衣在壁画微生物的定殖中起到一定的作用。地衣代表真菌（主要是子囊菌）和藻类（主要是绿藻）的共生体。相对而言，地衣更能抵抗极端温度和干燥环境，这使它们能够在各种各样的栖息地繁衍生长。它们是文物生物腐蚀过程中的先锋生物，其腐蚀能力在本质上由共生菌决定。地衣对文物的腐蚀作用主要是物理和化学机制的结合，可以归纳为菌丝穿透岩石，地衣体、有机盐或无机盐膨胀破坏岩石结构，分泌的草酸、地衣酸和二氧化碳与岩石发生化学反应。此外，藻类和苔藓植物通常大量存在于石膏和砂浆中，在生物降解、生物退化过程中被认为不太重要。然而，它们支持细菌和真菌的种群的定殖，也是造成美学和结构损伤的主要生物因素。

一些学者认为由丁细菌的营养需求低，因此细菌能成为是壁画的先驱殖民者，并为下一个殖民者提供有机物。研究表明，洞穴岩画、石窟壁画、墓葬壁画表面的微生物中，细菌占有绝大多数比例。这些微生物通常与生物膜的形成有关，它们的发育或代谢活动产生的色素会促进表面变色。真菌等的生长被认为是壁画退化及恶化的决定因素。真菌是一种普遍存在的微生物，在代谢上比微生物界的其他生物更具多样性。这种多样性使它们能够在各种各样的基质上生长，包括木材、石头、砂浆、壁画。它们具有在多种基质上生长的能力，能够耐受极端环境条件，并与藻类建立共生关系，采用各种结构、形态和代谢策略，进一步增强了它们的多功能性和适应性。在法国拉斯科洞穴、西班牙阿尔塔米拉洞窟以及我国东北地区 5 世纪墓葬壁画所在地也都发现了大量真菌的存在。这类微生物的存在对壁画的危害特别大。一方面，它们对不利的环境条件表现出极大的耐受性。它们的菌丝在基质中可能快速增殖，而处于休眠状态的孢子通常存在并可供萌发。另一方面，真菌产生的羧酸（例如草酸、柠檬酸、琥珀酸、甲酸、苹果酸、乙酸、富马酸、乙醛酸、葡萄糖酸和酒石酸）在对壁画的化学侵蚀中发挥重要作用。这些微生物的破坏潜力通过机械和化学过程表现出来，这些过程是由菌丝体渗透到壁画中引起的，导致黏结力丧失和颜料层脱落，以及表面分泌的代谢产物导致的颜料层变色。根据文献报道，青霉属、枝孢菌属、交链孢菌属、曲霉属、弯孢菌属、Dreschlera 属、毛壳菌属、镰刀菌属、木霉属、胶质瘤菌属、金黄色葡萄球菌属的真菌在壁画定殖中最为丰富。除此之外，像蓝藻这样的光营养微生物也与壁画的定殖有关，在壁画的衰变中起着重要作用。有研究表明，铅丹褐变过程是铅丹首先转变为铅白，铅白再转化为褐色（黑色）二氧化铅，这种变化在一定的湿度和光照条件下即能完成；后期的研究结果证明，由铅白到二氧化铅的转变必须在微生物的作用下才能够完成。有研究者发现发枝孢霉和黑曲霉可以利用牛皮胶为营养物质在壁画颜料层上生长，造成颜料的脱落和颜料的褐变。

6.3　壁画微生物的定殖及破坏

多种因素会造成微生物在壁画上定殖，包括环境因素、壁画本身状态及保护材料等。

（1）湿度：微生物定殖和导致壁画劣化的基本先决条件是足够的水分供应。对于不同的微生物，所需的水分的量可能相差很大。即使在常见的霉菌种类中，也有一些生长在相当低的湿度环境中，但也有一些只生长于高湿条件下。一般认为，真菌可以在较低的湿度环境下生长，而细菌和藻类可以在较高的湿度条件下生长。必须强调的是，湿度是微生物定殖的最重要因素，即使满足了微生物习性的其他要求，如果没有足够的湿度，微生物也不会定殖。当然，要形成微生物群落，还必须满足更多的条件。比如，需要一系列可用的营养物质，如碳、氮、硫、磷、铁、钠、钾和镁等重要元素。另外一些微量元素，如锰、钴、铜、镍、钼、硒、锌和钒也是必要的。

（2）小气候变化：当壁画向公众开放时，游客的新陈代谢会导致内部的小气候发生一系列变化。这些变化是通过皮肤辐射释放热量，产生二氧化碳和水蒸气，以及通过呼吸消耗氧气产生的。人类带来的微环境的改变很可能引起微生物的滋生。这些微生物可能由众多参观者带入，也有可能是因为改变了空气湿度等原因引入。马燕天等对比分析了莫高窟洞窟内外微生物分布的差异，提出游客数量是影响空气微生物分布的重要因子。

（3）光照：在比较黑暗的洞窟中，为了让参观者能看清壁画，必须安装电灯进行照明。潮湿环境的光照不可避免地会导致光合微生物的生长，如藻类和蓝细菌。异养型细菌和真菌就可以在这些微生物合成的有机化合物上生长。1960 年，由于照明的影响，拉斯科洞窟的壁画上形成了一层由绿藻产生的绿色生物膜。这种绿色生物膜形成是洞窟遭受的第一次污染事件。藻类与其他真菌形成共生关系，藻类利用真菌提供的无机质生长，真菌利用藻类提供的有机物质大量繁殖，进而造成壁画的脱落和损坏。游客的呼吸、灯光和藻类生长对壁画造成的破坏最终导致拉斯科洞窟于 1963 年关闭。

（4）动物及排泄物：研究发现，一些穴居的昆虫，如石蛾等，经常在洞穴中度过夏天，进入洞穴的同时带去外来真菌；另一方面，这些昆虫的尸体可以为真菌提供丰富的营养物质，为真菌的生长提供良好的生存环境。动物尸体及排泄物，如节肢动物以及蝙蝠和老鼠的粪便为微生物的生长提供了大量不同的有机营养物质。研究者发现在意大利阿西西的圣达米安修道院壁画中存在大量真菌。在被真菌菌丝体覆盖的壁画微腔中也发现了螨虫。作者指出，大多数真菌种类是昆虫病原的，并提出了螨和真菌之间的寄生营养关系。有学者研究了德国的几幅壁画，在周围经常发现节肢动物的遗骸，其中大多数都被真菌定殖。大多数现有数据表明，古代壁画上的真菌与节肢动物有关。国外学者首次报道腐皮镰刀菌在拉斯科洞穴中形成的白色菌斑，并且发现了其他真菌，由于这些真菌大部分是昆虫致病真菌，因此推测岩画表面微生物的爆发跟洞穴内的节肢动物存在一定的关系。昆虫病原真菌在各地的壁画中都很常见。

（5）壁画状态的改变：变质的壁画含有多种吸湿性盐，包括碳酸盐、氯化物、硝酸盐和硫酸盐，这有利于嗜盐微生物的生长。

（6）有机加固材料：壁画被有机材料加固后。微生物会利用有机材料作为碳源在上面生长，微生物能够产生胞外酶将含碳材料分解。人们在对在奥地利的赫伯斯坦城堡凯瑟琳教堂里14世纪的壁画进行修复时，壁画加固材料用了用酪蛋白和水（按1∶10的比例），同时酪蛋白也被添加到灰浆中进行加固。在施用酪蛋白后仅5天就发现了真菌的生长，工作人员再次用蒸馏水清洗并用新酪蛋白固定。然而，在这次修复之后，教堂一直没有被人们关注，直到21世纪初，这些壁画上发现了大量的微生物生长。国内有研究者为了防止壁画色彩褪色和变质，用丙烯酸清漆对墓里精美壁画进行喷涂保护，形成透明膜，发现涂层区域季节性出现严重的"白色霉斑"现象。通过鉴定表明，"白色霉斑"为真菌群落。

根据国家文物局发布的《古代壁画病害分类与图示》，壁画的微生物病害系指"微生物的滋生对壁画造成的伤害"。一般情况下，影响壁画，导致其加速劣化的微生物主要有四类：细菌、真菌、地衣及光合类微生物。

微生物对壁画文物的侵蚀通常是不同种类、不同代谢过程的微生物共同作用的结果。由于在不同保存环境下壁画的制作工艺、材料组成（颜料、胶结材料、基底材料），以及后期的人为干预方式（封护、加固、粘接材料）不同，造成壁画的主要有害微生物类型（细菌、真菌、藻类等）及腐蚀机理也不尽相同。归结起来，主要包括壁画外观的改变和结构的破坏。

①壁画外观的改变：主要指有害微生物引起的颜料的变色、褪色、生物膜附着等。有研究者认为枝孢霉可以分解骨胶，并利用其生长和形成草酸等代谢物，造成铅丹的稳定性下降进而加速向铅白的转变。也有学者指出链霉菌可以产生多种代谢产物，如酸类（草酸、柠檬酸、硫酸）和色素类（黑色素、类胡萝卜素）等，造成古埃及墓葬壁画颜色的改变。另外一些研究证实假诺卡氏菌是造成伊特鲁里亚壁画白色斑点的主要因素，并推测该菌的定殖与地下洞穴、墓葬中的有机物、层状硅酸盐和氧化铁密切相关。同时，多处洞穴、墓葬壁画、岩画中也被证实假诺卡氏菌的存在。国

外研究者曾对法国拉斯科洞穴岩画表面的黑色斑点进行研究，结果显示这些斑点主要是真菌产生的黑色素。

②壁画结构的破坏：微生物导致壁画材料的改变的作用包括机械侵蚀、酶降解、酸腐蚀等。真菌的菌丝可以伸入颜料层或地仗层内部，造成壁画本体材料的剥离。微生物代谢产生的蛋白酶、脂肪酶、纤维素酶、木质素酶等可以水解壁画的有机质，如胶结材料和地仗层的麻纤维，导致壁画本体材料的黏结度降低进而脱落。真菌可以分泌草酸、柠檬酸等酸性代谢产物，水解支撑体或地仗层的碳酸钙，游离的钙离子在菌体的诱导下重新在壁画表面形成方解石或草酸钙，进一步加剧了壁画的腐蚀过程。

6.4　壁画微生物病害的研究内容及方法

微生物作为威胁文物安全的一个重要因素，近年来得到越来越多的学者关注，生物医学领域使用的微生物技术也逐渐应用到文物保护研究中，例如壁画文物上的微生物群落组成鉴定、微生物代谢活性和代谢产物检测、微生物腐蚀文物过程模拟等。微生物技术在壁画保护研究中的引入，能够进一步加深对文物腐蚀机理的认识，为更好地保护文物提供新的思路和方向。文物保护中应用的微生物病害研究主要分为微生物调查与取样、微生物的培养与鉴定、微生物病害机理研究、微生物病害的防治方法研究及微生物病害的监测。

6.4.1 微生物病害调查与取样

分析微生物对壁画文物腐蚀的机理，首先要对文物表面的微生物群落进行系统的调查，这需要对文物表面的微生物进行取样。同时，环境中存在的微生物是多种多样的，富集在文物表面的微生物种类会因地域、环境的差异而有所不同，这也需要在调查过程中对微生物群落的组成进行鉴定。

由于不可移动文物大多直接暴露在环境中，微生物群落、文物本体以及外界环境经过长期的互相作用形成一个相对稳定的整体，空气、土壤、水体甚至植物体中携带的大量的微生物均可沉降到文物中。微生物的采集是研究文物生物腐蚀的重要组成部分，采集样品的数量和质量对后续的研究有十分重要的意义。对壁画文物的病害研究来说，微生物既包括文物表面的群落，也可以来自文物所处环境中的空气、土壤或水源。由于微生物来源的差异以及研究目的的不同，微生物的取样方法也是各异的。但在微生物样品的采集过程中，都需要既保证采集的样品具有代表性和一致性，也要注意无菌操作，避免样品被来源于取样点以外的微生物污染。

6.4.2 壁画微生物的培养与鉴定

6.4.2.1 微生物的培养技术

传统上，从壁画中分离和鉴定微生物是基于经典的培养方法，这种方法除了鉴定微生物以外，还可以对分离菌株进行定量和生化活性分析。现场采集的样品处于多种微生物混杂生长的状态，需要首先将采集到的混合菌株进行分离，以便更好地评估微生物对文物安全的影响。分离微生物时，需要对采集的样品进行稀释，降低微生物的初始数量。常用的分离方法主要是涂布平板法和平板划线法，经过分离培养，平板上会出现多个单独的菌落，但这些生长在平板上的单菌落并不能保证一定是单一菌种，还需要对挑取的这些菌落再进行几次分离培养来验证。

微生物的培养是在培养基中进行的，培养基是提供微生物生长、繁殖、代谢的营养物质，主要包括六大类要素：碳源、氮源、无机盐、生长因子、水和能源。碳源对微生物生长代谢的作用主要是为细胞的碳架、含碳产物提供碳素，并为生命活动提供所需能量。微生物对碳源的需求是极为广泛的，碳源的种类也很多，可以分为有机碳源和无机碳源两类，不同微生物利用碳源的能力不同。氮元素是组成核酸和蛋白质的重要物质，它主要来源于微生物细胞对外界氮源的获取，可以说氮源是提供微生物合成核酸和蛋白质的重要原料。微生物所需的氮源主要分为三类，空气中分子态的氮气（N_2）、无机氮化合物（NH^{4+}，NO^{3-}，尿素）以及有机氮化合物（蛋白质及其降解物）。无机盐是微生物细胞结构物质不可缺少的组成成分和微生物生长所必需的营养物质。它的功能包括：构成细胞的组成成分；作为酶的组成成分；维持酶的活性；调节细胞的渗透压、氢离子浓度和氧化还原电位。无机盐在培养基中可以通过添加有关化学试剂来补充。生长因子是某些微生物维持正常代谢必不可少的，对这些微生物来说，在生长因子缺乏的情况下即便其他营养物质再多，微生物的生长还是很缓慢。生长因子主要包括维生素、氨基酸、嘌呤和嘧啶等。水是一切生物生存的基本条件，通常缺水比饥饿更容易导致生物的死亡。能源是微生物生命活动的最初能量来源。碳源可为化能异养菌提供碳元素的同时，也为其生长提供能量，化能自养菌是以无机物（二氧化碳或碳酸盐）氧化过程释放出的化学能作为生长所需的能量，而光能自养菌和光能异养菌所需的能源来自光能。

6.4.2.2　微生物的鉴定技术

为了更好地了解腐蚀微生物的特点，对壁画文物进行的生物防治更有针对性，需要对威胁文物安全的微生物的种类有一个清楚的认识。许多工作都致力于识别有害微生物，并消除它们对壁画退化的影响。关于微生物鉴定，有三种主要方法。（i）对分离菌株进行培养相关分析，这是识别壁画上微生物最常用的工具。这种方法简单、廉价，可以由受过基本培训的博物馆工作人员来完成。然而，许多壁画表面的微生物无法培养。因此，结合组学分析的策略将提供最可靠的结果。（ii）独立于培养的核酸分析，其中使用宏基因组学、宏转录组学、代谢组学、宏蛋白质组学、PCR 扩增子和鸟枪测序等方法分析整个微生物群落。（iii）通过物理化学分析进行检测降解或修复材料的结构和成分变化。其中包括扫描电子显微镜（结合能量色散 X 射线光谱）、透射电子显微镜、荧光显微镜、拉曼光谱、傅里叶变换耦合红外光谱、离子色谱和显微层析。其中一些方法不仅有助于监测微生物污染水平，还可能揭示所分析壁画的实际损坏状态。

（1）基于培养的鉴定技术

长久以来，微生物的鉴定主要是以形态学特征为依据，对微生物培养后进行显微观察来判断微生物的种属。但传统培养的方法对于微生物的鉴定效果非常有限，因为环境样本中的可培养细菌可能不到 1%，因此也很难提供关于复杂微生物群落多样性的信息。此外，由于微生物种类繁多，而且大多数形态学特征不稳定，有些具有形态可变性或交叉性，或者缺乏某些重要的分类特征，这种方法仅能将微生物的鉴定结果精确到"属"的水平上。尽管这种方法存在固有的局限性，但基于培养的技术的开发仍然不可被忽略，因为分离纯培养物可以对微生物进行生理和代谢研究。

（2）分子生物学鉴定技术

大多数情况下，壁画文物的生物退化不是由单一种类的微生物引起的，而是复合微生物群落在其发展的某个阶段在壁画上活动的结果。了解栖息在壁画上的微生物群落组成及其代谢潜力，对于确定主要导致退化的微生物和机制，并采取适当措施控制其生长至关重要，并且已经成为文物保护科学家的重要研究领域。

20 世纪 60 年代以来，分子生物学方法开始应用于微生物的分类、鉴定研究，不仅发现更多与文物腐蚀相关的微生物，也将微生物的鉴定从"属"水平进一步精确到"种"水平。在分子生物学分类方法中，核糖体基因序列分析是目前最常用的分子生物学鉴定技术。rDNA 是编码核糖体 RNA 的 DNA 序列，由 18S rDNA、ITS1、5.8S rDNA、ITS2 和 28S rDNA 等片段串联而成。rDNA 经转录形成 RNA，与核糖体蛋白质组成核糖体，是生物体合成蛋白质的场所。在这个基因中，存在着可用于微生物分类鉴定的保守序列和高变异区序列，其中高变异区序列则能够反映物种间的差异，而保守序列则体现物种间的亲缘关系。依据这些序列的特征就可将不同分类级别的微生物菌种进行有效的区分。一般来说，16s rDNA 是鉴定细菌最常用的基因区域，而转录间区 ITS1 和 ITS2 之间的基因序列则用来对真菌进行分类。壁画表面微生物种群的分类、鉴定中，通常是将 16S rDNA 和 ITS 相结合进行序列分析，通过将不同微生物的 16S rDNA 和 ITS 区域进行 PCR 扩增，然后通过变性梯度凝胶电泳（denaturing-gradient gel electrophoresis，DGGE）、荧光原位杂交技术（Fluorescence in situ hybridization，FISH）、末端限制性片段分析技术（terminal-restriction fragment length polymorphism，T-RFLP）、DNA 测序技术以及下一代测序技术等手段，对微生物进行分离，利用数据库序列比对进行菌种鉴定。

1）变性梯度凝胶电泳（denaturing-gradient gel electrophoresis，DGGE）

变性梯度凝胶电泳技术是费歇尔和勒曼 1979 年提出的用于检测 DNA 突变的一种电泳技术，可以检测到单个核苷酸的差异。1993 年变性梯度凝胶电泳技术首次应用于微生物群落结构研究。变性梯度凝胶电泳与普通电泳不同在于，它不是基于核酸分子量的不同将 DNA 片段分开，而是根据核酸序列的不同，将片段大小相同的 DNA 序列进行分离。双链 DNA 分子中 A、T 碱基之间有 2 个氢键，而 G、C 碱基之间有三个氢键连接，因此 A、T 碱基对于变性剂的耐受性要低于 G、C 碱基对。由于这四种碱基的组成和排列的差异，不同序列的双链 DNA 分子具有不同的解链温度。细菌的 16S rDNA 的 PCR 产物在含有变性剂（尿素和甲酰胺）的梯度聚丙烯酰胺凝胶中进行电泳，当某一双链 DNA 分子迁移到变性凝胶的一定位置并达到其解链温度时，开始部分解链，双螺旋分子转变成部分解链分子从而产生分支分子，这种分子能明显降低 DNA 片段的迁移速率。这样不同序列的 PCR 扩增产物因在电泳中的位置不同而被区分出来。

相比于传统的微生物鉴定方法，变性梯度凝胶电泳技术能够直接从所研究的样品中抽提总 DNA，可鉴定不可培养微生物；检测速度快，可同时检测多种微生物。然而对于复杂环境样品 DNA 提取通常需要经过样品预处理、细胞裂解、DNA 沉淀等环节，以上过程易造成菌种数量的改变和 DNA 含量的变化，从而引起分析偏差。

2）荧光原位杂交（Fluorescence in situ hybridization，FISH）

荧光原位杂交是 20 世纪 80 年代末在放射性原位杂交技术的基础上发展起来的一种非放射性分子细胞遗传技术，以荧光标记取代同位素标记而形成的一种新的原位杂交方法。通过已知微生物不同分类级别上种群特异的 16S rDNA 序列，利用非放射性的荧光信号标记的特异寡聚核苷酸片段为探针，将标记的探针直接原位杂交到染色体或 DNA 纤维切片上，由于与荧光素分子偶联的单克隆抗体和探针分子特异性结合，能激发杂交探针的荧光信号，通过荧光检测系统和图形分析技术对染色体或 DNA 纤维上的 DNA 序列进行定位、定性和相对定量分析，就能实现原位样品中的目标细菌的探测。

荧光探针技术基于抗体、抗原之间特异性识别与结合的特点，实验周期短、特异性好、灵敏度高、定位准确，可以用发射不同波长的染料标记，从而在一个检测步骤中可同时处理多条目标序列。因此在目前的石质文物微生物鉴定中得到广泛应用。

3）末端限制性片段分析（terminal-restriction fragment length polymorphism，T-RFLP）

末端限制性片段分析是一种新兴的研究微生物多态性的分子生物学方法，已经成功应用于各种微生物群落的分析比较、研究微生物群落多样性及结构特征等方面。根据 16s rDNA 的保守区设计通用引物，其中一个引物的 5' 末端用荧光物质标记。提取待分析样品中的总 DNA，进行 PCR 扩增，所得到的 PCR 产物的一段就带有这种荧光标记，然后 PCR 产物用合适的限制性内切酶进行消化，一般选用酶切位点为识别 4 个碱基的限制性内切酶。由于在不同细菌的扩增片段内存在核苷酸序列的差异，酶切位点就会存在差异，酶切后就会产生很多不同长度的限制性片段。消化产物用自动测序仪进行测定，只有末端带有荧光性标记的片段能被检测到。因为不同长度的末端限制性片段必然代表不同的菌种，通过检测这些末端标记的片段就可以反应微生物群落组成情况。

末端限制性片段分析技术重复性好，可进行定量分析。相对于其他分子生物学分析技术如 DGGE 等，它具有分辨率高、易于实现自动化等特点，还可以将微生物群落分析同核糖体数据库计划相结合，充分利用共享的数据资源。

4）DNA 测序

DNA 测序是指分析特定 DNA 片段的碱基序列，通过微生物碱基组成对它进行分析，进而了解同一菌种或不同菌种、属间的同源性和系统发育情况。DNA 测序技术是微生物研究中常用的分子生物学技术，可以直接获得 DNA 的序列信息。

相对于微生物培养鉴定技术，分子生物学技术能够识别更多的微生物种类。兰州大学生命科学院研究者收集培养了敦煌莫高窟内的空气微生物，通过形态学特征鉴定出这些微生物所属的分类。随后，他们又通过分子生物学技术对遭受生物腐蚀的壁画上的微生物群落进行了分类鉴定，识别出更多种属的微生物菌株。从莫高窟壁画中微生物群落的鉴定结果可以看出，免培养技术识别出的微生物在数量、种类等方面均高于纯培养技术，并且二者检测出的优势菌群的种属和比例也是不同的，免培养技术相对来说，更好地还原了文物表面真实的微生物群落结构。但这并不意味着可以抛弃纯培养技术在石质文物病害研究中的应用，因为微生物腐蚀作用机理、生物材料制备与应用等领域的研究需要利用和依靠可培养的微生物来进行。目前已知的微生物腐蚀壁画的机理，大多是利用可培养微生物模拟壁画侵蚀的过程发现总结出的。

5）下一代测序技术（NGS）

近年来，下一代测序技术在微生物群落中的应用已经彻底改变了微生物学，实现了 DNA 样本的大规模测序。这个研究所涉及的领域被命名为宏基因组学。1998 年，韩德斯曼首次在科学文献中使用了宏基因组学这一术语，它指的是在分子水平上对复杂微生物种群的研究。目前，宏基因组学一词指直接从环境样本中分离的遗传物质的研究，由此可以分析样本中的所有微生物，包括不可培养的微生物。随着高通量下一代测序技术的快速发展，极大地提高了研究的深度，该方法以整个微生物群落的遗传物质为对象直接进行测序分析，不依赖于传统的克隆培养的技术即可获得整个环境微生物的物种组成、遗传信息组成以及功能多样性信息。这种技术允许对各种类型的环境样本进行深入测序和数据分析，越来越多地被用于成功描述从土壤到人类肠道等不同环境中的微生物群落组成和功能多样性。在 2014 年首次应用于壁画的微生物研究，改变了人们对艺术品中微生物的认识。

通常，细菌和真菌的多样性分析是通过扩增子测序，因为这种方法需要更少的 DNA 量，比整个宏基因组测序更便宜。最常见的分类标记是编码核糖体 DNA（rDNA）的基因片段。在细菌中，尤其常用 16SrDNA 基因的 V3 和 V4 高变区，因为它们提供最可靠的结果。相比之下，真菌多样性研究通常使用内部转录间隔子（ITS），即 ITS1 或 ITS2。总的来说，使用 ITS2 区域是首选，因为与 ITS2 区域相比，使用 ITS1 区域会导致对多样性和丰富度的过高估计。为了避免额外的偏差，如嵌合和过表达序列，应尽量减少 PCR 循环次数，并推荐使用校正 DNA 聚合酶。一般说来，最多 30 个循环的 PCR 应足以进行相关的分析。

随着第三代测序技术的引入，宏基因组学研究取得了重要进展。常用高通量测序是基于短读技术（最大 300bp），能够最大限度地在属水平上进行可靠的生物多样性调查。而第三代测序技术由于测序读数较长，能够分析种水平的数据。对历史文物来说，上面生长的微生物群落的详细表征可以通过宏基因组测序来完成。然而，由于非侵入性或最小侵入性采样的严格要求，使得该方法在文化遗产中的应用较少，往往无法收集到所需的 DNA 量。在现有技术中，MinION 设备（纳米孔设备）显示出在文化遗产领域应用的巨大潜力，因为它们只需要少量 DNA。该装置体积小，适合现场分析。此外，更长的读数能更好地了解所研究微生物的相对比例和代谢潜力。

6.4.3　微生物病害机理研究

此外，了解微生物腐蚀文物的过程和机理，需要在实验室条件下进行模拟，通过对文物表面微生物进行分离、培养，进而认识微生物是怎样腐蚀文物的。目前在对文物微生物腐蚀实验中使用的检测方法主要有两大类：一类方法是针对材料表面微生物的检测，包括用裸眼观察、光学显微镜、立体显微镜、扫描电镜、透射电镜等观察微生物的生长状况；以及通过测量氧的消耗量、微生物代谢产物的量，或生物量的变化来间接检测材料退化程度，实用技术包括生化需氧量、溶解有机碳、二氧化碳生成量、ATP 含量等。另一类方法是针对微生物作用前后的材料物化性质变化，包括结构鉴定、形态及形貌分析、分子量及分布鉴定、流变性、热分析技术、力学性能和电学性能测定等几个大的方面。表 6-1 列出了微生物及参与的颜料色变机理。

表 6-1　微生物参与的颜料色变机理

颜料初始颜色	颜料变化后颜色	微生物参与机理
红色、白色	褐色 – 黑色	节细菌、黄杆菌导致铅的氧化
蓝色	黑色	链霉菌属产生的硫化氢和石青反应，产生黑色的铜蓝
蓝色	绿色	生物膜的保水性升高了壁画湿度，使石青转化为孔雀绿

6.4.4　微生物病害防治技术研究

6.4.4.1　微生物病害的防治技术

微生物在文化遗产的退化中扮演着相当重要的角色，它们的污染会造成壁画本体的腐烂。微生物的防治、污染物的处理及其后续保存是文物保护工作者的重要工作内容之一。在对微生物病害处理之前首先应充分了解微生物的类型、生长密度、壁画现状，需要处理的壁画表面的性质和范围，然后根据具体情况通过实验确定处理方法。微生物病害的处理方法分为间接方法和直接方法。

（1）间接方法

间接方法包括通过改变温度、湿度、光照和营养条件等外界环境抑制微生物的生长，这种方法能够较有效地抑制微生物的生长。例如，在干燥的条件下大多微生物无法生长，造成微生物的脱落或死亡。回填是另外一种常用的方法，因为回填能够隔绝空气、光照，使许多微生物无法生存。

（2）直接方法

直接方法有机械、物理、化学、生物方法等。

1）机械方法。用手工方法清除有害生物，如用手术刀、牙医工具清除壁画表面的苔藓和缝隙中的菌丝等均属于机械方法。这种方法方便简单，不需要大量仪器设备，能够去除有害生物的绝大部分。但是，许多生物病害，特别是微生物造成的病害，无法用这种方法根除。

2）物理方法。主要采用紫外光、伽马射线和微波辐照等方法杀死微生物，然后配合机械方法清除。紫外辐射由于波长较短而对活生物体有害，能够损害微生物的生存能力和代谢活性。伽马射线照射在保护文化遗产方面有几个优点。它具有高度穿透性，因此在杀死这些物体上的微生物群落时非常有效。此外，它不会产生有害的痕迹，不会导致二次放射性的形成，也不会形成有毒残留物，而且成本低廉。所需的 γ 辐射剂量取决于污染水平、微生物多样性及其抗辐射能力。然而，伽马射线照射的效果不会持久。另外，使用 γ 射线消除微生物的一个主要的隐患是壁画本体材料可能会发生改变。由于伽马辐射可能会改变颜料的化学和物理性质，因此颜色稳定性可能会受到影响。激光清洗技术是通过激光对生物体的照射产生的热效应、光化学反应或光压作用，将微生物杀死并使其从文物表面脱落。利用激光清洗技术，文物表面的微生物污染得到有效的清除，甚至清除精度可以达到纳米级别，但高昂的成本制约了该技术的普及应用。而且，在使用前，为了防止颜料受到热损伤和光化学损伤，需要进行前期研究。

3）化学方法。化学抗菌剂的使用旨在防止和控制微生物生长。通过这种方式，可以在对壁画进行保护干预之前使用杀菌剂，以消除已经存在的微生物；或者在干预后，作为预防，以减缓修复表面的微生物重新定殖。市场上存在多种多样的化学抗菌剂，其结构、性能、作用效果等都存在较大的差异。化学抗菌剂的选择应该遵循几个原则：高效杀灭微生物；不改变壁画材料；毒性低，不会对人体健康产生危害；环境污染风险低。通常，抗菌剂可以分为无机抗菌剂和有机抗菌剂两种。

①无机抗菌剂：抗菌材料主要包括光催化纳米无机抗菌剂（纳米二氧化钛、纳米氧化锌、纳米铜、纳米银等），抗菌活性金属（银、铜、锌等）。

其中纳米颗粒具有独特的物理化学性质，包括尺寸小、比表面积大以及与生物体的特殊反应等特点在各个领域都有广泛的应用。纳米抗菌材料抑制微生物的机制包括破坏细胞壁和质膜，抑制蛋白质合成和 DNA 复制，以及增强细胞成分和化合物的氧化等。然而，由于纳米材料具有较高的穿透性、对生物体影响的持久性以及它们对壁画本体材料的影响的未知性，使用时必须进行监测。

②有机抗菌剂：主要有天然抗菌剂和人工合成抗菌剂。目前在微生物病害治理研究中占主导地位的主要是人工合成抗菌剂，但也主要只有以下几类：季铵盐类化合物（甲醛、苯扎氯铵），杂环类（异噻唑啉酮，如辛噻酮），三唑类（戊唑醇），苯并咪唑（噻苯达唑）。季铵盐类化合物是文物上使用最频繁和最广泛的抗菌剂，因为它具有较低的毒性和杀菌效果。实验测试表明，季铵盐苯扎氯铵在壁画的消毒中具有很高的活性，但其长期效果无法保证。尽管化学杀菌剂的使用一定程度上抑制了微生物病害的发生和蔓延，但盲目使用抗生素或化学杀菌剂造成的抗药性问题日益突出。此外，化学杀菌剂可能会与更多的成分发生反应，导致壁画的外观、结构或信息变化。外观变化是明显的，可以立即识别，但结构变化可能不会立即被发现。一些微生物可以将杀菌剂用作营养物或碳源，刺激其生长。拉斯科就是一个典型的例子，为了抑制绿化膜的生长，人们大量喷洒杀虫剂和甲醛类化学试剂，造成了青枯杆菌和假单胞菌菌害的爆发，以及后续的造成壁画表面黑色菌斑的齿梗孢属的出现都与滥用杀菌剂有密切关系。由于人工合成抗菌剂的局限性，天然抗菌剂的使用越来越得到关注。天然抗菌剂主要提取自自然界的动植物，如壳聚糖和大蒜、薄荷、鱼腥草等。近年来肉桂、丁香、胡椒薄荷、薰衣草、樟脑和百里香等均已经被用来保护壁画。目前在微生物病害防治研究中所涉及的化学抗菌剂类型也还比较少，还没有任何一种抗菌剂能够适用于文物病害所有的微生物。抗菌剂预防微生物病害的有效期还比较短，附着持久性容易遭到自然环境的破坏。有些抗菌剂具有多种抗菌机理，对于微生物有效防治的机理也缺乏研究，这一类抗菌机理的抗菌剂是否具有普遍性，使用浓度是否合理，使用是否会威胁环境等，这些问题都亟须研究者关注。

4）生物方法。生物方法是用微生物产生的酶或代谢产物去除特定的代谢物、底物和其他有害物质。芽孢杆菌能产生大量具有生物活性的次级代谢物；例如，一些枯草杆菌和解淀粉芽孢杆菌菌株能够产生抗菌脂肽。微生物脂肽的产生是应付逆境的自然防御机制。有学者测试了几株芽孢杆菌对从生物降解壁画中分离出的枝孢霉、青霉菌、尖孢镰刀菌和黑曲霉的抑制作用，研究显示芽孢杆菌产生生物表面活性剂脂肽，可以抑制真菌的生长。该研究小组还评估了这些源自芽孢杆菌的生物活性化合物的毒理学风险，发现其对其他生物没有毒性影响。在最近的研究中，抗真菌筛选和分子分析的联合应用被认为是一种快速鉴定和随后有效选择脂肽产生菌株的可能方法。一些研究指出了芽孢杆菌属的抗菌活性，显示了芽孢杆菌菌株抵抗不同类型病原菌的能力。研究者从一幅古画架上分离出的细菌及真菌研究结果表明，选定的芽孢杆菌可以抑制所有污染菌株的发育，预示着芽孢杆菌可能被用来抑制壁画上的微生物。也有一些研究集中于其他细菌、真菌和植物衍生物作为抗菌剂的潜在用途。

6.4.4.2　抑菌剂的微生物病害的防治研究

对于抑菌剂的微生物病害的防治研究，首先要在实验室内开展特定微生物的抑菌实验，证明抑菌剂的效果和最小抑菌浓度，其次还要评估抑菌剂对壁画的影响。

（1）实验室抑菌实验

1）细菌抑制实验

细菌生长抑制实验操作流程为：首先将细菌分别接种于 5mL 培养基中，37℃、160rpm 下振荡培养 12h。收集菌悬液，离心、沉淀、清洗（PBS 缓冲液）并溶于 500μL PBS 缓冲液中。取 10μL 菌悬液加入 96 孔板中，并依次加入 50μL 液体培养基和不同浓度的抑菌剂，补加 PBS 缓冲液至混合液总体积为 120μL。然后将 96 孔板密封并放置于 37℃恒温培养箱中，定时检测各个孔中菌悬液的 OD600 吸光度值，绘制细菌的生长曲线。实验设置阴性对照组，每个实验三组平行。

抑菌圈实验操作流程为：取 100μL 细菌菌悬液（OD600=1.0）涂布于 LB 固体平板上，在固体培养基上等距打孔，孔直径为 6mm。上述孔中加入 80μL 不同浓度的抑菌剂溶液，设立阴性对照。将平板密封并正置于 30℃恒温培养箱中 24h。测量每个孔的抑菌圈直径，每个实验三组平行。

菌落计数实验操作流程为：离心管中加入等量的菌悬液（浓度为 0.9% 的 NaCl 溶液），并调整抑菌剂浓度。将离心管放置于 37℃的摇床中振荡培养 2.5h，取适量稀释倍数的 100μL 菌悬液涂布于 LB 固体平板上，37℃恒温培养箱中培养 24h。观察平板中菌落生长情况并计数。

细胞毒性检测试剂盒 LIVE/DEAD®Viability 操作流程为：将细菌菌悬液和一定浓度的抑菌剂混合后在 37℃下振荡培养 12h，离心并收集细胞沉淀，用 PBS 缓冲液清洗细菌三次，分别加入 1.5μLPI 和 Syto9 染料，混匀并在黑暗条件下孵育 15min，用 PBS 缓冲液清洗细胞，去除多余的荧光染料，在荧光显微镜下观察（Olympus CX41 microscope）细胞染色情况，红色荧光和绿色荧光分别代表死细胞和活细胞。壁画模拟样块的荧光染色流程与上述操作相似。

2）真菌抑制实验

菌丝生长法：首先将真菌菌株接种于培养基，以 30℃恒温培养 7 天。用打孔器在固体平板上获取直径为 6mm 的菌丝－琼脂圆柱体，接种于含有不同浓度抑菌剂的培养基中。平板放于 30℃恒温培养箱中培养 7 天，观察真菌生长情况并测量菌丝直径。真菌菌丝荧光染色操作流程为：挑取新鲜的真菌菌丝加入 PBS 缓冲液中，并加入抑菌剂。将混合液置于 30℃摇床中振荡培养 4h，8000rpm 离心收集菌体。用 PBS 缓冲液清洗菌体并加入 1.5μL PI 染料在黑暗中染色 15min，在荧光显微镜下观察菌丝染色情况。

（2）抑菌剂对壁画的影响评估

需要评估使用抑菌剂对壁画的光泽度、颜色、渗透性、含水量、孔隙率等的影响。

6.4.5 微生物病害的预防和监测

一旦壁画受到生物侵蚀，往往都会造成壁画的损坏，因此，防止壁画受到生物病害的侵蚀也是一个需要考虑的问题。由于壁画保存的位置具有多样性，如博物馆、墓葬、露天环境，预防措施的实施是复杂的。一般来说，预防措施包括：控制环境的温湿度；对壁画进行系统的检查；壁画修复选用适当的材料；避免环境中的虫害等。

环境的温湿度控制中，控制水分是非常关键的一环。众所周知，高湿度有利于真菌的繁殖。在使用黏合剂时也必须小心。天然物质（如明胶）的胶水中存在的一些物质具有高度的可生物降解性，因此它们的使用可能会加速生物退化。另外，暴露在自然环境下的壁画要特别关注虫害，虫害在壁画上的排泄物是微生物的良好营养源。虫害的产生往往和季节有关，所以要定期进行检查。

　　使用物理方法和化学方法处理受污染的壁画的主要障碍之一是现在仍然缺乏适当的监测方法。对于艺术品上微生物群落的分类分析，人们普遍认为，不是全部的真菌，而是只有极小一部分古生菌和细菌可以在实验室培养基上培养，基于 DNA 的分子方法对于评估样本中的微生物多样性是必要的。如果进行任何测试来监测抗菌治疗的效果，活细胞计数仍然是证明微生物活性与非活性的首选方法。自 20 世纪 80 年代末以来，人们普遍认为微生物在艺术品和历史建筑的保护中发挥着相当大的作用，人们在鉴定艺术品组成材料中的生物多样性方面做出了重大努力，这是优化保存理念的重要基础。今天，有必要通过研究各种微生物在材料上和材料中的生理活动来补充这些数据，这是为了更深入地了解生物退化过程，监测抗菌治疗的效果，以及开发无毒的治疗方法，以阻止或减缓微生物退化。氧化还原指示剂如三苯基四氮唑氯化物被用来确认和评估腐烂结石上的微生物活性。最近，许多公司都提供了发光计，可以检测和量化拭子样本中的 ATP，并估计纸张、绘画或其他材料等表面的生物活性。虽然这些方法粗略地估计了微生物的总体活性，但进一步分析基因表达将提供有关代谢状态以及生物退化过程和潜力的详细信息。尽管实时荧光定量 PCR 仪是当今解决科学问题的常规工具，但它仍然没有用于治疗的常规监测，而且对文化遗产样本中 RNA 的研究仍然很少。这是因为与通常可用于修复和保护物体的总成本相比，分子分析的成本仍然很高。然而，最近的基因组学和转录组学技术为理解整个微生物群落的活动和功能打开了更多的可能性。在下一代测序技术的帮助下，宏转录组和宏基因组的测序可以帮助理解历史材料如何受到微生物的攻击，微生物如何与这些材料以及彼此之间（例如，在生物膜中）相互作用，并具体监测杀生剂处理对活性、功能和可能的群落转移的影响。这也将有助于克服细菌中所谓的"有活力但不能培养"的状态，这种状态可以作为抗生素和杀菌剂治理的反应而出现。

6.4.6　小结

　　防止对历史物体造成生物损害的最重要因素是：（1）环境控制；

（2）经常性的清洁；（3）监测。尽管众所周知，物体上的灰尘层会携带大量真菌孢子和细菌，并且还可以作为这些生物的营养来源，但简单清洁的重要性仍被低估了。微生物学家必须通过指导并同修复人员、保护人员商讨来提高他们对这些预防措施的认识。我们必须从过去杀菌剂处理的错误中吸取教训，并运用以下原则：

（1）更多地强调简单的预防措施，如清理灰尘层和经常观察物体。

（2）必须极其谨慎地使用杀菌剂处理方法，并且只有在进行了一系列适应于特定物体的要求的严格测试之后才能使用。

（3）努力开发其他方法，例如伽马辐射，光的改变和微气候的调整。

（4）必须优化监测方法，以便能够评估保护措施，环境变化或杀菌剂应用的效果。这可以基于最新的微生物学方法（例如基因组和转录组测序）来完成。

（5）如果我们不能确保可以保护新发掘出的物体免遭生物恶化，则应将其保留在土壤中或涂料或灰泥层下（例如，用于壁画），直到可以采用更好的方法进行保藏为止。

6.5　壁画微生物病害的防治研究案例

古建壁画是人类宝贵的文化遗产，具有极高的历史价值、艺术价值和科学价值。然而，生物是影响其安全保存与展示的一个重要因素且难以根除。目前，对壁画生物病害的研究在我国处于起步阶段，病害防治仍以化学抑菌剂为主，不但效果甚微，而且带来更为严重的生物耐药性的问题。本节以金华太平天国侍王府壁画为对象，介绍壁画微生物病害调查与取样、微生物的培养与鉴定、微生物病害机理分析、微生物病害防治技术等相关研究。

6.5.1　微生物病害调查与取样

研究人员于 2018 年 9 月调查了金华太平天国侍王府壁画表面的微生物病害情况，并对个别疑似微生物病害的壁画表面和周边环境进行了取样。取样点主要分布在一进东西厢房和二进东西厢房的壁画表面和墙角，共计检测壁画表面样品 5 份，土壤样品 4 份。具体样品情况见表 6-2。

表 6-2　取样点微生物病害情况

样品编号	取样位置	取样照片	取样方式	样品描述
1-1（TP1）	一进西厢（《平安图》）		灭菌棉球擦拭	红色颜料表面的黑色污染物
1-2（YX2）	一进西厢（《教子送书》）		灭菌棉球擦拭	颜料表面的黑色污染物
2-1（YD1）	一进东厢南墙		灭菌棉球擦拭	红色颜料表面的黑色污染物
2-2（YD2）	一进东厢西墙		灭菌棉球擦拭	绿色颜料表面的黑色污染物
3（ED1）	二进东厢房（《读书图》）		灭菌棉球擦拭	颜料表面的黑色污染物

续表

样品编号	取样位置	取样照片	取样方式	样品描述
4-1（TP2）	二进正厅		取样铲采集	厢房内土样
4-2（TP3）	二进东厢房		取样铲采集	厢房内土样
5-1（TP4）	一进东厢房		取样铲采集	厢房内土样
5-2（TP5）	一进西厢房		取样铲采集	厢房内土样

6.5.2 微生物的培养与鉴定

由于部分壁画表面样品中微生物含量较少，因此未得到高通量测序结果。原核生物测序结果显示，4 份土壤样品中主要微生物为放线菌（图 6-2），占样品 TP2、TP3、TP4、TP5 中全部原核生物的 84.5%、85.72%、90.97%、90.63%。样品 TP1 中优势原核生物菌群不明显，主要包括厚壁菌门（Firmicutes）、放线菌门（Actinobacteria）、变形菌门（Ptoteobacteria）、拟杆菌门（Bacteroidetes）、Epsilonbacteraeota，分别占 34.48%、27.21%、11.64%、11.39%、10.42%。属水平原核生物物种组成中克洛氏菌（Crossiella）较为常见，在 TP3、TP5、TP4、TP2 中的比例分别为 57.29%、50.83%、38.68%、18.88%。TP1 中主要放线菌为放线孢菌属（Actinomycetospora）和假诺卡氏菌（Pseudonocardia）。

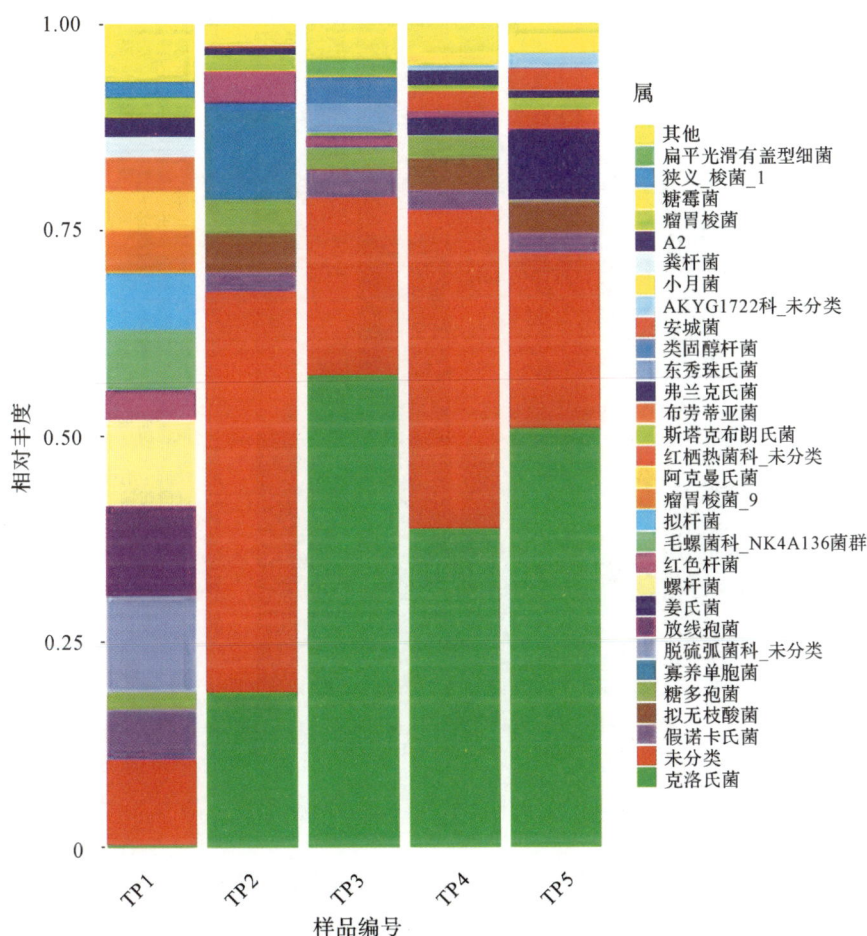

图 6-2　属水平原核生物物种组成

样品真核生物（真菌）主要以子囊菌（Ascomycota）为主，占比分别为 95.25%（TP1）、99.39%（TP2）、84.43%（TP3）、99.36%（TP4）、86.44%（TP5），另有少量担子菌（Basidiomycota）。属水平真菌物种组成中大部分为未鉴定真菌（图 6-3），曲霉（Aspergillus）在样品 TP2 中

占比高达 55.77%，在其他几个样品中占比均低于 35%。青霉（Penicillium）主要存在于样品 TP3 中，占比为 10.23%。微囊菌（Microascus）在 TP4 中占比为 13.02%。枝顶孢霉（Acremonium）在 TP3 中占比为 11.8%。

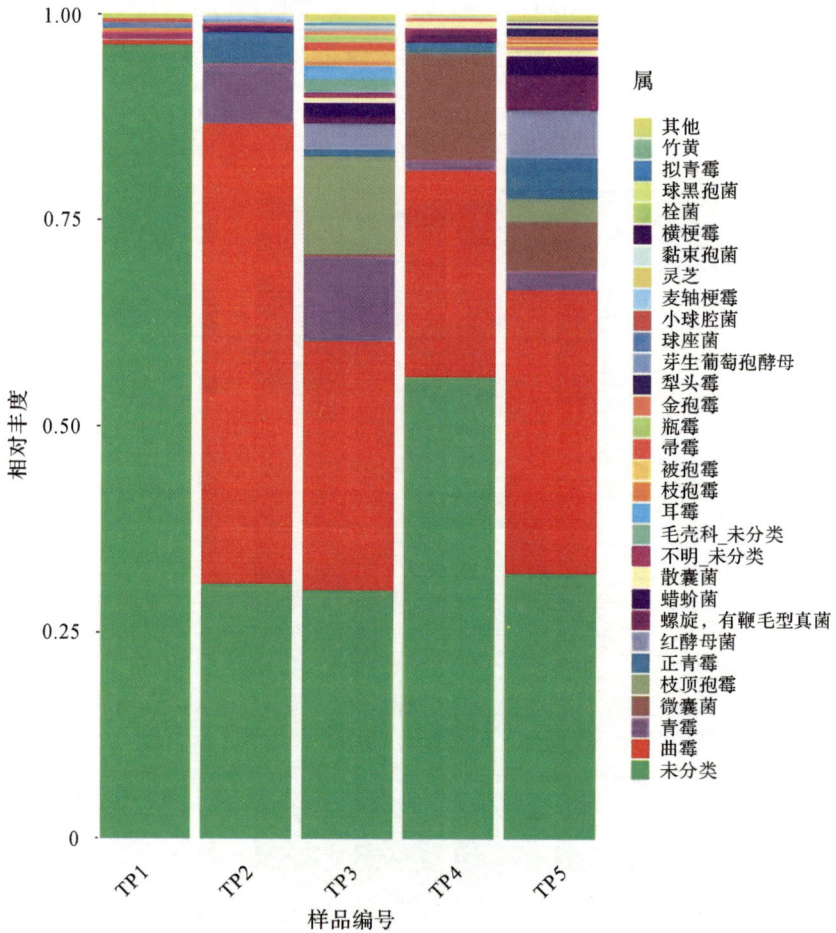

图 6-3　属水平真核生物（真菌）物种组成

　　通过对壁画表面及周围环境的微生物进行检测，结果显示土壤中主要原核生物为放线菌，主要真菌为子囊菌。其中曲霉菌和青霉菌含量较高，这很可能与壁画表面分离到的黑曲霉和青霉直接相关。克洛斯氏菌属主要存在于比较潮湿的洞穴内，壁画存在的房间内土壤中检测到大量该菌属，表明壁画保存环境的光照和湿度可能与洞穴环境较为接近。

6.5.3　微生物病害机理研究

6.5.3.1　壁画表面成分分析

调查中发现，壁画的主要病害表现为表面污损、颜料的变色及褪色，其中较为突出的是绿色颜料表面的黑色斑块（图 6-4a、6-4b）。使用棉球对黑色斑块轻轻擦拭，无黑色斑块脱落，表明该污损物与颜料结合紧密。另外南墙壁画表面的红色颜料也出现了不同程度的变色（图 6-4c、6-4d）。

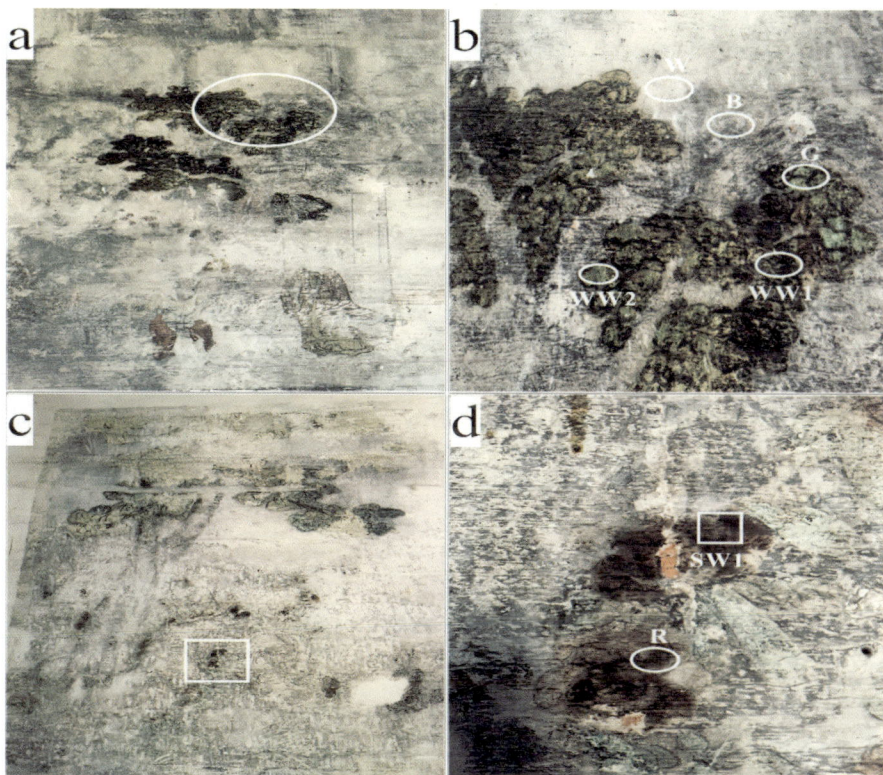

图 6-4　壁画表面样品采集点分布

对上述区域取样并利用扫描电子显微镜能谱仪进行检测，样品中可见疑似真菌菌丝状聚集体（直径约为 3μm），表明颜料表面的黑斑可能与微生物有关。可见不规则的固体结构以及规则的晶体结构，主要为壁画表面的灰尘、颜料及白灰成分。

壁画表面样品能谱结果显示，壁画底层白色样品主要为石膏（$CaSO_4$），主要元素为 S、Ca 和 O。壁画红色颜料主要为朱砂（HgS），主要元素为

Hg 和 S。壁画绿色颜料主要含有 Cu 和 Cl，推测颜料中含有氯铜矿。

　　微区拉曼光谱分析进一步确定了壁画颜料的主要成分。图 6-5d 结果显示壁画白色区域主要成分为石膏，主要吸收峰为 $1019cm^{-1}$。另发现两个吸收峰分别为 $1315cm^{-1}$ 和 $1596cm^{-1}$，表明壁画中的黑色颜料含有炭黑成分。图 6-5c 中样品的吸收峰主要位于 $252cm^{-1}$、$283cm^{-1}$ 和 $341cm^{-1}$，表明壁画中的红色颜料主要为朱砂。图 6-5a、6-5b 为壁画绿色颜料的拉曼光谱吸收峰，特征峰为 $334cm^{-1}$ 和 $486cm^{-1}$，与蓝色颜料铜蓝的拉曼特征峰较为相似。2018 年保护人员对壁画修复时曾对壁画颜料进行了无损的 X 射线荧光光谱检测，结果显示壁画中的绿色颜料含有巴黎绿成分，红色颜料为朱砂、铁红等矿物颜料。巴黎绿是人工合成颜料，1814 年首次在德国合成，广泛应用于晚清时期古建彩画中，如清晚期故宫贞度门建筑彩画和西藏哲蚌寺措钦大殿壁画。综上所述，金华太平天国侍王府中壁画使用颜料种类较多，且部分颜料可能已经发生降解，具体颜料成分及工艺有待进一步研究。

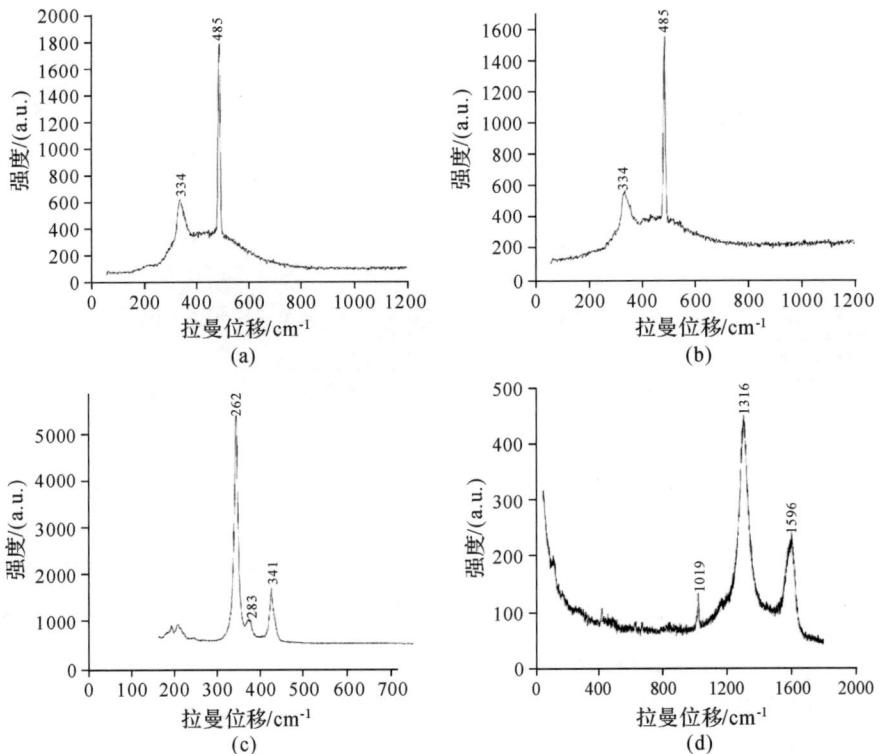

图 6-5　壁画颜料微区拉曼光谱分析

6.5.3.2 壁画表面微生物研究

本研究利用传统的纯培养法从壁画表面共分离得到 9 株真菌和 7 株细菌，通过形态特征观察和测序分析，真菌主要包括青霉属（*Penicillium*）、篮状菌属（*Talaromyces*）、弯孢霉属（*Curvularia*）、曲霉属（*Aspergillus*）、*Aporospora* 属和链格孢属（*Alternaria*）。细菌主要包括微球菌属（*Micrococcus*）、葡萄球菌属（*Staphylococcus*）、棒状杆菌属（*Corynebacterium*）和 *Zimmermannella* 属。其中，真菌菌株分布信息见表 6–3。

表 6–3 真菌菌株来源及分布

序号	真菌	编号	培养基	样品	来源
1	*Penicillium citrinum*	F1	SDA/MEA	SW1	红色颜料
2	*Talaromyces marneffei*	F2	MEA	WW2	绿色颜料
3	*Curvularia buchloes*	F3	SDA/MEA	SW1	红色颜料
4	*Aspergillus subalbidus*	F4	MEA	WW1	绿色颜料
5	*Talaromyces pinophilus*	F5	MEA	WW1、WW2	绿色颜料
6	*Aspergillus aculeatinus*	F6	SDA/MEA	WW1	绿色颜料
7	*Aporospora sp.*	F7	SDA	WW2	绿色颜料
8	*Alternaria solani*	F8	SDA/MEA	WW2	绿色颜料
9	*Penicillium sp.*	F9	SDA/MEA	WW1、WW2	绿色颜料

由于朱砂颜料本身具有抑菌作用，因此表面真菌较少。绿色颜料中含有铜离子，高浓度铜离子也具有较强的杀菌和抑菌功效，然而绿色颜料仍具有较多微生物，需要进一步观察研究。

6.5.3.3 壁画表面微生物病害机理研究

（1）铜离子抑菌研究

绿色颜料含有铜离子，通过铜耐受实验表明，随着培养基中铜离子浓度的增加，真菌的生长能力逐渐减弱，表明高浓度的铜离子对真菌具有较强的抑制作用（图6-6）。

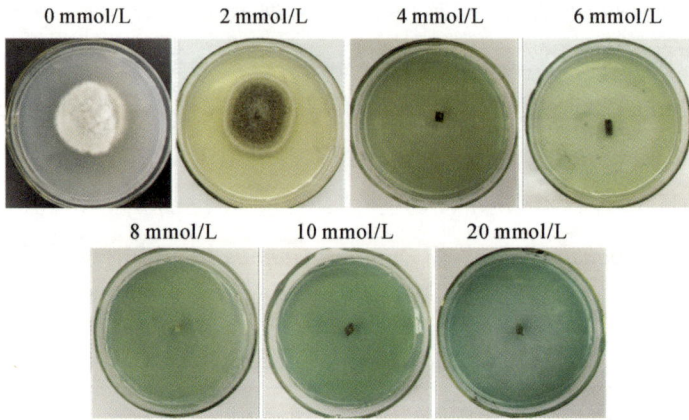

图6-6　不同浓度铜离子作用下真菌 F8 的生长状况

真菌 F6 属于曲霉属，固体培养基中只有孢子存在，无菌丝。孢子颜色呈现为暗黑色或黑色。当固体培养基中铜离子浓度为 1mmol/L 和 2mmol/L 时，孢子颜色较深。当铜离子浓度为 4mmol/L 时，孢子明显减少且真菌菌体颜色变为暗黄。真菌 F6 在铜离子浓度大于等于 6mmol/L 的固体培养基中几乎不生长（图6-7）。

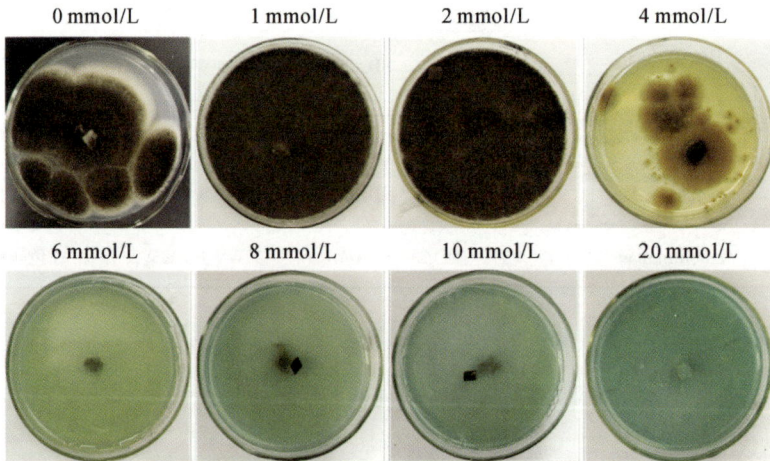

图6-7　不同浓度铜离子作用下真菌 F6 的生长状况

通过对比真菌在 2mmol/L 和 4mmol/L 铜离子作用下的菌体生长情况发现，高浓度的铜离子可以抑制真菌孢子的形成。如图6-8，浓度为 2mmol/L 的铜离子的固体平板中真菌 F2、F5、F6 和 F9 的孢子较多，尤其是真菌 F6，视野中无菌丝出现。当上述真菌接种于浓度为 4mmol/L 的铜离子的平板中，显微镜下可观察到真菌孢子数目减少。

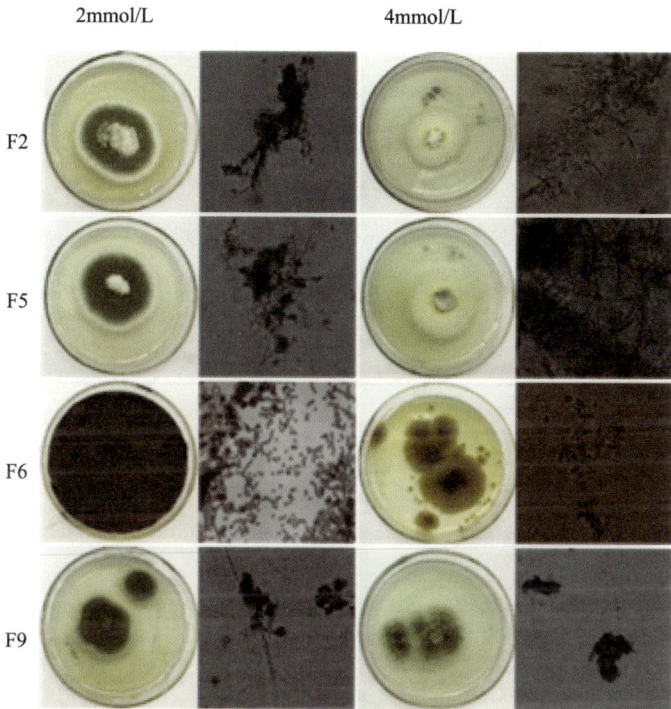

图 6-8　浓度为 2mmol/L 和 4mmol/L 铜离子作用下的真菌孢子生长情况

综上所述，绿色颜料含有铜离子，铜离子对真菌具有一定的抑制作用。为何绿色颜料表面还有大量真菌生长呢？我们进一步对绿色颜料表面进行研究。

（2）绿色颜料表面研究

绿色颜料微区红外反射光谱结果显示，颜料表层可能含有丙烯酸类有机聚合物成分（甲基丙烯酸丁酯）。其中，2961cm^{-1} 和 2870cm^{-1} 分别对应甲基的反对称和对称伸缩振动，2927cm^{-1} 对应亚甲基的对称伸缩振动，吸收峰 1734cm^{-1} 为 C=O 的伸缩振动，1455cm^{-1} 对应甲基的反对称变角振动，1240cm^{-1} 和 1160cm^{-1} 分别为 C−O−C 键的反对称和对称伸缩振动（图 6-9）。王卓等对侍王府表面修复材料原位无损傅里叶变换红外光谱分析结果显示，样品中红外吸收峰 1733cm^{-1} 对应 C=O 伸缩振动，1239cm^{-1} 和 1148cm−1 对应 C−O−C 键，表明样品中属于聚甲基丙烯酸酯类。两个 C–O–C 伸缩振动峰有一定分裂但并不明显，说明可能为短的甲基丙烯酸酯序列的共聚物或含有较大侧基，可能含聚甲基丙烯酸丁酯。1064cm^{-1} 处有一小峰为间同立构峰，说明样品含少量间同立构体，可能由聚甲基丙烯酸甲酯形成，844cm^{-1} 和 752cm^{-1} 处小峰为 CH3 变形振动，也证明其中可能含聚甲基丙烯酸甲酯。综合以上分析及历史修复材料使用记录，确定壁画修复材料具体成分为三甲树脂，即甲基丙烯酸甲酯、甲基丙烯酸丁酯和甲基丙烯酸的共聚物。

因此，可以推测出经过表面有机材料封护处理后，阻碍了铜离子和微生物之间的直接相互作用，减弱了铜离子的抗菌能力，造成壁画颜料表面微生物的滋生。

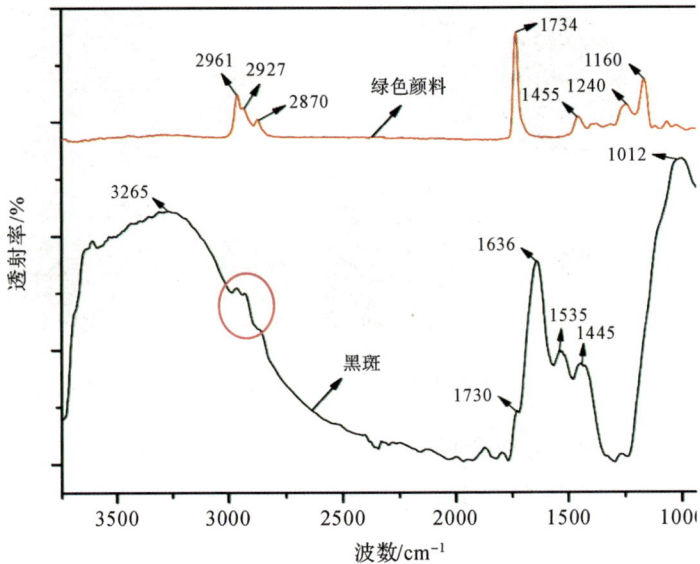

图 6-9　样品微区红外光谱分析

（3）真菌对保护材料的降解研究

为验证 9 株真菌菌株对有机保护材料的潜在降解能力，本研究开展了以三丁酸甘油酯、Tween20 和 Tween80 为降解底物的脂肪酶和酯酶活性实验。当真菌具有酯酶活性时，在含有 Tween20 的培养基中可见真菌周围不可溶的沉淀物（脂肪酸钙）。当真菌具有脂肪酶活性时，在含有三丁酸甘油酯的培养基中可见真菌周围透明圈，在含有 Tween80 的培养基中可见不可溶的脂肪酸钙（图 6-10）。分离得到的 9 株真菌中，除 Penicillium citrinum F1 外，其余真菌均可以水解三丁酸甘油酯。真菌 Penicillium citrinum F1，Talaromyces marneffei F2，Talaromyces pinophilus F5，Aspergillus aculeatinus F6 和 Aporospora sp. F7 可以水解 Tween80。真菌 Penicillium citrinum F1，Talaromyces marneffei F2，Aspergillus aculeatinus F6，Alternaria solani F8 和 Penicillium sp. F9 可以水解 Tween20，表明这些真菌具有酯酶活性。9 株真菌中，只有 Talaromyces marneffei F2 和 Aspergillus aculeatinus F6 可以同时降解三种底物，且这两株真菌主要分布在绿色颜料表面，对有机保护材料具有潜在的威胁。

结合颜料分析结果，推测真菌主要通过分泌酯酶或脂肪酶水解丙烯酸类保护材料的功能基团，使得聚合物的侧链断裂，进而为微生物提供小分子的含碳化合物，促进壁画表面微生物的生长。因此，在使用有机类材料对壁画进行保护时，需要注意其有可能促进微生物的生长，造成保护性破坏。

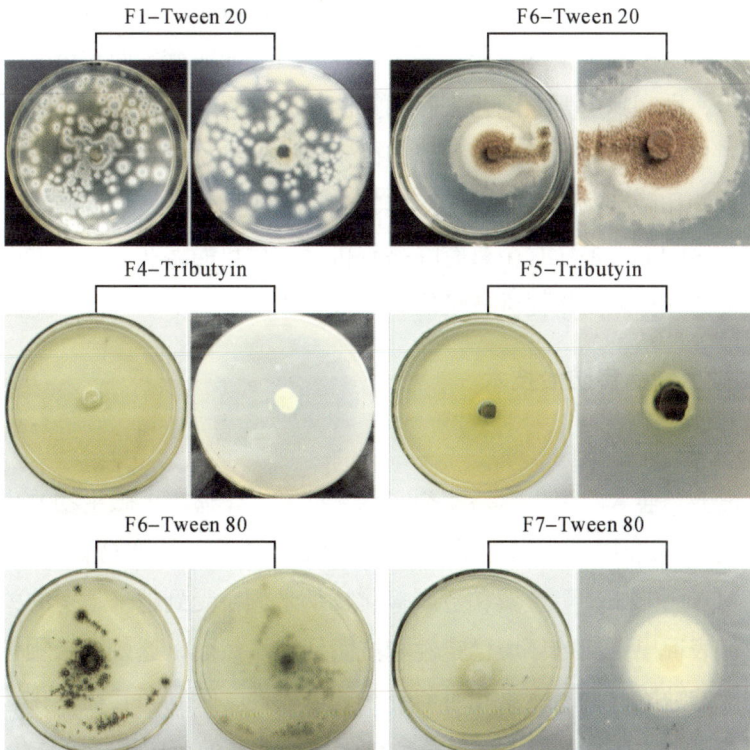

图 6-10　真菌酯酶和脂肪酶活性检测

（4）小结

为明确微生物病害机理，本研究首先开展了壁画主体成分的分析。通过对壁画白色、绿色、红色区域样品分析表明，白色区域主要为石膏成分，壁画主体黑色区域炭黑，红色区域为朱砂，绿色区域样品拉曼光谱未匹配到相关颜料，但能谱结果显示该颜料含有铜和氯元素，推测该颜料中有氯铜矿的存在。根据其他相关文献，侍王府壁画所用颜料红色为朱砂、铁红等矿物颜料，蓝、绿颜料含有普鲁士蓝和巴黎绿等近现代合成颜料。由此可见，侍王府壁画所用颜料种类较多。

接下来对壁画表面的细菌和真菌进行了分离和鉴定。结果表明，壁画表面的真菌主要为青霉属（Penicillium）、篮状菌属（Talaromyces）、弯孢霉属（Curvularia）、曲霉属（Aspergillus）、Aporospora 属和链格孢属（Alternaria）；细菌主要包括微球菌属（Micrococcus）、葡萄球菌属（Staphylococcus）、棒状杆菌属（Corynebacterium）和 Zimmermannella 属。其中真菌和细菌菌株主要来源于绿色颜料表面区域，而红色区域（朱砂）较少，推测其主要原因为朱砂的抑菌能力较强。尽管证明绿色颜料中的铜离子也具有较强的抑菌作用，但由于有机保护材料的封护，使得铜离子不能直接和微生物接触，进而不能起到杀菌或抑菌功效。酯酶和脂肪酶活性实验表明绝大多数真菌具有降解有机保护材料的潜在能力，进而为自身或其他异养型微生物提供充足的碳源或能源。

6.5.4 微生物病害防治技术

6.5.4.1 前言

传统上，通常应用化学杀菌剂产品来抑制文化遗产上微生物的生长。然而，这些化合物存在潜在的副作用。因此一系列新型材料，如 Ag、TiO$_2$、MgO 和 ZnO 等金属和金属氧化物纳米颗粒受到越来越多的关注，因为它们表现出更高的环境稳定性和抗菌活性。然而，这些纳米颗粒存在一些明显的缺陷，如易聚集和对紫外线的依赖性，限制了其在文化遗产保护方面的进一步应用。最近，具有多种阳离子的高效抗菌离子液体（ILs）受到了广泛关注，如季铵离子和季磷离子。这种抗菌离子液体对细菌和真菌有良好的抑制效果，对哺乳动物的毒性低，因此，可能被用作医疗保健中治疗和预防传染病的抗菌药物。

本研究基于季铵盐、季鏻盐优异的抗菌性能，以及多金属盐酸盐（POMs）可调控的物理化学性质，合成具有良好热稳定性和抗菌性能的有机无机杂化离子液体型抑菌材料，有望用于壁画的微生物防治。

6.5.4.2 抑菌材料的合成和表征

本研究主要合成两种离子液体（图 6-11），其中 Q^6-IL 和 Q^8-IL 的有机阳离子分别为四己基季铵盐和四辛基季铵盐，无机阴离子为硅钨酸盐 $SiW_{11}O_{39}^8$，两种离子液体常温下为液体。

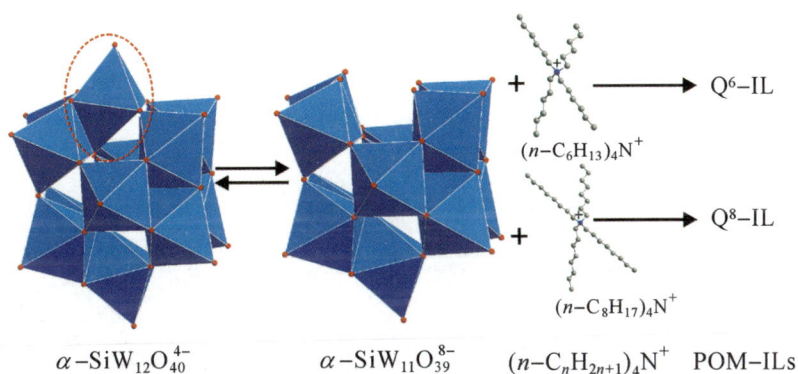

$$\alpha\text{-}SiW_{12}O_{40}^{4-} \qquad \alpha\text{-}SiW_{11}O_{39}^{8-} \qquad (n\text{-}C_nH_{2n+1})_4N^+ \quad POM\text{-}ILs$$

图 6-11　离子液体 Q^6-IL 和 Q^8-IL 的组成

K8［α-SiW11O39］·13H2O 的 ICP-AES 结果中元素 K、Si 和 W 的浓度分别为 9.26%、0.88% 和 62.01%，接近理论值（K、Si 和 W 分别为 9.71%、0.87% 和 62.78%）。离子液体元素分析结果显示（表 6-4），Q^6-IL 的元素组成分别为 C（41.16%）、N（1.80%）和 H（7.38%），Q^8-IL 的元素组成分别为 C（48.35%）、N（8.49%）和 H（1.75%），与理论值接近，表明离子液体成功合成且纯度较高。

表 6-4　离子液体 Q^6-IL 和 Q^8-IL 的元素分析结果　　单位：%

元素	Q^6-IL		Q^8-IL	
	测定值	理论值	测定值	理论值
C	41.16	41.8	48.35	47.97
N	1.80	2.03	8.49	8.49
H	7.38	7.55	1.56	1.75

6.5.4.3 抗细菌活性分析

刃天青还原实验可以用来检测细菌细胞的活力变化，进而判断不同浓度药物的抑菌能力。如图 6-12 所示，当离子液体终浓度为 5 μg/mL 时，细菌细胞活力较对照组下降较为明显。当离子液体终浓度为 50 μg/mL 或 100 μg/mL 时，细菌生长被完全抑制。相对于 Q^6-IL，Q^8-IL 作用下的细菌细胞活力下降更为明显，进一步证实了较长的烷基链具有更强的抑菌能力。

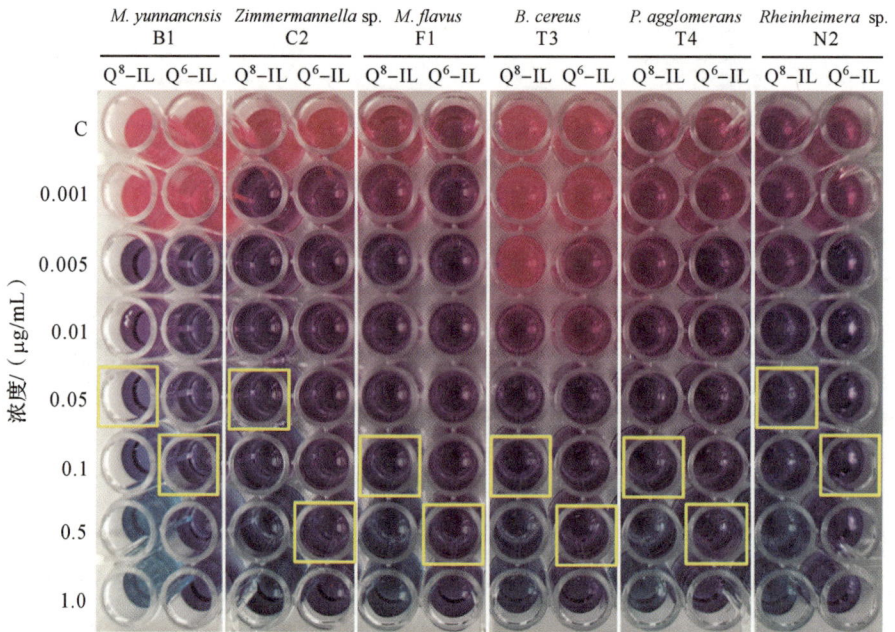

图 6-12　Q^6-IL 和 Q^8-IL 抑菌作用的刃天青还原活力检测

抑菌圈实验结果显示（图 6-13），离子液体 Q^6-IL 周围出现了明显的细菌抑制现象，但离子液体 Q^8-IL 周围抑菌圈不明显。这主要是因为 Q^6-IL 分子量低，具有更好的流动性和渗透性；Q^8-IL 分子量较高，流动性差，因此周围抑菌效果不明显。细菌 M. flavus F1 和 Zimmermannella sp. C2 对 Q^6-IL 的敏感度较高，当 Q^6-IL 的浓度为 1mg/mL 时，抑菌圈直径分别为 24.6mm 和 23.7mm，高于 B. cereus T3（21mm）、M. yunnanensis B1（19.7mm）、Rheinheimera sp. N2（15.8mm）和 P. agglomerans T4（10.7mm）。

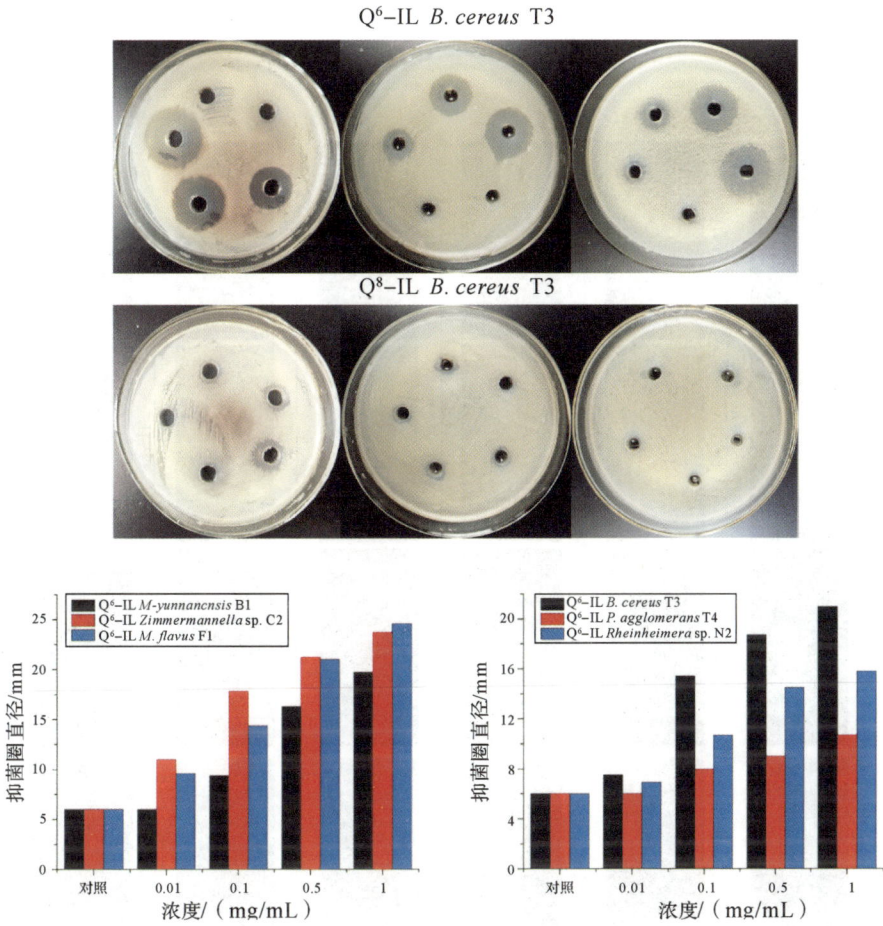

图 6-13　Q6-IL 和 Q8-IL 的抑菌圈实验

　　细菌细胞毒性检测荧光染色分析结果（图 6-14）显示，当细菌与离子液体作用后绝大多数细胞荧光染色为红色，表明这部分细菌细胞已经裂解死亡。当把细菌接种于覆盖有离子液体的壁画模拟样块表面并恒温培养一定时间，荧光染色结果显示，与对照组相比，实验组绝大多数细菌细胞裂解死亡，表明壁画模拟样块表面的离子液体具有较强的抑菌作用。

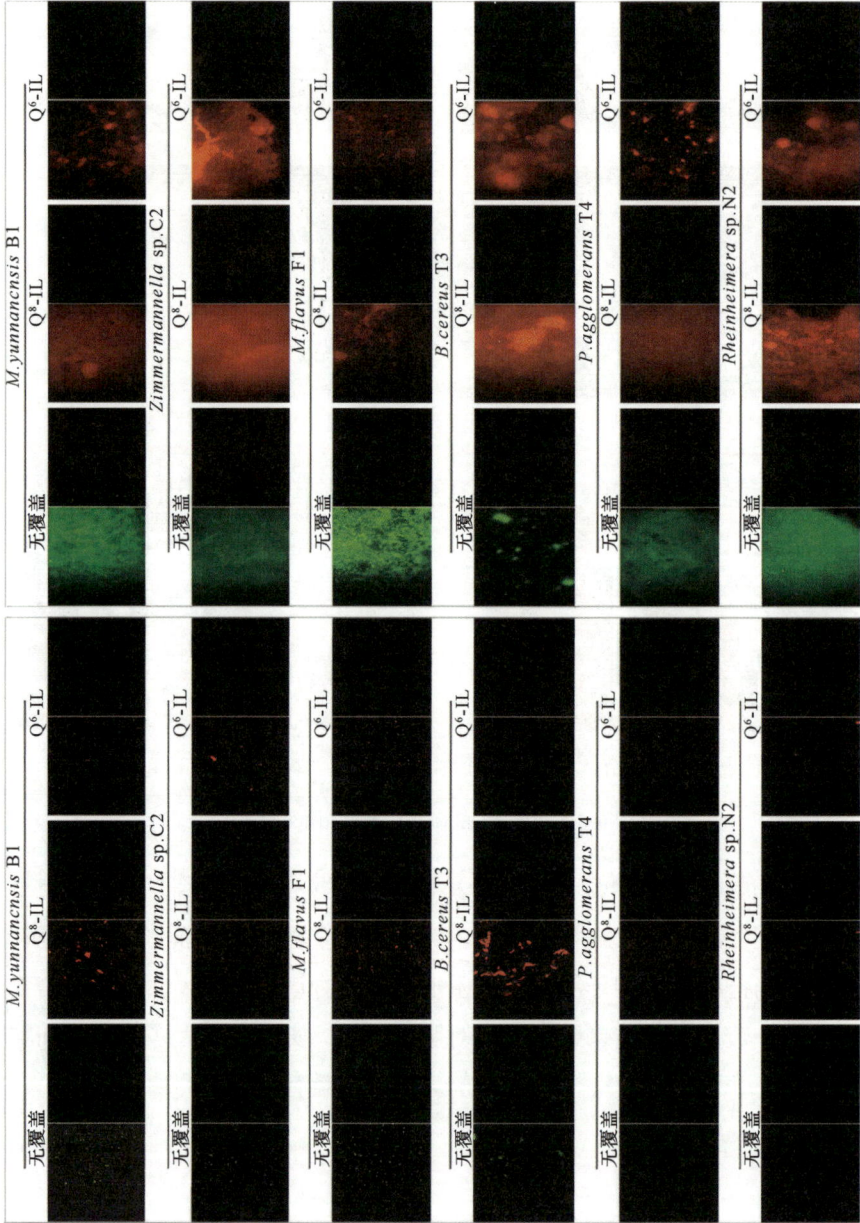

图 6-14　细菌的细胞毒性检测荧光染色分析

6.5.4.4 抗真菌活性分析

如图 6-15 真菌抑菌圈实验结果所示，Q^6-IL 和 Q^8-IL 表现出了良好的抗真菌活性。随着离子液体浓度的增加，真菌的菌丝生长直径逐渐减小。当真菌 *A. aculeatinus* F6 分别与浓度为 1mg/mL、5mg/mL、10mg/mL、50mg/mL 和 100mg/mL 的 Q^8-IL 作用 7 天后，菌落直径减少 66.2%、38.8%、14.2%、4.2% 和 2.5%。当真菌与浓度为 1mg/mL、5mg/mL、10mg/mL、50mg/mL 和 100mg/mL 的 Q^6-IL 作用 7 天后，菌落直径为 87.7%、67.7%、52.9%、35.5% 和 16.7%，这表明离子液体 Q^8-IL 较 Q^6-IL 具有良好的抑菌性。然而，当真菌菌株为 *C. buchloes* F3、*Aporospora sp.* F7 和 *A. alternata* F8 时，Q^6-IL 却表现出了较高的抑菌活性，如真菌 *C. buchloes* F3 分别在 1mg/mL、5mg/mL、10mg/mL、50mg/mL 和 100mg/mL 的 Q^6-IL 作用下的菌丝直径减少 38.6%、19.5%、13%、6.4% 和 3.2%，在 Q^8-IL 作用下的菌丝直径减少 54.6%、43.2%、24.5%、17.2% 和 9.4%；真菌 *Aporospora sp.* F7 分别在 1mg/mL、5mg/mL、10mg/mL、50mg/mL 和 100mg/mL 的 Q^6-IL 作用下的菌丝直径减少 57.2%、32.8%、3.8%、10.1% 和 4.8%，在 Q^8-IL 作用下的菌丝直径减少 88.2%、64.8%、50%、22.6% 和 7.2%；真菌 *A. alternata* F8 分别在 1mg/mL、5mg/mL、10mg/mL、50mg/mL 和 100mg/mL 的 Q^6-IL 作用下的菌丝直径减少 61.7%、29.2%、24%、15.8% 和 6%，在 Q^8-IL 作用下的菌丝直径减少 86.2%、68.3%、58.6%、29.2% 和 16.7%。

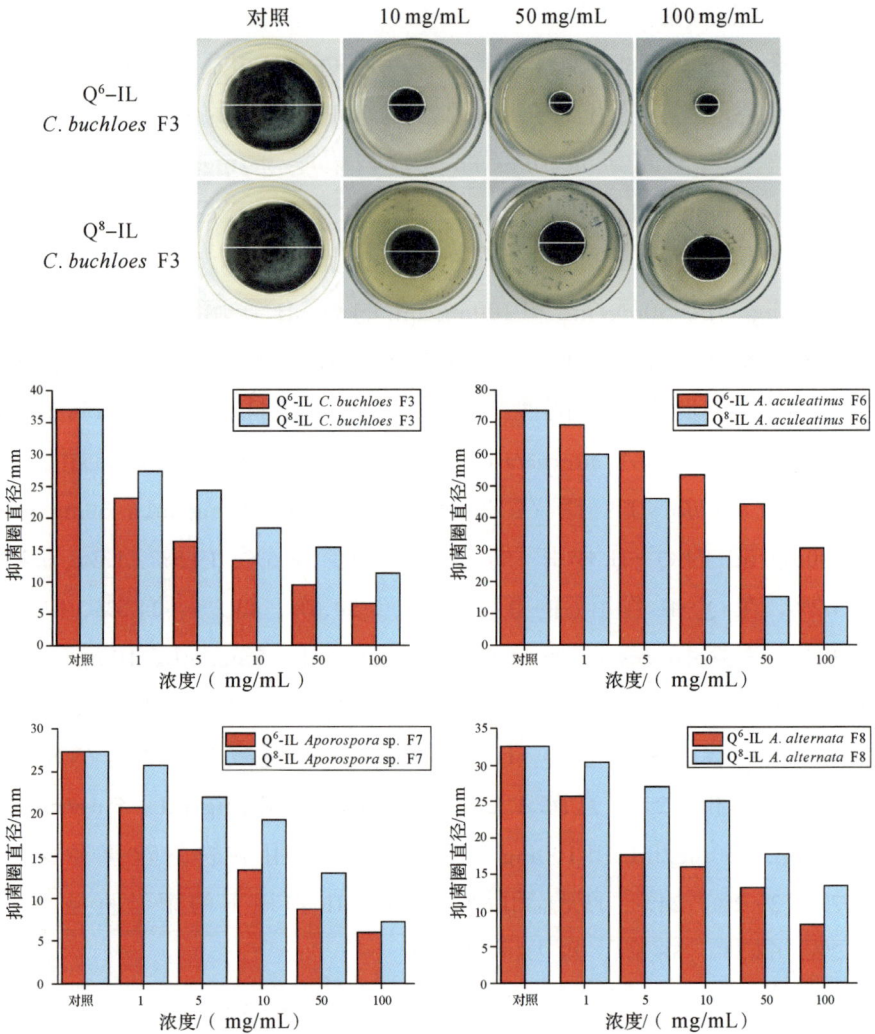

图 6-15　Q^6-IL 和 Q^8-IL 抑制真菌菌丝效果评估

6.5.4.5 离子液体性能分析

Q^6-IL 和 Q^8-IL 常温下为液体，可溶于乙醇、丙酮、氯仿等有机溶剂。当将离子液体溶于丙酮并滴于载玻片上，表面可形成疏水层。如图 6-16 所示，洁净的载玻片本身无疏水性，当表面覆盖 Q^6-IL 或 Q^8-IL，载玻片表面疏水性增加，水滴在其表面的接触角分别为 49.39° 和 58.57°。当把 Q^6-IL 或 Q^8-IL 覆盖于壁画模拟样块表面，样块疏水性发生改变。

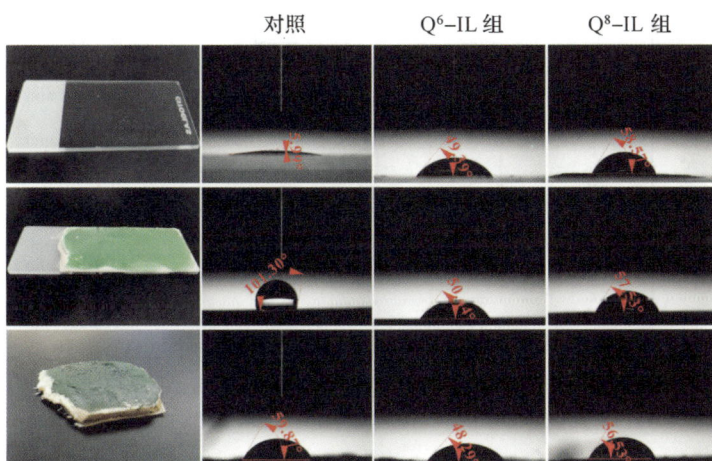

图 6-16　离子液体疏水性测试

　　壁画模拟样块纵切面不同深度样品的傅里叶变换红外光谱分析结果显示（图6-17），876cm^{-1} 和 1430cm^{-1} 处的红外吸收峰归于碳酸钙的 C-O 键；2955cm^{-1} 和 2859cm^{-1} 处的红外吸收峰归于季铵盐阳离子的 -CH$_3$；2928cm^{-1} 处的红外吸收峰归于 -CH$_2$；803cm^{-1} 处的红外吸收峰归于 POM 的 W-Oa-W。在模拟样块深度为 8mm 处仍能检测到离子液体的存在，表明离子液体 Q^6-IL 和 Q^8-IL 具有较好的渗透能力。

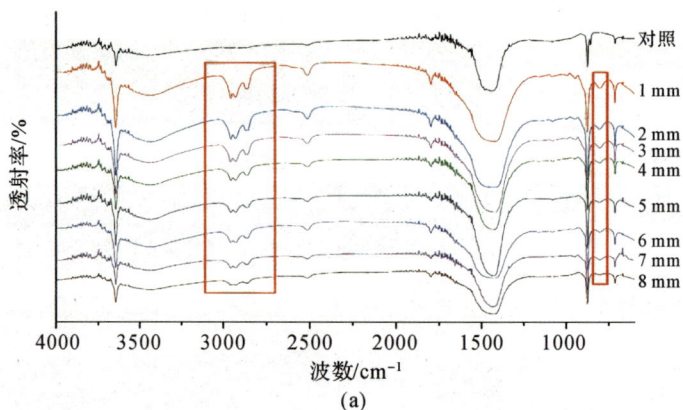

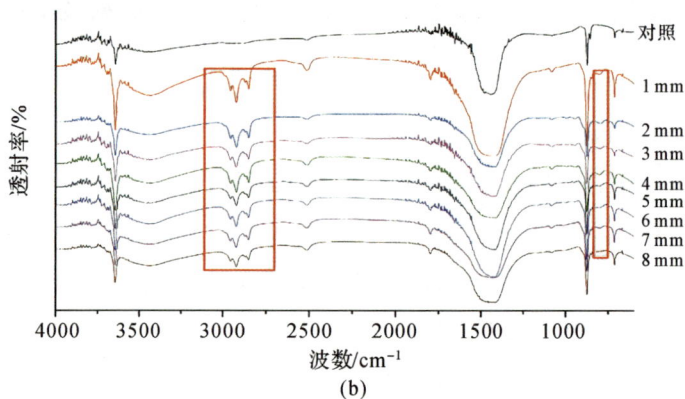

图6-17 不同深度下壁画模拟样品的傅里叶变换红外光谱分析

模拟酸雨腐蚀实验结果如图6-18所示，当石灰层无离子液体覆盖时，模拟样块脱落现象较为严重。覆盖一定浓度的 Q^6-IL 和 Q^8-IL，样块外观较为完整，无明显的脱落和粉化现象。以上结果表明基于多金属盐酸盐的离子液体具有一定的抗酸蚀作用。50% 的醋酸溶液作用72h后，无离子液体覆盖的样块质量增加 57.37%；当分别覆盖 Q^6-IL 和 Q^8-IL 后，样块质量增加 49.57% 和 40.13%。这主要归于部分碳酸钙转化成醋酸钙，造成质量的增加（图6-19）。

图 6-18　壁画模拟样块的抗酸蚀实验分析

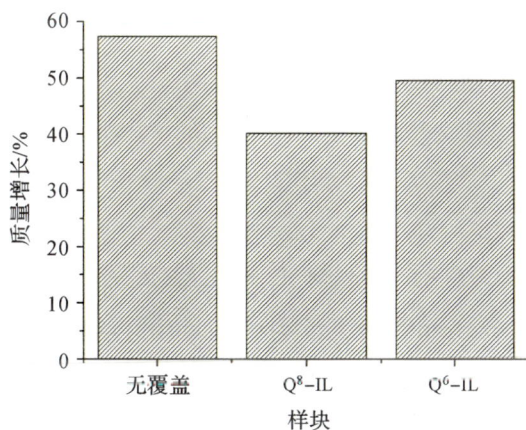

图 6-19　模拟酸雨作用下的壁画样块质量变化

6.5.4.6　小结

本研究成功制备两种离子液体 Q^6-IL 和 Q^8-IL，Q^6-IL 和 Q^8-IL 的有机阳离子分别为四己基季铵盐和四辛基季铵盐，无机阴离子为硅钨酸盐 $SiW_{11}O_{39}^{8-}$，两种离子液体常温下为液体。

刃天青还原实验证实了随着离子液体浓度的增加细菌细胞活性逐渐降低，当离子液体终浓度为 $50\mu g/mL$ 或 $100\mu g/mL$ 时，细菌生长被完全抑制。Q^6-IL 在抑菌圈实验中表现出了较高的抑菌活性，但 Q^8-IL 却相反，分析主要原因为 Q^6-IL 分子量低，具有较好的流动性和渗透性，Q^8-IL 分子量较高，流动性差，因此周围抑菌圈不明显。

壁画模拟样块表面涂抹的 Q^6-IL 和 Q^8-IL 对细菌具有良好的抑制作用，主要表现为死细胞增多（红色荧光）和活细胞减少（绿色荧光）。由于真菌具有细胞壁和孢子结构，能耐受外界的不良刺激，因此在实验室中的离子液体浓度较细菌高。相比于 Q^8-IL，真菌 *C. buchloes* F3、*Aporospora sp.* F7 和 *A. alternata* F8 对 Q^6-IL 更为敏感。但对于真菌 A. aculeatinus F6，Q^8-IL 的抑菌性更强。离子液体 Q^6-IL 和 Q^8-IL 的抑菌活性主要依赖于季铵盐阳离子，即季铵盐阳离子和细菌细胞膜表面的负电荷静电吸引，疏水链烷基插入细胞膜的磷脂双分子层进而造成细胞裂解死亡。由于 Q^8-IL 的烷基链更长，因此抑菌性优于 Q^6-IL。

离子液体 Q^6-IL 和 Q^8-IL 可以在壁画模拟样块表面形成较弱的疏水层，能有效地抑制微生物的附着。同时，由于 POMs 具有抗酸蚀作用，Q^6-IL 和 Q^8-IL 对壁画具有一定的保护作用。

参考文献

［1］ABDEL-HALIEM M E F, SAKR A A, ALI M F, et al. Characterization of streptomyces isolates causing colour changes of mural paintings in ancient Egyptian tombs ［J］. Microbiological Research, 2013, 168(7): 428-437.

［2］ARGYRI A A, DOULGERAKI A I, VARLA E G, et al. Evaluation of plant origin essential oils as herbal biocides for the protection of caves belonging to natural and cultural heritage sites ［J］.

Microorganisms, 2021, 9(9): 1836.

［3］BAUER M A, KAINZ K, RUCKENSTUHL C, et al. Murals meet microbes: At the crossroads of microbiology and cultural heritage ［J］. Microbial Cell, 2021, 8(12): 276−279.

［4］BONIEK D, DE ABREU C S, DOS SANTOS A F B, et al. Filamentous fungi in brazilian indoor cultural heritage as potential risk to human health and biodeterioration of artworks ［J］. Air Quality Atmosphere and Health, 2022, 15(2): 339−346.

［5］CAPPITELLI F, VILLA F, SANMARTIN P. Interactions of microorganisms and synthetic polymers in cultural heritage conservation ［J］. International Biodeterioration & Biodegradation, 2021, 163.

［6］CATTO C, SANMARTIN P, GULOTTA D, et al. Bioremoval of graffiti using novel commercial strains of bacteria ［J］. Science of the Total Environment, 2021, 756.

［7］CIFERRI O. Microbial degradation of paintings ［J］. Applied and Environmental Microbiology, 1999, 65(3): 879−885.

［8］DING X, LAN W, GU J−D. A review on sampling techniques and analytical methods for microbiota of cultural properties and historical architecture ［J］. Applied Sciences−Basel, 2020, 10(22).

［9］GOMOIU I, ENACHE M, NEAGU S, et al. Green biotechnologies used in the restoration of mural painting and lithic support: Review ［J］. Revista Romana De Materiale−Romanian Journal of Materials, 2021, 51(4): 495−504.

［10］GOMOIU I, RADVAN R, GHERVASE L, et al. Curatarea picturilor murale si a mortarelor: Review cleaning of mural paintings and mortars: Review ［J］. Revista Romana De Materiale−Romanian Journal of Materials, 2020, 50(4): 485−492.

［11］GUTAROWSKA B. The use of−omics tools for assessing biodeterioration of cultural heritage: A review ［J］. Journal of Cultural Heritage, 2020, 45: 351−361.

［12］HERRMANN S, KOSTRZEWA M, WIERSCHEM A, et al. Polyoxometalate ionic liquids as self−repairing acid−resistant corrosion protection ［J］. Angewandte Chemie International Edition, 2014, 53(49): 13596−13599.

［13］KAINOURGIOS P, TZIVELEKA L−A, KARTSONAKIS I A, et al. Silver nanoparticles grown on cross−linked poly (methacrylic acid) microspheres: Synthesis, characterization, and antifungal activity evaluation ［J］. Chemosensors, 2021, 9(7).

［14］LEPLAT J, FRANCOIS A, BOUSTA F. Parengyodontium album, a frequently reported fungal species in the cultural heritage environment ［J］. Fungal Biology Reviews, 2020, 34(3): 126−135.

［15］LIU X, KOESTLER R J, WARSCHEID T, et al. Microbial deterioration and sustainable conservation of stone monuments and buildings ［J］. Nature Sustainability, 2020, 3(12): 991−1004.

［16］LO SCHIAVO S, DE LEO F, URZI C. Present and future perspectives for biocides and antifouling products for stone−built cultural heritage: Ionic liquids as a challenging alternative ［J］. Applied Sciences−Basel, 2020, 10(18).

［17］MAZZOLI R, GIUFFRIDA M G, PESSIONE E. Back to the past: Find the guilty bug−microorganisms involved in the biodeterioration of archeological and historical artifacts ［J］. Applied Microbiology and Biotechnology, 2018, 102(15): 6393−6407.

［18］MAZZOLI R, GIUFFRIDA M G, PESSIONE E. Back to the past−forever young: Cutting−edge biochemical and microbiological tools for cultural heritage conservation ［J］. Applied Microbiology and Biotechnology, 2018, 102(16): 6815−6825.

［19］MISRA A, CASTILLO I F, MUELLER D P, et al. Polyoxometalate−ionic liquids (pom−ils) as anticorrosion and antibacterial coatings for natural stones ［J］. Angewandte Chemie International Edition, 2018, 57(45): 14926−14931.

［20］NEGI A, SARETHY I P. Microbial biodeterioration of cultural heritage: Events, colonization, and analyses ［J］. Microbial Ecology, 2019, 78(4): 1014−1029.

［21］PLAZA G, ACHAL V. Biosurfactants: Eco−friendly and innovative biocides against biocorrosion ［J］. International Journal of Molecular Sciences, 2020, 21(6).

［22］PYZIK A, CIUCHCINSKI K, DZIURZYNSKI M, et al. The bad and the good−microorganisms in cultural heritage environments−an update on biodeterioration and biotreatment approaches ［J］. Materials, 2021, 14(1).

［23］RANALLI G, BOSCH−ROIG P, CRUDELE S, et al. Dry biocleaning of artwork: An innovative methodology for cultural heritage recovery? ［J］. Microbial Cell, 2021, 8(5): 91−105.

［24］RANALLI G, ZANARDINI E. Biocleaning on cultural heritage: New frontiers of microbial biotechnologies ［J］. Journal of Applied Microbiology, 2021, 131(2): 583−603.

［25］SAKR A A, GHALY M F, EDWARDS H G M, et al. Involvement of streptomyces in the deterioration of cultural heritage materials through biomineralization and bio−pigment production pathways: A review ［J］. Geomicrobiology Journal, 2020, 37(7): 653−662.

［26］SANMARTIN P, DEARAUJO A, VASANTHAKUMAR A. Melding the old with the new: Trends in methods used to identify, monitor, and control microorganisms on cultural heritage materials ［J］. Microbial Ecology, 2018, 76(1): 64−80.

［27］SOFFRITTI I, D'ACCOLTI M, LANZONI L, et al. The potential use of microorganisms as restorative agents: An update ［J］. Sustainability, 2019, 11(14).

［28］TYAGI P, VERMA R K, JAIN N. Fungal degradation of cultural heritage monuments and management options ［J］. Current Science, 2021, 121(12): 1553−1560.

［29］URZI C, DE LEO F, KRAKOVA L, et al. Effects of biocide treatments on the biofilm community in domitilla's catacombs in rome ［J］. Science of the Total Environment, 2016, 572: 252-262.

［30］VIETO S, ESCUDERO-LEYVA E, AVENDANO R, et al. Biodeterioration and cellulolytic activity by fungi isolated from a nineteenth-century painting at the national theatre of costa rica ［J］. Fungal Biology, 2022, 126(2): 101-112.

［31］WANG X, HU Y, ZHANG Z, et al. The application of thymol-loaded chitosan nanoparticles to control the biodeterioration of cultural heritage sites ［J］. Journal of Cultural Heritage, 2022, 53: 206-211.

［32］WU F, SU M, TIAN T, et al. Advances in microbial research methods on cultural heritage ［J］. Journal of Mirobiology, 2019, 39(3): 71-83.

［33］段修业，等．萨迦寺壁画保护修复工程报告［M］．北京：文物出版社，2013.

［34］俄军，武发思，汪万福，等．魏晋五号壁画墓保存环境中空气微生物监测研究［J］．敦煌研究，2013（6）：109-116.

［35］冯清平，张晓君，马晓军，等．敦煌壁画色变中微生物因素的研究：ⅲ．枝孢霉在石窟壁画铅丹变色中的作用［J］．微生物学报，1998（5）：365-370.

［36］葛琴雅，李哲敏，孙延忠，等．壁画菌害主要种群之分子生物学技术检测［J］．文物保护与考古科学，2012，24（2）：14-21.

［37］何静，凌雪，薄颖悦．文物保护中微生物技术的应用述略［J］．西部考古，2014（0）：221-229.

［38］李峰．古建筑壁画霉菌病害的特征、机理与清理［J］．古建园林技术，2017（2）：74-75.

［39］李娜．中国古代壁画颜料变色问题研究［J］．上海视觉，2021（2）：129-136.

［40］李强，葛琴雅，潘晓轩，等．岩画和壁画类文物微生物病害研究进展［J］．生态学报，2014，34（6）：1371-1378.

［41］李玉虎.唐墓室壁画与彩绘陶俑修复与保护：以唐乾陵永泰公主墓、章怀太子墓为例［M］.北京：科学出版社，2013.

［42］李最雄.丝绸之路石窟壁画彩塑保护［M］.北京：科学出版社，2005.

［43］马旭，毛琳，马燕天，等.拉斯科洞穴史前壁画微生物生态学研究进展［J］.敦煌研究，2010（6）：115-120.

［44］马燕天，杜烨，向婷，等.壁画的生物腐蚀与防护研究进展［J］.文物保护与考古科学，2014，26（2）：97-103.

［45］潘力伟，张秉坚，胡瑜兰.石窟文物的微生物病害与防治对策探讨［J］.石材，2021（11）：31-37.

［46］彭博，邵阳，罗敏，等.彩绘类文物灭菌方法的回顾与展望［J］.文物保护与考古科学，2021，33（6）：132-141.

［47］孙延忠，陈青.微生物技术在文物保护中的应用研究述略［J］.文物保护与考古科学，2008，20（3）：68-72.

［48］王佳，霍晓彤，杨文宗.馆藏壁画表面污染物的激光清洗初步研究［J］.文物保护与考古科学，2020，32（1）：61-69.

［49］王旭东，等.中国古代壁画保护规范研究［M］.北京：科学出版社，2013.

［50］王亚丽.微生物分子生态学技术在文物保护中应用的进展［J］.文物保护与考古科学，2012，24（3）：108-111.

［51］王卓，苏伯民，于宗仁，等.太平天国侍王府壁画表面修复材料的原位无损 FTIR 分析［J］.光谱学与光谱分析，2020，40（2）：356-361.

［52］武发思，苏敏，田恬，等.文化遗产微生物研究方法进展［J］.微生物学杂志，2019，39（3）：71-83.

［53］武发思，汪万福，马燕天，等.敦煌莫高窟第98窟壁画表面菌斑的群落结构分析［J］.微生物学通报，2013，40（9）：1599-1608.

［54］武发思，张永，苏敏，等.生物技术在文物保护修复中的应用研究进展［J］.文物保护与考古科学，2022，34（1）：133-143.

［55］武发思，朱非清，汪万福，等.日本高松冢古坟微生物病害及其防治研究概述［J］.文物保护与考古科学，2019，31（3）：26-35.

［56］张曷林．敦煌壁画霉菌病害的防治研究［D］．兰州：兰州交通大学，2012．

［57］中国文化遗产研究院．中国文物保护与修复技术［M］．北京：科学出版社，2009．

第 7 章 壁画的监测与预防性保护

7.1 概述

经过几十年文物保护实践的发展，中国的文化遗产保护工作已从最初的抢救性保护逐渐向预防性保护过渡。相较于传统的抢救性保护方式，预防性保护强调在文化遗产损毁前采取防护措施，减缓或阻止风险因素产生，更有利于在文化遗产保护中实现真实性原则和最低限度干预原则。对文化遗产进行系统、科学、有效地监测是实现预防性保护的前提和基础。

7.2 预防性保护

预防性保护（Preventive Conservation）的概念最早提出于 1930 年在罗马召开的第一届艺术品保护科学方法研究的国际会议上。之后，著名的意大利文物保护专家布兰迪在其撰写的《修复理论》一书中专门对预防性保护进行了讨论，书中预防性保护被表述为"Preventive Restoration"，是指一切致力于消除遗产危害，并确保有利的保护措施得以实施的有益行动，避免在紧急情况下对遗产进行修复。在这里，预防性保护主要针对的对象是艺术品。在 1980 年，美国盖蒂保护研究所进行了关于博物馆外环境、室内微环境和虫害方面的研究，预防性保护主要针对的对象是博物馆文物。1987 年，意大利制定《艺术品和文物保护及修复章程》中申明：预防性保护是对所要保护的艺术品及其周边环境条件的共同保护行动。20世纪八九十年代，预防性保护逐渐被建筑遗产保护领域所重视。2008 年，国际文物保护与修复研究中心（ICCROM）指出，预防性保护是采取一切措施、行动，以防止或减小遗产未来可能的劣化和损伤，这一过程需要基于对劣化机理的了解、监测制度的制定、定期的维护与记录和公众充分参与，尽可能在初始阶段消除遗产所有劣化诱因，它既属于技术问题，也是经济和社会问题。随着预防性保护不断被探讨和实践，逐渐成为遗产保护领域的重要组成部分。

近几十年来，预防性保护在文化遗产的保护中越来越引起人们的重视，和抢救性保护及修复不同，预防性保护主要通过彻底完整的记录、检测、监测以及最小干预的预防性维护，减免从原材料到整体性破损，以及防止进一步损害的应急措施。因此，及时发现造成文化遗产病害的风险因素，是实现预防性保护的前提和基础。预防性保护的开展首先要对壁画面临的风险因素要进行分析和整理，梳理哪些风险因素是可以控制的，以敦煌莫高窟来为例，其风险因素包括地震、降雨、洪水、岩体坍塌、风沙，还有人为的大气污染，建筑施工、振动、旅游等造成一些危害，所以我们要建立预防性保护体系，对各种各样的风险因素进行检测。如为了控制湿度，可以通过重新配置壁画建筑物外部的排水系统来减少湿度。对于建筑物内的壁画，其外墙也可能受潮，雨水可能直接渗透到基材表面，在壁画表面蒸发。在这种情况下，局部的建筑物维修或进行外墙保护可能会缓解这个问题。此外，湿度也可能来自壁画表面的水汽凝结，可能是由于室内游客带入的热量使环境空气和壁画表面形成温度差造成的，对墙壁持续和均匀的加热可以改善这种情况。最后，屋顶漏水、排水管堵塞以及管道故障造成的损害可以通过修复这些系统解决。因此，认真的维护是最好的预防措施。

7.3　壁画的监测

监测是"测量某物的状态、数量或特征存在变化的行为"。它涉及随着时间的推移，反复收集一组或多组特定的信息，并分析结果，以检测正在发生的变化。收集这些信息有助于识别反复出现的问题或易受损坏的区域。一旦确定了出现问题的区域，就可以更密切地监测，并酌情采取管理行动。

遗产监测是预防性保护体系内一项重要工作，旨在通过对衡量遗产保护状况指标的测定，了解不可移动文物材料和结构的损毁变化规律和及早发现不良状况，为科学制定保护方案和保护管理计划提供必要的数据和可靠的依据。通过对壁画的监测，可以科学了解壁画病害机理、发展趋势和速度，为制定壁画保护和管理措施提供依据。

因此建立科学的监测系统，监测引起文物损害的因素，是预防性保护的基础。为保护和保存好世界遗产，针对文化遗产保护的问题和特点，国际文化遗产保护领域提出了预防性保护的先进科学理念和对遗产地进行监测的保护管理要求。国际遗产监测管理制度要求遗产地必须对遗产状况进行连续的监测，并定期提交监测报告，对遗产状况出现紧急情况的遗产地开展反应性监测。

7.3.1　监测对象

监测项目的设置需要根据文物本体、周边小环境、生物病害三方面检测需要设置。本体监测项目需要根据文物材质和待了解的文物信息确定；环境监测项目需要根据影响因素确定，对于壁画，需要监测发生冷凝的可能性、发生潮解的可能性、污染物多少及观众影响等；生物病害监测项目需要根据生物群落的潜在威胁确定。监测的关键因素是易于记录、可重复、成本效益和尽可能避免主观评价。

文物本体监测是对文物本体的外观、表面状态、材料性质和结构等进行监测。外观监测项目包括颜色变化、污迹、微生物繁殖、形态变化、裂隙等；表面状态监测项目包括酥松、粉化、盐分含量、水力学性质改变等；材料性质和结构检测项目包括强度、裂隙、空鼓等。

环境监测是对文化遗产地的与文物本体直接相关的环境要素的监测，检测项目包括温度、相对湿度、二氧化碳浓度、光照强度、二氧化硫浓度、降雨酸度以及周边渗水等。环境监测之前，需要通过气象站对文物遗产所在地气象环境特征有所了解，这些气象环境特征包括气温、空气相对湿度、降水量、蒸发量与干燥度、日照、风速与风向等，获得环境对壁画保护影响的有利因素及不利因素。另外，在石窟中的壁画环境容易受到游人的影响产生变化，也需要对观众对小环境的影响进行监测，如监测环境中空气温湿度、壁画表面温度、二氧化碳浓度、微生物浓度、空气流动规律、观众进出的频繁程度和逗留时间、其他污染物等。

生物病害监测项目包括对细菌、真菌、放线菌、地衣、苔藓、藻类、植物和动物等的鉴定和破坏机制评估。

检测项目不是一直不变的，在监测过程中发现问题时，需要及时采取措施，调整检测项目，以进一步研究异常情况或危险因素。

7.3.2 监测频度

根据《中国世界文化遗产预警指标体系》中的规定，对遗产本体按照遗产类型分类设定监测指标，制定监测频度。自动仪器监测频度为实时记录性监测或按一定分钟或小时数为周期定时记录；日常巡视监测频度一般以一定日数或周数为周期；专业技术检测频度一般以月或季度为周期。

7.3.3 确定检测点位

7.3.3.1 检测点位选择原则

（1）为反映文物整体性状，应挑选代表性点位。注意避开很脆弱的或很完好的点位，选择保存状况完整、性状适中的点位。

（2）操作人员能用选定的仪器测量出数据。注意避开难以测量或难以测准的点位。

（3）注意避开文物易损和边角点位。

（4）生物病害检测点位选择要具有代表性，且病害特征比较明显。

7.3.3.2 监测的布点

规范的布点方法直接决定监测数据的科学性和可靠性。为了确保历次检测结果能够相互对照，检测点位必须固定，并且便于描述、记忆和寻找。

一般情况下，可以先选定原点，然后建立平面直角坐标系。原点的位置一般以文物左下角为准，取平面与地面交界线为 X 轴，可用卷尺测量点的坐标值，为了提高数据精确度，推荐使用红外测距仪，减少人工误差。然后确定检测点位的 X 轴和 Y 轴坐标。

检测点位的确定应注意：

（1）检测点位应该布置在稳定的地方，以监测地面沉降为例，检测点位不能置于地表面，而应该深入地层置于地基土层稳定处；

（2）针对材料方面的监测，其检测点位应该深入材料内部，如地仗层湿度的监测，其检测点应该同时置于地仗层表面和地仗层内部，同时应监测文物微环境湿度，以便综合分析；

（3）检测点位的分布应该是固定不变的。整个监测应该遵循"定人定时定仪器定文物和定检测点位"的五定准则；

（4）检测点位的布置应与保护需求联系起来，通过积累足够的检测数据信息，探知文物病害发展的规律性，建立安全值、预警值和行动值，促进对应保护措施的实施，促进建立以预防性保护为主的保护模式。

（5）检测点位所处位置若产生突发性病害或状况而导致仪器无法正常获取数据时，则需依据检测点位的选择原则，重新布点进行监测，以确保日后的监测工作平稳开展。

7.3.3.3　仪器选择

根据监测原则和检测项目选择现场使用的检测仪器。

（1）仪器选择原则

1）无损或微损

文化遗产是不可再生资源，而所有产生的损坏都是不可恢复的，所以监测仪器首先要做到对文化遗产完全无损坏，或者在仪器数据重要性较高的情况下只产生细微程度的损害。

2）适用性及通用性

所以选用仪器需要考察仪器在壁画文物上实施的适用性，适用性指可以在此类文物上顺利检测出数据，并且数据与文物保存状况有直接的相关性；此外应尽可能适用于其他类型需监测的文物。

3）便携性

文化遗产文物点分布区域大，各点分布较散，部分文物点交通、供电不便，因此，选择仪器必须考虑便携性。

4）经济性

通常来说，精度越高越先进的仪器，对应的价格也越高。但是对于室外文物的监测，数据受环境影响较大，所需要的数据精度要求不可能太高，因此，刻意地追求高精度仪器并没有实际意义，对遗产的监测工作也带来不了实质性的提高和好处。

（2）常用检测仪器

1）环境要素检测

壁画多处于野外非密闭环境，环境要素对文物保存状况有着重要影响，因此需要对监测对象周边的环境因素进行检测。有条件的话可以建立监测站进行监测，如建立连续性气象监测站，对区域内的环境温度、环境湿度、露点温度、风速、风向、气压、太阳总辐射、降雨量、地温、土壤湿度、土壤水势、土壤热通量、蒸发、二氧化碳、日照时数、太阳直接辐射、紫外辐射、地球辐射、净全辐射、环境气体等二十项数据指标进行检测；建立全自动空气质量监测站，对区域 TSP、PM10、PM2.5、NO_x、SO_2 进行检测。另外，也可以建立地下水监测点，打监测井，井内放入地下水水位计进行水位检测。

也可以运用较高精度便携式仪器对监测对象周边的温度、湿度、光照、紫外线照度、二氧化碳、二氧化硫、二氧化氮等环境因素进行检测。

①迷你型温湿度

采用迷你型温湿度记录仪测量温湿度，放置于待测文物检测点表面，远离记录仪 1.5 米以上，15 分钟后数据稳定后读数。

②数字光度计

采用专业数字光度计测量光照强度，放置于待测文物检测点表面，远离光度计，15 分钟后数据稳定后读数。

③便携式二氧化碳检测仪

采用便携式二氧化碳检测仪测量空气中二氧化碳的浓度，放置于待测文物检测点表面，远离记录仪 1.5 米以上，15 分钟后数据稳定后读数。

④二氧化硫测定仪

采用二氧化硫测定仪测量空气中二氧化硫的浓度，按说明书中所说应该是在一定面积内选数点取平均值，但由于人力时间限制，且仪器本身精度也较高，所以各文物点只检测 1 个点即可。选择平坦的地面搭空气采样装置，距离地面高度通过三脚架上的旋钮可自由上下调。配置吸收液并注入，吸收 15 分钟后，关机，回收采样后的液体，配置空白比色液，进行测定和计算。

⑤二氧化氮测定仪

采用二氧化氮测定仪测量空气中二氧化氮的浓度，按说明书中所说应该是一定面积选数点取平均值，但由于人力时间限制，且仪器本身精度也较高，所以各文物点只检测 1 个点即可。选择平坦的地面搭空气采样装置，距离地面高度通过三脚架上的旋钮可自由上下调。配置吸收液并注入，吸收 10 分钟后，关机，回收采样后的液体，配置空白比色液，进行测定和计算。

⑥全数字紫外线辐照计

全数字紫外线辐照计可测量文物表面受到的紫外线强度。紫外线辐照计开机后放置于待测文物表面，根据选点位置，调整探头角度，使其与待测面平行，应避免遮挡光线，等数据稳定后读数。

⑦红外测温仪

握住仪器手柄并使红外线传感器指向被测物体表面，距离约 10 厘米，扣动扳机以开机测量，多次测量，取文物本体表面温度平均值。由此可以确定在环境温湿度影响下文物本体相应的变化值。

2）文物表面外观及病害检测

文物的表面状况，特别是病害发生和发展状况大多可以从外观变化发现。因此，定时定点记录文物表面外观和病害状况是直观的监测方法。对于价值极高的壁画以及产生严重病害的壁画，需要采用连续自动采集壁画图像的方式进行定位定时监测。针对部分重要且正在发生较为迅速变化的壁画文物，采用高分辨率的无线图像传感器，设备拍照的时间间隔可以根据壁画赋存环境的变化而主动变化。一般壁画文物表面外观和病害状况通过单反相机、显微摄像仪、裂缝测宽仪来检测。检测时应特别注意文物表面的变色、各种污染物、霉菌地衣等微生物、裂隙、渗水等表面异常状况，适时记录。测量过程要注意仪器的量程，记录使用条件和测量位置。

①单反相机

对文物的表面状况，特别是病害情况进行拍照记录，以对比其发展情况。选用较好的单反相机，按照预先设定的拍摄点，拍摄文物整体照片；

然后观察典型病害，用白色卷尺在病害旁做标尺，拍摄病害照片。照片务必清楚光亮，细节可见。拍照的病害点必须做描述记录，并记录位置、照片号以及病害程度等，监测时间可定为每年拍摄一次，但遇到突发性天气情况（强降雨、地震、渗水等）需要及时拍摄。

②数码显微镜

显微镜本体靠近被测点前端，先调整光照亮度旋钮，使图像亮度适宜，然后用拇指旋转调焦，旋钮至影像清晰为止。触碰快门按钮或点击拍照图标进行单张照片的拍摄，编号并存入手提电脑。

③裂隙测宽仪

需要定好监测裂隙宽度的点。将探头对准材料表面的裂缝放大并单独提取，显示在屏幕上，然后将游标调整至与裂隙边缘重合，然后存储读数。

④色差计

用色差计测量壁画，可以得到色度值和色差值等数据，获得颜色信息。

3）文物表面强度性质检测

文物的硬度可以通过便携式邵氏硬度仪检测得知。硬度仪虽然小巧方便，但是硬度仪的操作要求较高，需要准确操作，否则会对测得的数据造成很大的影响。

文物的抗压性强弱可以用一体式数显回弹仪，通过一体式数显回弹仪检测文物表面回弹强度的数据的大小而得出文物的抗压性强弱。回弹强度与抗压性呈正相关关系。对于抗压性强度较低的地方需要引起重视，并进行多次的监测。

①邵氏硬度仪检测

测试前，仪器显示为 0；选择 ave 模式，将平均数设定为 3；仪器垂直于被测文物表面，将仪器均匀用力按在检测点上，不要摇晃，用足够的力按压，确保探头与检测点紧密接触 1 秒钟后再次按压。反复 3 次，屏幕自动显示平均值。

②一体式数显回弹仪检测

测试前，打开仪器，对准测试点，垂直按压使击锤缩回到底直至发生回弹然后读数记录。该仪器每次检测必须检测够 16 次才能自动存储，而由于回弹有一定冲击力，用于检测文物每点只能检测 2 ~ 4 次，所以检测人员需要手动记录数据。

4）文物表面结构状态检测

文物的风化都是由表及里的，所以必须对文物表面的风化程度进行监测，而检测文物表面结构是能够反映表面风化程度的一个重要方面。表面的结构可以通过便携式表面粗糙度仪进行检测得知表面粗糙程度，表面粗糙度仪小巧方便，并可以通过连接电脑相关软件产生系统的数据表进行分析研究。使用前对仪器校准，在选定区域多次监测，获得表面粗糙度值。由于壁画类文物长期暴露在空气中，不同程度都有风化情况，对那些相对稳定的表面可以认为未达到预警要求。在监测中多次测得数据变化较大的部位及突发事件引起的损坏应引起高度重视，进一步研究保护。

①表面粗糙度仪

检测前必须按照说明校正，并将探头垂直均匀用力按压在被测表面，听到"嘀"一声响后即表示目标测量完成，每个点测量 5 ～ 10 个数据，由于粗糙度探头很小，同时文物表面情况复杂，无法准确到毫米级别确定检测点，数据分布会相对分散，所以可以适当多检测一些数据。

②超声波检测仪

测试前，按照说明调试好仪器，由于文物结构特征限制，必须在一面检测，对声波传播距离有影响，所以均按照 20cm 的间隔设置，然后按照说明操作，注意仪器原配耦合剂容易沾染在文物表面无法去除，所以选用薄无纺布蘸水包裹探头，然后检测前调整好声时，如有其他不易沾染文物的耦合剂也可选用。

5）文物盐分检测

①试纸测定法（氯离子）：操作简便快捷，可以方便地应用于现场的检测和分析，但每种试纸只能用于一种离子的检测，检测精度较低，对试纸的保存有一定要求。

②电化学离子选择性电极：电化学离子选择性电极也是较便捷的分析方法，可以用于现场的检测。但每种离子选择性电极也只能用于一种离子的检测，对仪器的操作有较高的要求。

③X 射线衍射：采用 X 射线衍射仪可以测定地仗和岩体中结晶盐的物相成分，但仪器检出限较高，价格昂贵。

④离子色谱法：离子色谱法可以同时测定多种离子，结果准确，但仪器价格较高，需要专门的实验室管理和高水平的操作人员。

6）文物表面水力学性质检测

文物不同深度的相对湿度可以用微波湿度仪监测得出，这是一种科学、无损的测试方法，测试迅速，1 秒钟就可得到结果，适于野外监测。通过分析相对湿度数据，可以得出文物不同深度不同的湿度，通过分析可以得出文物内部什么位置空隙较大。此外红外热像仪可以测出表面水分的分布状况。

①微波湿度仪

装备探头后，开机，进行设置，每点测定三次后取平均值，该平均值即为该点该探头相应深度的湿度。有探测深度为 3 厘米、7 厘米、11 厘米、30 厘米的 4 种探头。更换探头前需要保存数据，然后再更换需要的探头。若有按照矩形区域分布的多个数据点，即可反映该区域的整体湿度分布情况。由于微波湿度可以生成湿度分布图，故选点需根据文物形态及数据需要在矩形布局下选择若干检测点。

②红外热像仪

选择平坦地面，安装三脚架，并将仪器固定在三脚架上，打开仪器监测模式，开始监测。仪器会自动定时对监测对象的温度变化状况进行拍照记录。

7）文物表面微生物病害样品检测

文物表面的病害微生物类型多种多样，比较常见的为细菌、真菌、放线菌、地衣和藻类。检测工作需要采样在实验室中进行。病害类型分析借助于研究人员的工作经验和便携式显微镜做出初步鉴定。病害微生物分析包括纯培养和分子生物学技术两个方面，并借助一些大型仪器如扫描电镜、能谱仪、X 射线衍射仪、红外光谱对病害微生物作用机制进行探究。除要求实验室具有无菌操作间和超净工作台外，用到的检测仪器有：

①便携式显微镜

便携式显微镜主要通过镜头和电脑之间的连接把观察到的物体经过放大后直接显示在屏幕上，一般要求镜头放大倍数在 100 倍以上。

②实验室冷冻设备

现场采集的样品要求分成三份：一份放在 4℃保存，用于微生物的分离和培养；一份放在 −20℃保存，用于分子生物学分析；一份和甘油混合，放在 −80℃保存，用于原始样品的保存。另外，实验用到的各种酶制

剂、提取液和药品按照要求分别放于不同环境下保存。实验室要求具备
4℃、−20℃、−40℃和 −80℃制冷的生物冰柜。

③实验室培养设备

微生物培养过程要求不同的培养温度和耗氧条件，实验室应具备静置
生化培养箱（15℃ ~ 100℃）和制冷恒温摇床（10℃ ~ 60℃）。

④灭菌设备

微生物检测用到的器件和材料均需要灭菌消毒，需要配置高压蒸汽灭
菌锅（121℃，20min，103.4kPa）。

⑤ PCR 和电泳设备

PCR 过程用于微生物基因组特定片段的扩增，然后通过电泳装置和
凝胶成像过程评估结果。实验室应具备 PCR 仪、凝胶电泳和成像仪。

⑥高通量测序平台

微生物菌群高通量测序平台，适用于环境微生物、肠道菌群等样品的
细菌和古细菌相对丰度的鉴定。实验室处理好的样品需要送至相应的高通
量测序平台进行检测分析。

⑦其他大型仪器

生物病害类型和腐蚀破坏机制需要通过大型仪器表征，包括：样品显
微结构的观察需要扫描电镜；样品元素组成、分布和含量用到能谱仪；成
分鉴定需要 X 射线衍射仪和红外光谱等。

7.3.4　监测和检测过程

7.3.4.1　监测准备

（1）信息收集

监测之前应收集壁画的详细信息，了解其保护修复情况，并仔细探讨
监测的内容以及记录的细节，分析文物的稳定性和脆弱性。如果已经有详
细的记录，如壁画建筑的地图、结构、文物当前状况、环境，应该以记录
为依据，确定监测的内容和细节，监测点、计划监测的时间表。

（2）检查监测仪器及物品

必备物品：监测各项目涉及仪器及附件、电子产品、记录本等。

微生物病害取样物品：灭菌 EP 管、口罩、手套、灭菌手术刀、毛刷、
取样袋、保温桶、记号笔。对用到的所有器械进行消毒。

（3）调试仪器

调试好所用仪器，对使用到的仪器进行校准（仪器校准方法参看各仪器使用说明书），充电，并清理出足够数据存储空间。

对于不便进行校准的仪器，可选择一块形状规则完整的大理石墙砖作为标准样，在实验室内分别检测其回弹强度、里氏硬度、邵氏硬度、表面粗糙度、微波湿度和超声波波速，记录并计算所得数据的平均值和标准差，以此作为各项参数的检验标准。每次开展监测工作前，先对此标准样进行检测，确保仪器处于正常状态。

（4）沟通协调

与遗产地主管部门沟通，约定监测日期并询问注意事项。

（5）挑选天气

天气对监测结果有较大影响，尤其是环境监测，尽可能挑选晴天进行监测。

（6）确定人员及交通

确定监测工作人员，预定好出行交通工具。

7.3.4.2 现场监测原则

为保证文物安全，同时得到较为准确的监测数据，现场监测应遵照以下原则。

（1）避免直接触碰文物脆弱部位。

（2）严格按照仪器说明书步骤操作仪器。

（3）如发现文物损伤应立即停止相关检测项目。

（4）每次都按固定的位置、方式、操作过程完成测量工作。

（5）及时完整准确记录检测数据。

（6）任何时候都要保持高度的安全意识，保证文物安全和人身安全。

（7）生物取样过程要严格做到无菌操作。

7.3.4.3 现场监测步骤

（1）文物监测专业技术现场检测一般需要 2 ~ 3 人携相关仪器一同前往。

（2）到达监测对象所在地后，首先进行与遗产点本体直接相关的环境要素监测测量，分别用迷你型温湿度记录仪测量环境温湿度；用数字光度计测量文物表面光照强度；用便携式二氧化碳检测仪测量环境中的二氧化碳浓度；用二氧化硫测定仪测量环境中的二氧化硫浓度；用二氧化氮测定仪测量环境中的二氧化氮浓度，等等。

（3）同时开始进行文物本体表面的强度测定，分别为用数显回弹仪测量回弹强度数据，用邵氏硬度计测量检测点的硬度数据；然后测量文物本体表面的水力学性质，即用微波湿度仪测量文物表面不同深度处的相对湿度值，用红外热像仪测量表面湿度分布；之后，测量文物本体的表面结构性质，即用表面粗糙度仪测量粗糙度数据，用超声波检测仪测量文物本体内部密实状况。

（4）环境要素监测测量完成后，有关成员及时加入其他要素的测量过程。

（5）仪器测量工作完成之后，监测人员开始对监测对象的表面外观及病害状况进行仔细检查。用数码显微镜拍摄文物表面放大数百倍的微观照片；用非金属超声波检测仪的裂隙测宽功能监测文物的裂缝宽度；用单反相机拍摄监测对象整体照片和病害照片；同时，微量采集相关病害样品、污垢、沉积物、析出的盐类等，及时装袋标记。

（6）微生物病害采样由专人负责执行，生物取样过程须严格无菌操作，不同的取样点要更换不同的取样工具，及时装袋、标记和安全存放。

（7）检查、核对、补充获取的数据和样品，记录当天检测情况。

7.3.4.4 实验室检测

微生物病害的检测工作除了样本采集需要在现场进行以外，其余过程均需要在实验室环境下进行操作，包括样品的物理化学性质检测、微生物的分离培养和鉴定、高通量测序、数据分析等，具体步骤如下：

（1）对采集到的固体样品首先进行形态和组成成分分析。样品的形态结构采用体视显微镜和扫描电子显微镜观察；样品的元素组成和分布采用能谱分析；样品的成分借助于 X 射线衍射仪和红外光谱仪。

（2）现场采集后置于 4℃保存的样品用于微生物的分离和培养。选用 R2A、LB 和 TSA 培养基培养细菌；MEA、PDA 和 SGA 培养基培养真菌；BG11 培养基培养藻类。液体样品需经过离心稀释涂布于固体培养基，并置于 30℃生化培养箱培养 7～10 天，挑取单菌落进行纯化培养。固体样品溶于少量无菌生理盐水然后稀释涂布于相应培养基进行纯化培养。纯化后的细菌或真菌单菌落将进一步用分子生物学手段进行菌种鉴定。

（3）−20℃保存的样品用于高通量测序。首先提取混合样品的总基因组，使用 Qubit 2.0 Fluorometer（Invitrogen，Carlsbad，CA）检测 DNA 样品的浓度，使用 MetaVx ™文库构建试剂盒（GENEWIZ，Inc.，South Plainfield，NJ，USA）构建测序文库。

（4）以 30 ~ 50ng DNA 为模板，使用金唯智设计的一系列 PCR 引物扩增原核生物 16SrDNA 和真核生物 ITS、18S rDNA 上的高度可变区。另外，通过 PCR 向 PCR 产物末端加上带有 Index 的接头，以便进行 NGS 测序。

（5）双端测序得到的正反向 reads 首先进行两两组装连接，过滤拼接结果中含有 N 的序列，保留序列长度大于 200bp 的序列。经过质量过滤，去除嵌合体序列，最终得到的序列用于 OTU 分析，使用 VSEARCH（1.9.6）进行序列聚类（序列同源性设为 97%）。

（6）基于 OTU 的分析结果，采用对样本序列进行随机抽样的方法，分别计算 Shannon、Chao1 等 α 多样性指数，并作出稀释曲线。基于 Brary-Curtis 样本间距离矩阵用于 PCoA（principal co-ordinates analysis）可视化图展示 β 多样性。

（7）借助 PICRUSt 功能预测软件并基于 KEGG/EggNOG 等基因功能谱数据对样品中的细菌基因功能和代谢途径进行预测分析；利用 FUNGuild 软件对真菌进行营养类型划分。

（8）一部分样品制成一定浓度的甘油溶液，放于 −80℃环境下进行长期保存。实验室分离培养的单菌落可以制成冻干管用于菌种长期保存。

（9）分离培养的细菌和真菌单菌落可以用于实验室条件下的生物矿化、抑菌剂筛选和腐蚀模拟实验。

7.3.4.5　数据处理与保存

现场监测和实验室检测完成以后，及时整理所得数据，留存原始数据，将全部数据、图表和照片打包保存。为防止意外，要求所有资料数据至少分两处存放。

此外，为了更好地研究文物病害的变化趋势，需对所得数据进行适当处理，包括但不限于去除异常数据、数据误差修正、求取有效数据的平均值和标准差，并据此绘制变化趋势图等。

7.3.5　监测报告

7.3.5.1 监测报告要求

（1）监测报告以年度为单位汇总。

（2）监测报告要求能反映被监测文物的现状，所有数据要求真实全面。

（3）监测报告应当注明委托单位、执行单位、项目负责人、现场技术负责人、报告编写人、报告审定人、主要参加人员等内容。

（4）监测报告的第一节为概况介绍，内容包括：监测目标、总体方案、遗址点情况、检测项目、监测频次等。

（5）根据专业技术区别，监测报告应包含两大部分的详细内容：文物本体及环境监测部分，微生物病害监测部分。两部分内容要求独立成章，具有科学上的完整性。内容应包括：监测方法、技术路线、监测内容及过程、检测数据分类、病害统计、问题探讨、趋势评估、结论和建议等。

（6）年度监测报告应与上一年度，甚至上几年度的监测报告进行比较，从中发现环境对文物的影响、文物本体状况变化、生物病害发展趋势等。

（7）监测报告的最后一章应进行总结，主要内容包括：指出发现的重点病害，阐明发展趋势，指出危害或威胁文物安全的问题和因素；提出后续处理措施和建议，引起相关管理部门的关注。

（8）监测报告要能反映被监测文物的现状，所有数据要求真实全面，报告内容层次清晰，所有典型病害应附照片为证，前后变化情况应有对比照片，特殊情况应有文字解释，文本要求图文并茂，结论准确。

（9）完成年度监测报告后，应立即分两部分内容制作年度汇报 PPT 文件，由专业监测人员向主管单位和各文保点管理人员作口头报告，接受质询。

面向预防性保护的文化遗产监测是一个长期的过程，需要对技术方法不断进行优化和完善。面对不断累积的数据，需要对数据进行深入的发掘和分析；监测的技术和手段需要根据实际情况进行调整和更新；依据监测数据分析提出的改善措施的有效性也需要通过长期监测进行进一步验证。

7.4 壁画的环境监测案例

7.4.1 前言

病害调查结果显示，金华侍王府壁画病害成因与壁画保存环境有关。因此，本节将对侍王府壁画保存环境进行监测，厘清病害与环境之间的关系，为后续保护工作的开展提供方向。侍王府内环境监测的项目包括室内酸性气体含量，壁画壁面湿度分布等。

7.4.2 室内酸性气体含量监测

7.4.2.1 仪器设备

二氧化碳检测仪仪器型号：AR8200 二氧化碳检测仪。二氧化硫检测仪仪器型号：GDYK-402S 二氧化硫检测仪。二氧化氮检测仪仪器型号：GDYK-501S 二氧化氮检测仪。

7.4.2.2 测试位置与气象条件

本次空气中酸性气体含量测试地点为侍王府西院头门与正厅之间的走廊区域。测试时间为 2017 年 12 月 29 日，当日天气雨转阴，前日天气雨，金华市气象监测市区空气质量优。

7.4.2.3 监测结果

监测结果显示，当天侍王府西院空气中，二氧化硫平均含量为 0.02mg/m³，二氧化碳平均含量为 227ppm，二氧化氮平均含量为 0.03mg/m³，远低于《室内空气质量标准》（GB/T 1883-2002）限定的最高浓度。鉴于当天刚下过大雨，当地空气质量等级为优，而侍王府两面被马路包围，周围基建开展频繁，我们估计平时空气中酸性气体含量可能较高。

历年金华市环境监测站的监测结果显示，金华市酸雨具有酸度及频率高、春季频发、酸雨的 SO_4^{2-}/NO_3^- 比值逐年下降（即酸雨类型由硫酸型酸雨向混合型酸雨转变）等特征。即，空气中具有较高的二氧化氮和二氧化硫含量，特别是二氧化氮含量，这对金华地区的壁画保存提出了与其他地区不同的要求。部分监测数据如图 7-1 所示。

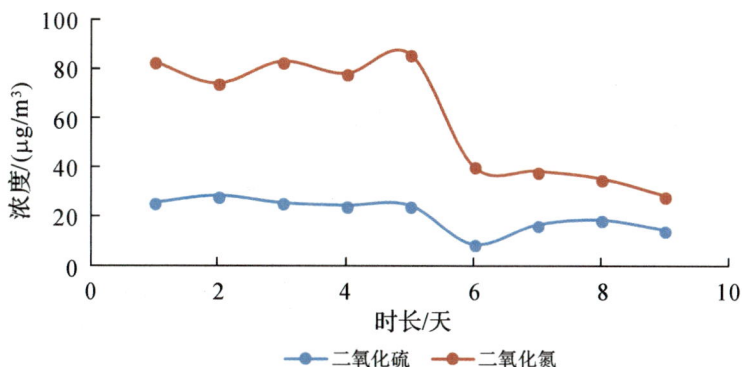

图 7–1　金华市空气中的酸性气体（2017 年 1 月）

7.4.3　壁画壁面湿度分布监测

本研究对侍王府壁画壁面湿度分布情况采用了两种分析方法，分别是微波湿度仪检测和红外热像仪检测。

7.4.3.1　检测仪器与点位

本次检测工作主要通过湿度分布和温度分布两方面进行，综合采用了 Miost　300B 微波湿度仪和 R500EX 红外热像仪两类仪器对壁画渗漏水情况进行综合检测。

微波湿度仪检测点位均匀分布于各墙面，下起 20cm，间隔 60cm 为一横列，至 200cm 处；左起 10 ～ 30cm，间隔 50cm 为一竖列，至墙面最右侧。

为方便分析监测结果，我们将侍王府西院监测区域划分为多个区域，用字母编号，如图 7–2 所示。

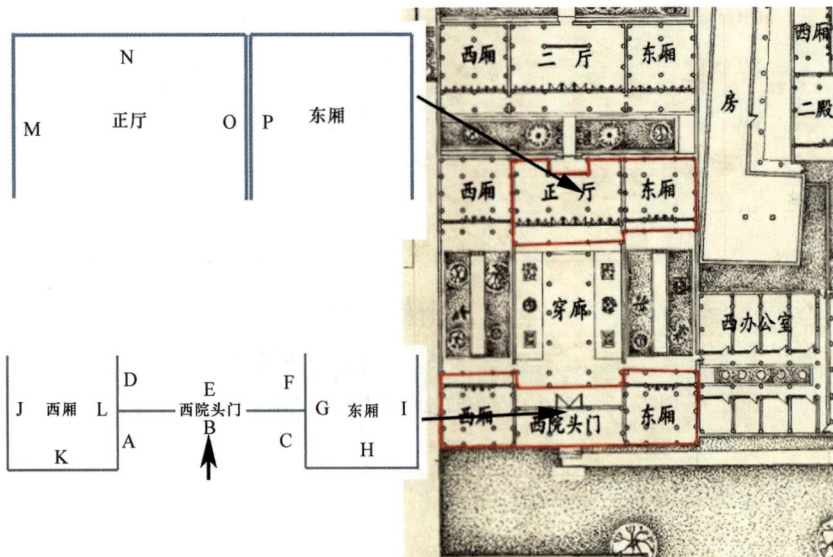

图 7-2　壁面湿度分布监测区域划分图

7.4.3.2　监测结果

1）第一进门厅外墙西壁（代号：A）

壁画：《太平有象图》（352cm×270cm）

a. 湿度分布情况（图 7-3）：

①湿度分布图的制作基于所饰壁画的墙体，边距分别为：左起30cm，每隔50cm 一竖列，至230cm 处；下起20cm，每隔60cm 一横列，至200cm 处。

②该墙体湿度最高处达 15.7%，为颜色最深的区域，分布于墙面的左下和右中位置。

③该墙体湿度最低处达 8.5% 及以下，为颜色最浅的区域。

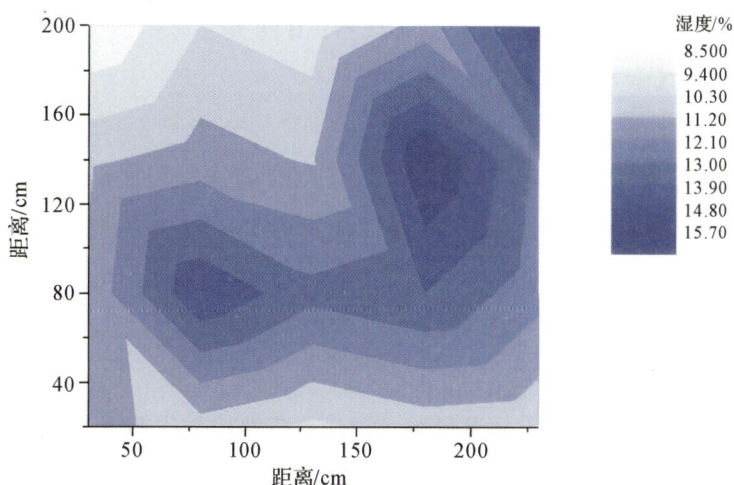

图 7-3　第一进门厅外墙西壁湿度图

b. 红外热成像（图 7-4）：

①第一进门厅外墙西壁由下至上，温度逐渐升高，上半部温度较高。整体墙面而言，墙根 0 ~ 20cm 处温度最低，显现出深蓝色，应是由于雨天过后墙根处湿度较大的缘故。

②墙面中下部整体呈现出浅蓝色，结合微波湿度分布图，发现此区域是由于湿度较高，导致温度下降。另外，墙体的中下部存在低温异常区域，表现为深蓝色的长方形图案，推测是砖缝间出现渗漏水所导致的，应密切关注。

③墙体最低温度达 10.4℃，位于墙根左侧。

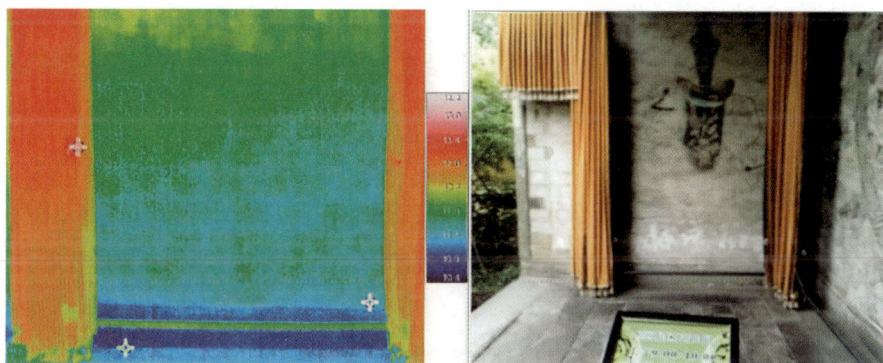

图 7-4　第一进门厅外墙西壁热成像图

2）第一进门厅外墙西侧北壁（代号：B 西）

壁画：《云龙图》（330cm×370cm）

a. 湿度分布情况（图 7-5）

①湿度分布图的制作基于所饰壁画的墙体，边距分别为：左起 10cm，每隔 50cm 一竖列，至 360cm 处；下起 20cm，每隔 60cm 一横列，至 200cm 处。

②该墙体湿度最高处达 15.4%，为颜色最深的区域，分布于墙面的中下方。

③该墙体湿度最低处达 9.68% 及以下，为颜色最浅的区域。

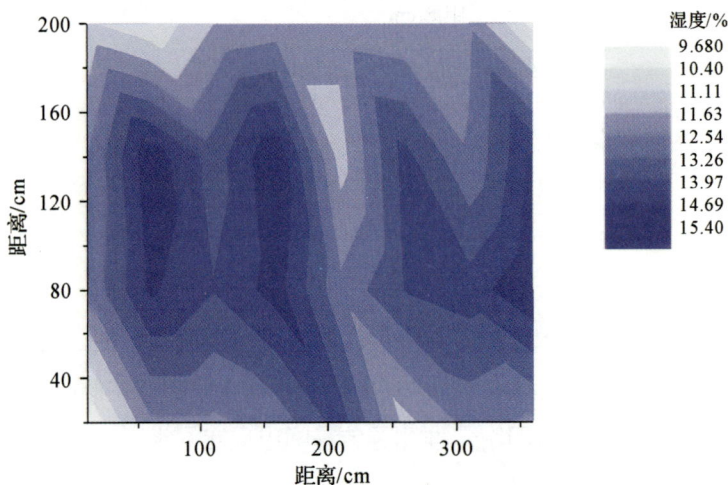

图 7-5　第一进门厅外墙西侧北壁湿度图

b. 红外热成像（图 7-6）：

①第一进门厅外墙西侧北壁由下至上，温度逐渐升高，上半部温度较高。整体墙面而言，墙根 0 ～ 40cm 处温度最低，显现出深蓝至浅蓝色，表明此处湿度较大。

②结合微波湿度分布情况，可以看出墙面中下部湿度较大，但未出现低温或高温异常区域，说明该墙体保存情况较好，无空鼓以及渗漏水等严重病害。

③墙体最低温度达 10.1℃，位于墙根左侧。

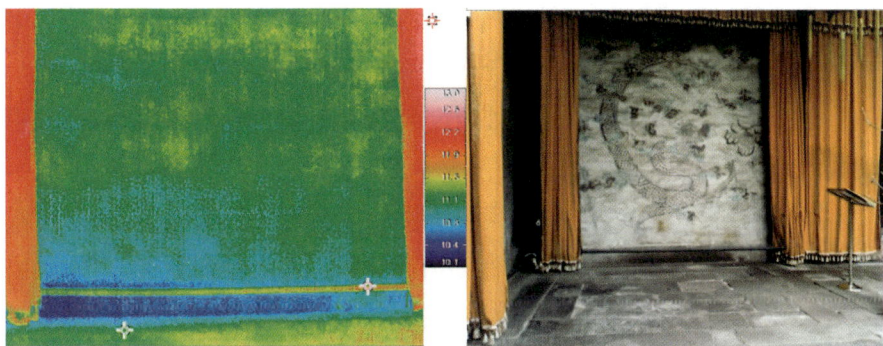

图 7-6　第一进门厅外墙西侧北壁热成像图

3）第一进门厅外墙东壁（代号：C）

壁画：《太狮少狮图》（360cm×270cm）

a. 湿度分布情况（图 7-7）：

①湿度分布图的制作基于所饰壁画的墙体，边距分别为：左起 10cm，每隔 50cm 一竖列，至 260cm 处；下起 20cm，每隔 60cm 一横列，至 200cm 处。

②该墙体湿度最高处达 20.0%，为颜色最深的区域，主要分布于墙面的中间部位。

③该墙体湿度最低处达 11.18% 及以下，为颜色最浅的区域，主要为墙面的中上方。

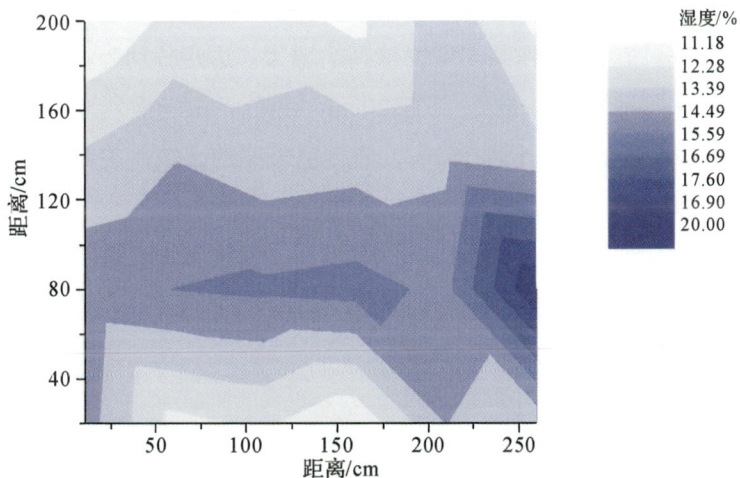

图 7-7　第一进门厅外墙东壁湿度图

b. 红外热成像（图 7-8 ）：

①第一进门厅外墙东壁由下至上，温度逐渐升高，上半部温度较高。整体墙面而言，墙根 0 ～ 40cm 处温度最低，显现出深蓝至浅蓝色，表明此处湿度较大。

②结合微波湿度分布情况，可以看出墙面下方湿度较大，但未出现低温或高温异常区域，表明该墙体保存情况良好，无空鼓以及渗漏水等严重病害。

③墙体最低温度达 10.1℃，位于墙根左侧。

图 7-8　第一进门厅外墙东壁红外热像图

4）第一进门厅外墙门框西侧（代号 B 西）

壁画：《群蝠拱寿图》（横 82cm）

a. 湿度分布情况（图 7-9 ）：

①湿度分布图的制作基于所饰壁画的墙体，边距分别为：左起 0cm，每隔 40cm 一竖列，至 80cm 处；下起 20cm，每隔 60cm 一横列，至 200cm 处。

②该墙体湿度最高处达 20.6%，为颜色最深的区域，主要分布于墙面的下方与上方。

③该墙体湿度最低处达 11.68% 及以下，为颜色最浅的区域，主要分布于墙体的中部。

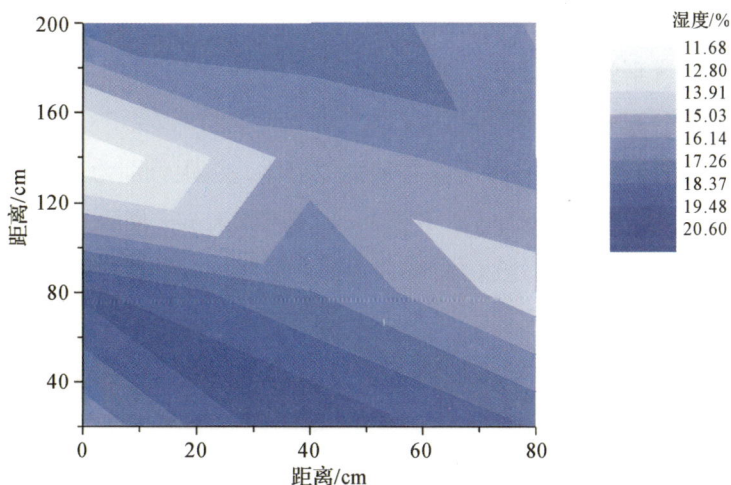

图 7-9　第一进门厅外墙门框西侧湿度图

b. 红外热成像（图 7-10）：

①墙面从下至上 0 ~ 20cm 处温度较低，最低达 10.4℃，应为雨天过后墙根处湿度较大所致。

②墙体中间左侧出现低温异常区域，表现为深蓝色，结合实景图，判断该处低温异常是由于表层残缺导致，为肉眼可观察的病害，长期下去将影响周围壁画的保存。

③墙面其他各处未发现低温或高温异常区域，较为稳定。

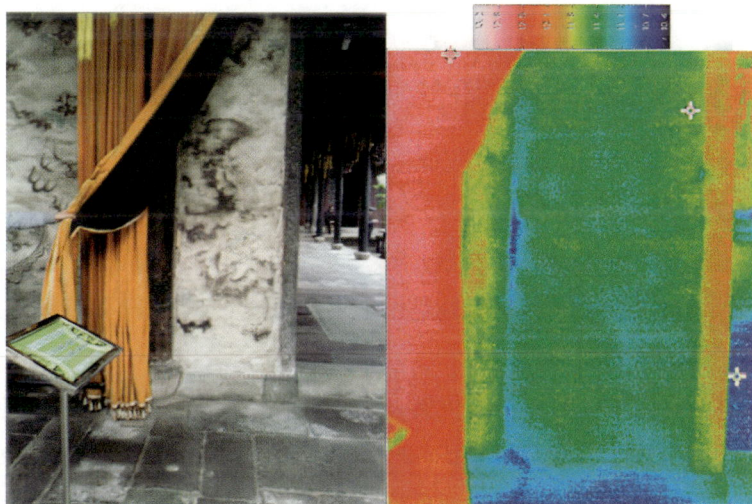

图 7-10　第一进门厅外墙门框西侧热成像图

5）第一进门厅外墙门框东侧（代号 B 东）

壁画：《群蝠拱寿图》（横 84cm）

a. 湿度分布情况（图 7-11）：

①湿度分布图的制作基于所饰壁画的墙体，边距分别为：左起 0cm，每隔 40cm 一竖列，至 80cm 处；下起 20cm，每隔 60cm 一横列，至 200cm 处。

②该墙体湿度最高处达 16.5%，为颜色最深的区域，主要分布于墙面的中部与下方。

③该墙体湿度最低处达 9.5% 及以下，为颜色最浅的区域，主要分布于墙体的左上和右下方。

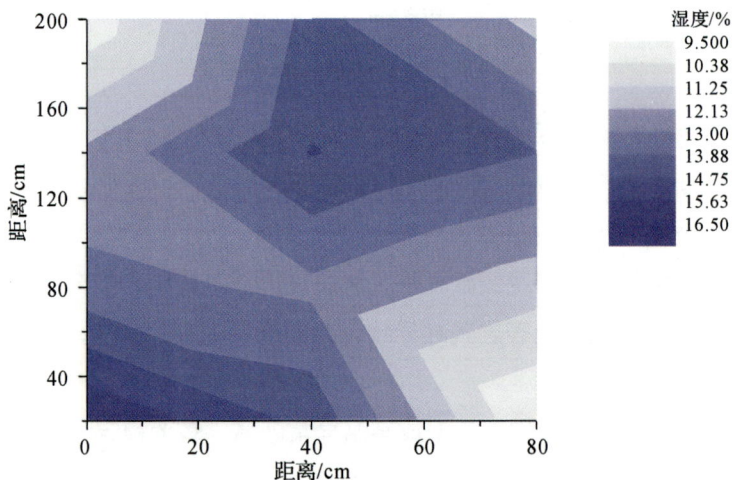

图 7-11　第一进门厅外墙门框东侧湿度图

b. 红外热成像（图 7-12）：

①墙根 0 ~ 20cm 处温度较低，达 10.7℃，应为雨天过后墙根处湿度较大所致。

②墙面右下侧（石柱础上方）出现低温异常区域，呈现出深蓝色，为长条形。结合实景照，判断此处是由于表层残缺导致，长期发展下去，必将影响周围壁画的保存。

③墙面右侧与柱子相接的位置，温度较低，上半部呈现出浅蓝色，但其他部位颜色较深，温度较高，判断此处为低温异常区域。肉眼观察并未发现残缺等明显病害，因此推断该处是由于渗漏水的病害所致。

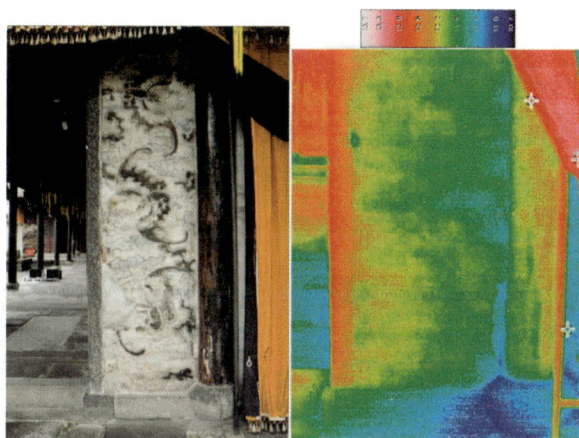

图 7-12　第一进门厅外墙门框东侧热成像图

6）第一进门厅内墙西侧南壁（代号 E 西）

壁画：《八仙赴会图》（130cm×492cm）

a. 湿度分布情况（图 7-13）：

①湿度分布图的制作基于所饰壁画的墙体，边距分别为：左起 30cm，每隔 50cm 一竖列，至 380cm 处；下起 20cm，每隔 60cm 一横列，至 200cm 处。

②该墙体湿度最高处达 16.6%，为颜色最深的区域，主要分布于墙面的中部和中下方。

③该墙体湿度最低处达 6.5% 及以下，为颜色最浅的区域，主要分布于墙体的中上方。

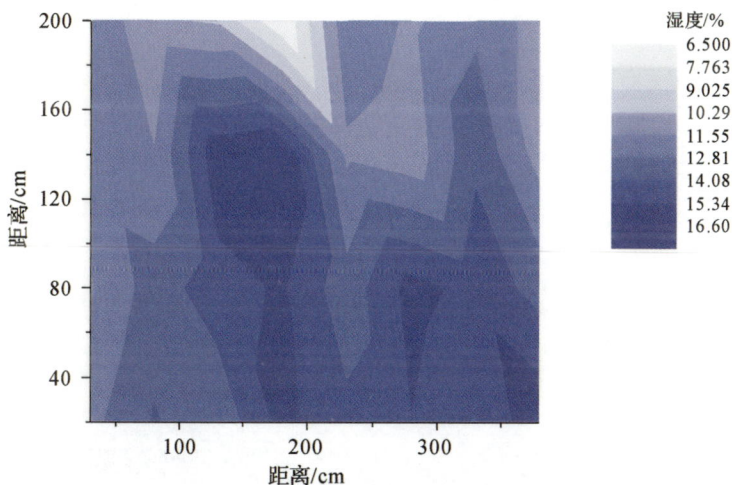

图 7-13　第一进门厅内墙西侧南壁湿度图

b. 红外热成像（图7-14）：

①墙根0～20cm处温度较低，达9.7℃，应为雨天过后墙根处湿度较大所致。

②墙面下方呈现出浅蓝色，温度较低，上半部呈现出淡绿色，温度较高，判断下方为低温区域，应是由于墙根处湿度较大所致。

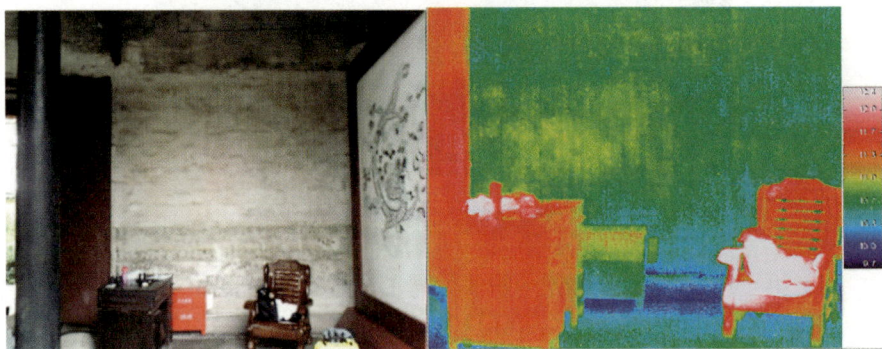

图7-14　第一进门厅内墙西侧南壁热成像图

7）第一进门厅东厢房东壁（代号：东厢Ⅰ）

壁画：未命名模糊画1、2、3，《玉兰牡丹图》

a. 湿度分布情况（图7-15）：

①湿度分布图的制作基于所饰壁画的墙体，边距分别为：左起10cm，每隔50cm一竖列，至560cm处；下起20cm，每隔60cm一横列，至200cm处；

②该墙体湿度最高处达17.1%，为颜色最深的区域，主要分布于墙面的中部和中下方；

③该墙体湿度最低处达8.3%及以下，为颜色最浅的区域，主要分布于墙体的左上方。

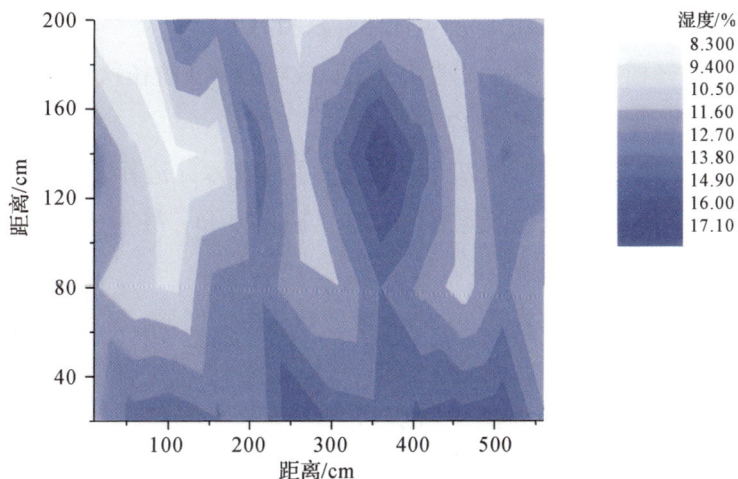

图 7-15　第一进门厅东厢房东壁湿度图

b. 红外热成像（图 7-16）：

①北侧墙根处温度较低，达 8.5℃，从下至上颜色逐渐加深，可见温度逐渐升高，说明相对于墙面下方，越往上越干燥。

②南侧墙根处温度较低，尤其是与南墙相交的墙角处，可达 9.0℃，墙体从下至上颜色逐渐加深，温度逐渐升高，相对干燥。

③墙体北侧温度较南侧温度低，相差 0.5℃，这种情况是由于北侧靠近庭院，导致湿度偏高。

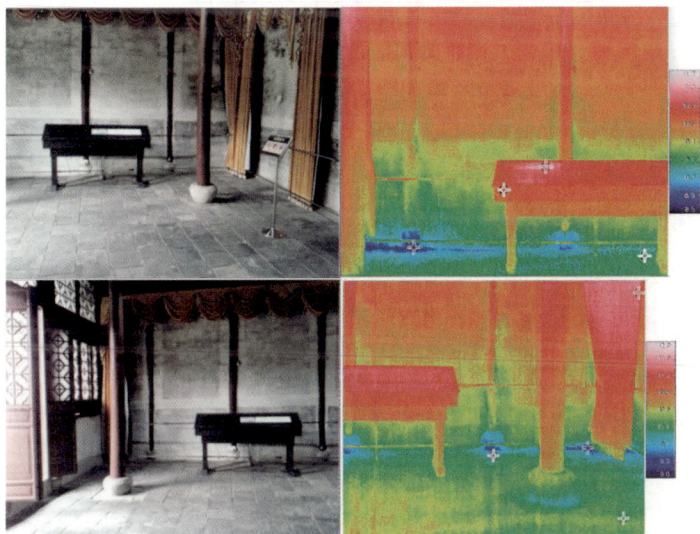

图 7-16　第一进门厅东厢房东壁热成像图（上图为北侧，下图为南侧）

8）第一进门厅东厢房南壁（代号：东厢 H）

壁画：《梧桐牡丹图》《黄初平叱石成羊图》《竹雀秋菊图》

a. 湿度分布情况（图 7-17）

①湿度分布图的制作基于所饰壁画的墙体，边距分别为：左起 10cm，每隔 50cm 一竖列，至 560cm 处；下起 20cm，每隔 60cm 一横列，至 200cm 处。

②该墙体湿度最高处达 17.6%，为颜色最深的区域，主要分布于墙面的中部。

③该墙体湿度最低处达 8.6% 及以下，为颜色最浅的区域，主要分布于第二面墙体的左侧。

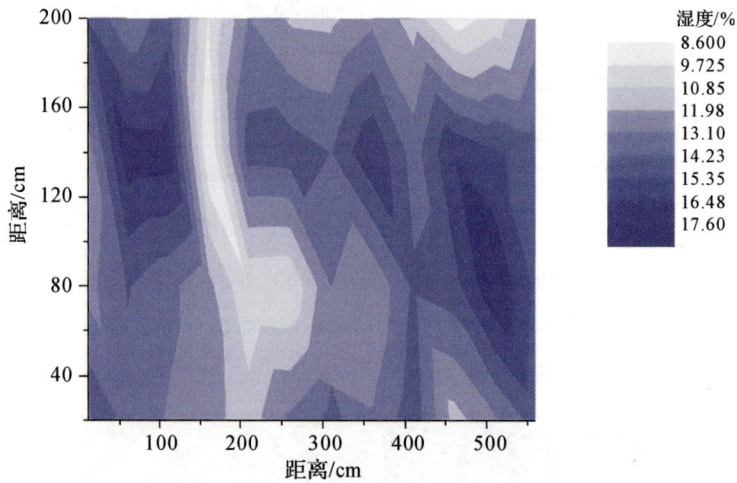

图 7-17　第一进门厅东厢房南壁湿度图

b. 红外热成像（图 7-18）：

①墙根处温度较低，但略高于地面，呈现出浅蓝色。该墙体温度最低处可达 8.9℃，位于右侧石柱础旁的地砖上。

②整体墙面从下至上，温度逐渐上升，表明墙根处湿度较大，上方较为干燥。

③墙面上方呈现出橙红色，而柱子两侧表现为青绿色，出现低温异常的情况，推测为渗漏水导致。

图 7-18　第一进门厅东厢房南壁热成像图

9）第一进门厅东厢房西壁（代号：东厢 G）

壁画：《八仙聚会图》《庭院梧桐图》《农舍远山图》《凤凰牡丹图》

a. 湿度分布情况（图 7-19）：

①湿度分布图的制作基于所饰壁画的墙体，边距分别为：左起 10cm，每隔 50cm 一竖列，至 560cm 处；下起 20cm，每隔 60cm 一横列，至 200cm 处。

②该墙体湿度最高处达 17.4%，为颜色最深的区域，主要分布于墙面的中下方。

③该墙体湿度最低处达 9.8% 及以下，为颜色最浅的区域，主要分布于墙体的中上方。

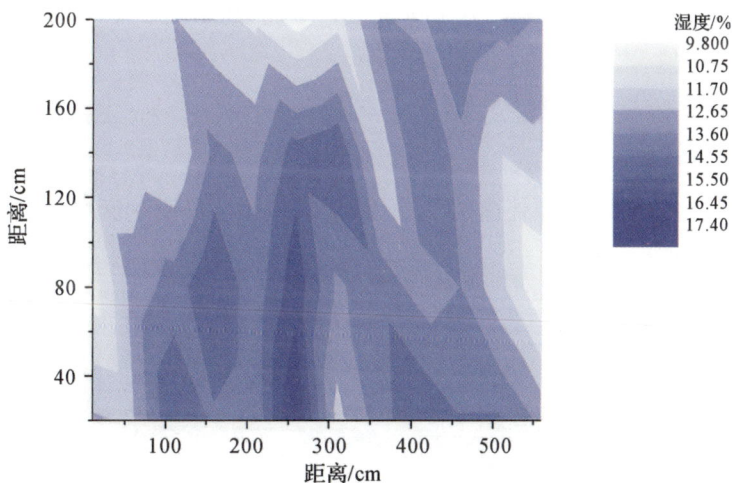

图 7-19　第一进门厅东厢房西壁湿度图

b. 红外热成像（图 7-20）：

①墙面下方整体温度较低，最低温可达 8.5℃，位于墙面下方左侧。

②墙体由下至上温度逐渐上升，表明墙根处较为潮湿，上方较为干燥。

③柱子两侧的温度始终低于墙面的温度，温度最低处位于左侧柱子的中下方，呈现出深蓝色，上方呈现出淡绿色（墙面为橙红色），说明柱子两侧的湿度较大。

图 7-20　第一进门厅东厢房西壁热成像图

10）第一进门厅西厢房东壁（代号：西厢 L）

壁画：《瓶花卧狗图》《教子送书图》《樵夫挑刺图》《双猫秋菊图》

a. 湿度分布情况（图 7-21）：

①湿度分布图的制作基于所饰壁画的墙体，边距分别为：左起 10cm，每隔 50cm 一竖列，至 560cm 处；下起 20cm，每隔 60cm 一横列，至 200cm 处。

②该墙体湿度最高处达 16.8%，为颜色最深的区域，主要分布于墙面的中间部位。

③该墙体湿度最低处达 7.0% 及以下，为颜色最浅的区域，主要分布于墙体的中上方。

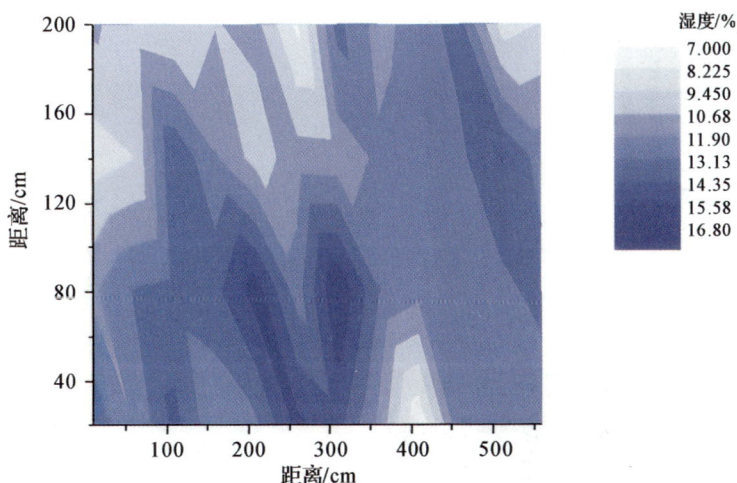

图 7-21　第一进门厅西厢房东壁湿度图

b. 红外热成像（图 7-22）：

①北侧墙体从下至上 0 ~ 80cm 的区域温度较低，可达 9.1℃，呈现出深蓝至浅蓝色，结合微波湿度分布情况，说明该处湿度较大。

②南侧墙体从下至上 0 ~ 40cm 处的区域温度较低，可达 9.3℃，呈现出深蓝至浅蓝色，结合微波湿度分布图，发现该处湿度值较高。

③综合对比来看，北侧墙体的最低温度略低于南侧，相差 0.2℃，且从墙面南侧至北侧，低温范围逐渐扩大，这种情况是由于北侧墙体靠近庭院，湿度较大导致。

④南侧与北侧的柱子两边均出现了低温异常的情况，表现出深蓝色（不同于墙面的绿色和橙红色），说明两侧湿度较大。

图 7-22　第一进门厅西厢房东壁热成像图（上图为北侧，下图为南侧）

11）第二进正厅西壁（代号：正厅 M）

壁画：《松鹤灵芝图》《冬季捕鱼图》《夏季捕鱼图》《鲤鱼跳龙门图》

a. 湿度分布情况（图 7-23）：

①湿度分布图的制作基于所饰壁画的墙体，边距分别为：左起 10cm，每隔 50cm 一竖列，至 410cm 处；下起 20cm，每隔 60cm 一横列，至 200cm 处。

②该墙体湿度最高处达 16.6%，为颜色最深的区域，主要分布于墙面的中间部位。

③该墙体湿度最低处达 9.5% 及以下，为颜色最浅的区域，主要分布于墙体的左下方和左上方。

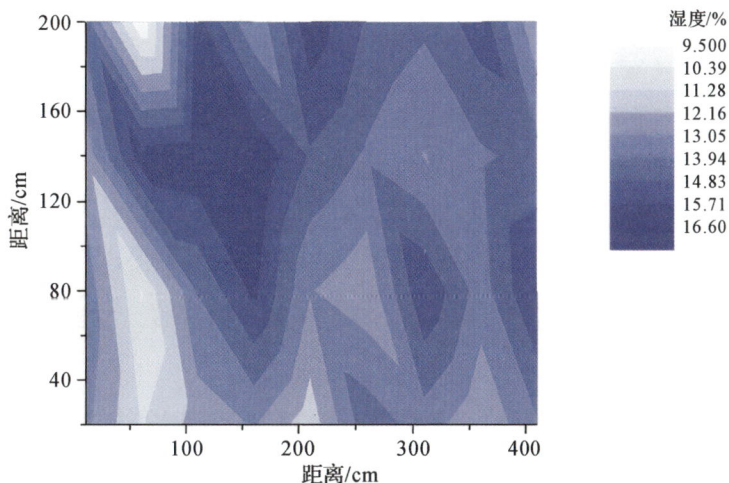

图 7-23　第二进正厅西壁湿度图

b. 红外热成像（图 7-24）：

①墙体下半部分温度较低，最低温度分布于柱子两侧以及墙根处，达 8.8℃，呈现出深蓝至浅蓝色。分布范围与微波湿度分布情况大致符合，可见该区域湿度较大。

②柱子两侧同样发现低温异常区域，呈现出深蓝色（不同于墙体的浅绿色或者浅蓝色），结合微波湿度分布图，可以发现该区域湿度较大。

③墙面整体从下至上颜色逐渐变得明亮，表明温度逐渐上升，说明墙面上方比较干燥。但颜色最深处仅至黄色，且大面积呈现出蓝色，属于侍王府中湿度较大、分布范围较广的墙体。

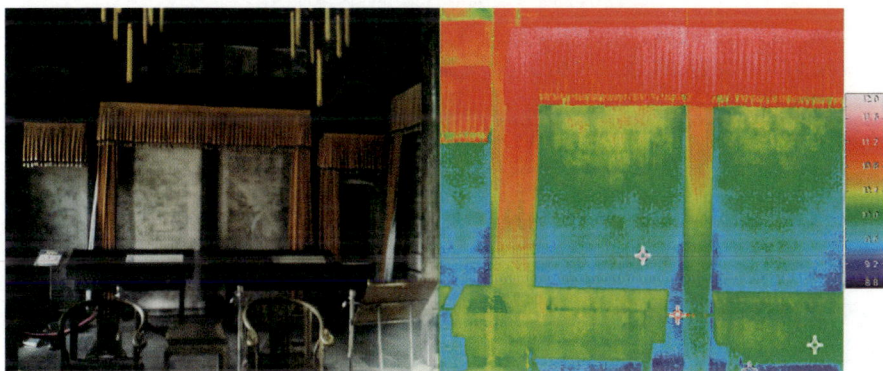

图 7-24　第二进正厅西壁热成像图

12）第二进正厅北壁西侧（代号：正厅 N 西）

壁画：《军营望楼图》

a. 湿度分布情况（图 7-25）：

①湿度分布图的制作基于所饰壁画的墙体，边距分别为：左起 20cm，每隔 50cm 一竖列，至 320cm 处；下起 20cm，每隔 60cm 一横列，至 200cm 处。

②该墙体湿度最高处达 17.6%，为颜色最深的区域，主要分布于墙面的右半部和左下方。

③该墙体湿度最低处达 8.9% 及以下，为颜色最浅的区域，主要分布于墙体的左上方。

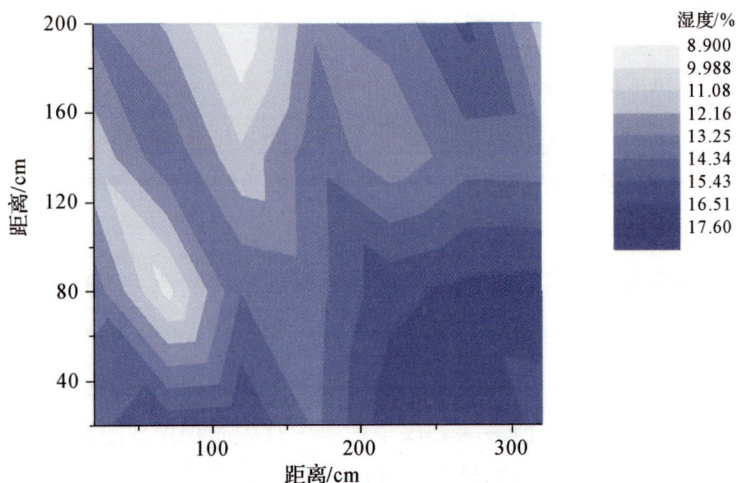

图 7-25　第二进正厅北壁西侧湿度图

b. 红外热成像（图 7-26）：

①墙体由下至上 0 ～ 100cm 处温度较低，呈现出深蓝至浅蓝色，最低温可达 8.1℃，位于墙根右侧，表明该处湿度值较大，与微波湿度分布情况大致符合。

②被帘子遮挡的墙面温度较低，呈现出深蓝色（不同于墙面的橙红色），属于低温异常区。结合微波湿度分布图，发现该处低温区域与微波湿度范围大致符合，因此湿度较大。另外，这种情况在侍王府中大多数墙面均有发生，需着重关注。

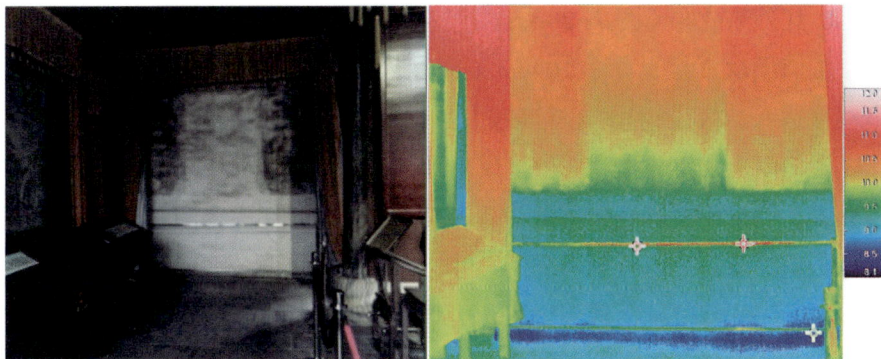

图 7-26　第二进正厅北壁西侧热成像图

13）第二进正厅北壁东侧（代号：正厅 N 东）

壁画：《王府图》

a. 湿度分布情况（图 7-27）：

①湿度分布图的制作基于所饰壁画的墙体，边距分别为：左起 20cm，每隔 50cm 一竖列，至 320cm 处；下起 20cm，每隔 60cm 一横列，至 200cm 处。

②该墙体湿度最高处达 16.4%，为颜色最深的区域，主要分布于墙面的右侧和整体中下方。

③该墙体湿度最低处达 10.18% 及以下，为颜色最浅的区域，主要分布于墙体的中间局部区域。

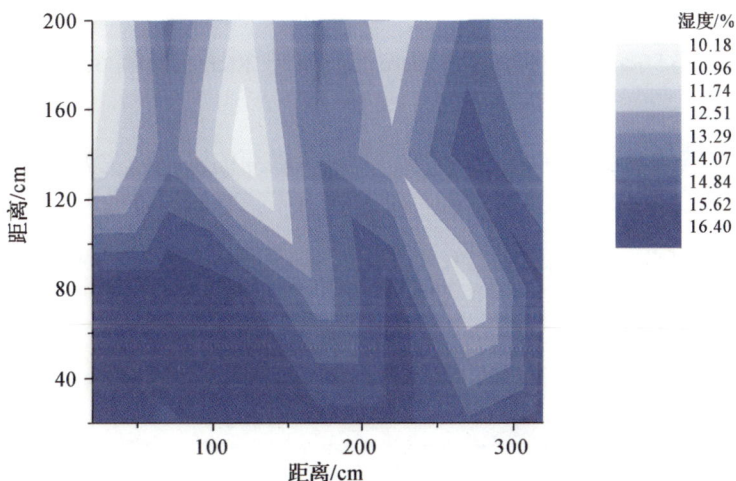

图 7-27　第二进正厅北壁东侧湿度图

b. 红外热成像（图 7-28）：

①墙面从下至上 0 ～ 100cm 处温度较低，呈现出深蓝至浅蓝色，最低温度达 9.3℃，表明该处湿度较大。

②墙面上半部分中间部位呈现出浅蓝色，表明该处温度较低，两侧温度较高，呈现出浅绿色。同时发现微波湿度 11cm 探头在两侧无法测量出有效数值，敲击后可听到清脆的声音，推测该处墙面的两侧是由木板组合而成。而中间部位属于砖砌墙体，可测量出有效数值。

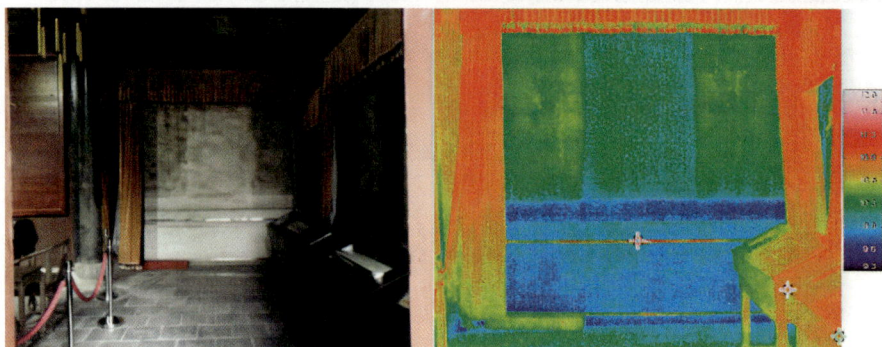

图 7-28　第二进正厅北壁东侧热成像图

14）第二进正厅东壁（代号：正厅 O）

壁画：《柏鹿凤凰图》《秋季捕鱼图》《夏季捕鱼图》《蛟龙出水图》

a. 湿度分布情况（图 7-29）：

①湿度分布图的制作基于所饰壁画的墙体，边距分别为：左起 10cm，每隔 50cm 一竖列，至 410cm 处；下起 20cm，每隔 60cm 一横列，至 200cm 处。

②该墙体湿度最高处达 16.6%，为颜色最深的区域，主要分布于墙面的中上和中下方。

③该墙体湿度最低处达 11.3% 及以下，为颜色最浅的区域，主要分布于墙体的中间局部区域。

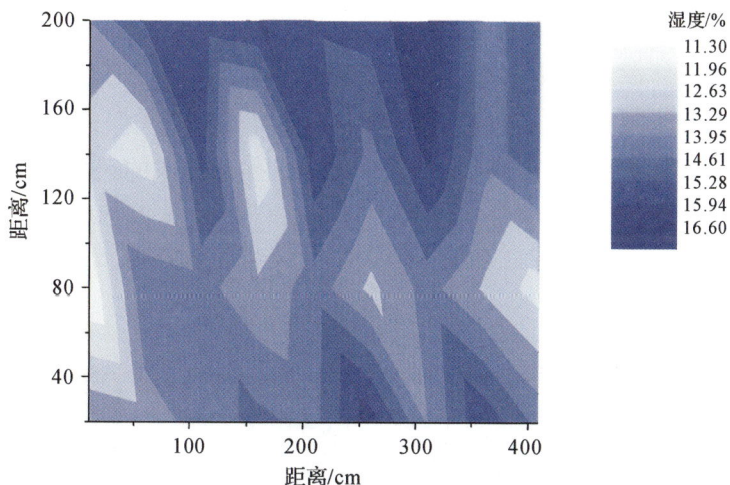

图 7-29　第二进正厅东壁湿度图

b. 红外热成像（图 7-30）：

①该墙体的温度分布比较均匀，呈现出深蓝和浅蓝混杂的现象，最低温度可达 9.4℃，表明墙面湿度分布范围较大，数值极差较小。结合微波湿度分布图，发现墙面的湿度分布与红外热成像结果所示范围基本一致。

②柱子两侧和帘子下方的墙面温度依然较低，呈现出深蓝色，均匀且规则地分布于墙面，结合微波湿度分布结果，发现该区域湿度较大。

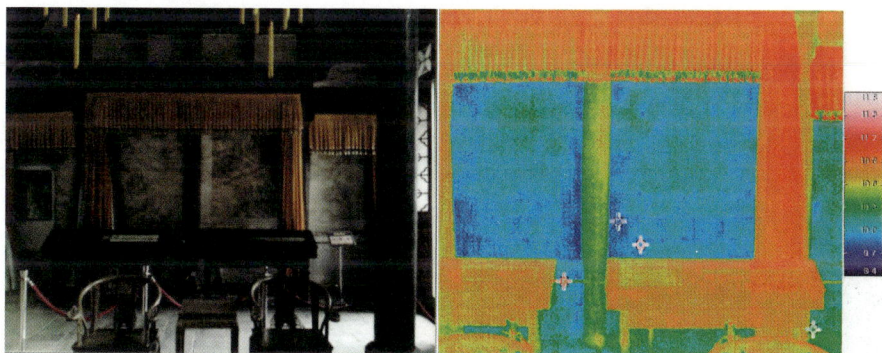

图 7-30　第二进正厅东壁热成像图

15）第二进正厅东厢房西壁（代号：二进东厢 P）

壁画：《桃树蜂猴图》《寒山读书图》《樵夫归憩图》《三羊开泰图》

a. 湿度分布情况（图 7-31）：

①湿度分布图的制作基于所饰壁画的墙体，边距分别为：左起 20cm，

每隔50cm一竖列，至520cm处；下起20cm，每隔60cm一横列，至200cm处。

②该墙体湿度最高处达16.4%，为颜色最深的区域，主要分布于墙面的中间和中下方。

③该墙体湿度最低处达8.2%及以下，为颜色最浅的区域，主要分布于墙体的左上方。

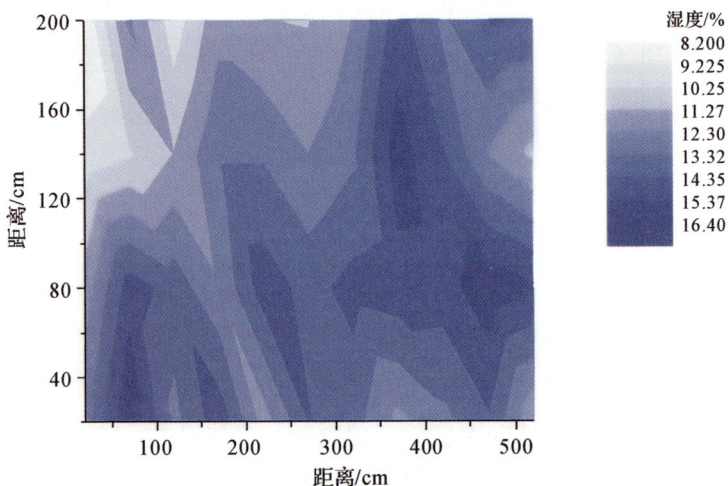

图7-31　第二进正厅东厢房西壁湿度图

b. 红外热成像（图7-32）：

①墙面中部呈现出浅蓝色的不规则形状，与微波湿度分布范围大致相同，表明该处湿度值较高。

②北侧柱子两旁出现低温异常的情况，呈现出深蓝色（不同于墙面的黄绿色），均匀且规则分布，最低温度可达9.2℃，结合微波湿度分布情况，发现该处湿度较大。

图7-32　第二进正厅东厢房西壁热成像图

7.3.5　小结

对侍王府壁画保存环境监测得到,金华侍王府壁画所处环境温湿度高,并有酸性气体侵蚀风险,这样的环境对壁画保存十分不利。壁画表面湿度分布总体上自上而下逐渐增加,厢房内壁画湿度比门头壁画湿度大。因此,在后续保护工作中需要对地面防潮和厢房内湿度控制开展研究。

参考文献

［1］ASTE N，ADHIKARI R S，BUZZETTI M，et al. Microclimatic monitoring of the duomo（milan cathedral）: Risks-based analysis for the conservation of its cultural heritage［J］. Building and Environment，2019，148: 240-257.

［2］BARBOSA K，FERREIRA T，MOREIRA P，et al. Monitoring pollutant gases in museum microclimates: A relevant preventive conservation strategy［J］. Conservar Patrimonio，2021（38）: 22-34.

［3］CANEVA G，DE NUNTIIS P，FORNACIARI M，et al. Aerobiology applied to the preventive conservation of cultural heritage［J］. Aerobiologia，2020，36（1）: 99-103.

［4］DELLA TORRE S. Italian perspective on the planned preventive conservation of architectural heritage［J］. Frontiers of Architectural Research，2021，10（1）: 108-116.

［5］DISLI G，BACAK F N. Disaster management and preventive conservation in cultural heritage: Konya archaeology museum case［J］. Museum Management and Curatorship，2021.

［6］FABBRI K，BONORA A. Two new indices for preventive conservation of the cultural heritage: Predicted risk of damage and heritage microclimate risk［J］. Journal of Cultural Heritage，2021，47: 208-217.

［7］GARCIA-CASASOLA GOMEZ M，CASTELLANO BRAVO

B， DEL ESPINO HIDALGO B， et al. Preventive conservation of built cultural heritage in southwestern Europe：Heritagecare ［Z］. Science and Digital Technology for Cultural Heritage：Interdisciplinary Approach to Diagnosis， Vulnerability， Risk Assessment and Graphic Information Models. 2020：171-175.

［8］LUVIDI L， PRESTILEO F， DE PAOLI M， et al. Diagnostics and monitoring to preserve a hypogeum site：The case of the mithraeum of marino laziale（rome）［J］. Heritage，2021，4（4）：4264-4285.

［9］MEZZADRI P. Contemporary murals in the street and urban art field：Critical reflections between preventive conservation and restoration of public art ［J］. Heritage， 2021， 4（3）：2515-2525.

［10］RUGA L， ORLANDI F， FORNACIARI M. Preventive conservation of cultural heritage：Biodeteriogens control by aerobiological monitoring ［J］. SENSORS， 2019， 19（17）.

［11］SALAZAR-CECILIANO E， ELENA MALAVASSI-AGUILAR R. Preventive conservation and its application on architecture：A bibliometric analysis ［J］. Tecnologia En Marcha， 2020， 33：79-88.

［12］SEBAR L E， PARVIS M， GRASSINI S， et al. In situ monitoring of the conservation state of the gori's collection works of art ［J］. Metallurgia Italiana， 2020， （4）：73-77.

［13］WU Y， LI Q， TONG H， et al. Monitoring the deterioration of masonry relics at a unesco world heritage site ［J］. KSCE Journal of Civil Engineering， 2021， 25（8）：3097-3106.

［14］WU Y， SHEN J， ZHANG J， et al. Environmental factor accelerate the deterioration of tuff stone heritage：A case study of a stone house in southeast China ［J］. Buildings， 2022， 12（2）.

［15］安程，吕宁，张荣，等.预防性保护理念对我国石窟寺保护的影响与实践［J］.东南文化，2020（5）：13-19.

［16］曾楠.建筑遗产预防性保护监测的实践与经验：以宁波保国寺大殿为例［J］.文物鉴定与鉴赏，2021（5）：80-82.

［17］查群．布达拉宫精细化测绘与预防性保护［J］．中国文化遗产，2020（3）：49-53．

［18］崔亚平．西汉南越王博物馆的预防性保护实践［J］．中国文物科学研究，2021（4）：40-48．

［19］高杰．浅谈文物的赋存环境及其预防性保护问题［J］．文物鉴定与鉴赏，2021（10）：82-84．

［20］柯恩·范巴伦，戎卿文．历史性建筑的预防性保护［J］．中国文化遗产，2020（2）：5-11．

［21］李爱群，周坤朋，解琳琳，等．中国建筑遗产预防性保护再思考［J］．中国文化遗产，2021（1）：13-22．

［22］刘成，王璐，余腾飞，等．安康香溪洞石窟群预防性保护方案探究［J］．文物鉴定与鉴赏，2020（16）：52-54．

［23］孟诚磊．浙江古塔本体材料的风化监测研究［D］．杭州：浙江大学，2014．

［24］宋家慧．关于预防性保护措施在馆藏文物保护中的应用［J］．文物鉴定与鉴赏，2020（15）：96-97．

［25］王文华．馆藏壁画的保护［J］．东方收藏，2021（15）：55-56．

［26］王旭东，苏伯民，陈港泉．中国古代壁画保护规范研究［M］．北京：科学出版社，2013．

［27］吴美萍．关于开展不可移动文物预防性保护研究工作的几点想法［J］．中国文化遗产，2020（3）：4-13．

［28］吴美萍．欧洲视野下建筑遗产预防性保护的理论发展和实践概述［J］．中国文化遗产，2020（2）：59-78．

［29］于丽群，张丽晶．浅谈文物库房保存环境及预防性保护措施［J］．文物修复研究，2018（0）：779-784．

［30］于沁．馆藏文物保存环境监测结果分析与探讨［J］．文物鉴定与鉴赏，2021（19）：91-93．

［31］于沁．馆藏文物预防性保护的探索与实践：以太原市博物馆预防性保护一期项目为例［J］．文物鉴定与鉴赏，2021（13）：113-115．

［32］于永艳．嘉峪关关城预防性保护方法探索研究［J］．文物鉴定与鉴赏，2021（19）：109-111．

［33］张蕾.影响博物馆文物保护的环境因素及文物预防性保护探讨［J］.文物鉴定与鉴赏，2020（15）：132-133.

［34］张蕊，宋纪蓉.预防性保护理念在原状唐卡保护中的应用探索：以养心殿西暖阁佛堂唐卡为例［J］.故宫博物院院刊，2021（7）：123-130.

［35］赵丹丹，成倩，郭宏.微乳液在清除文物失效保护材料中的应用研究：以壁画清洗为例［J］.中国文化遗产，2020（4）：83-88.

［36］赵凡，樊斌，冯陆一，等.石质文物建筑抢救性与预防性保护的践行和思考：以张澜故居月台石刻为例［J］.四川建筑，2021，41（2）：54-57.

［37］赵苗樵.馆藏文物预防性保护的重要性探究［J］.福建文博，2021，117（4）：93-96.

附录

附录 1　中国古代颜料元素组成及拉曼特征峰资料库

颜料	名称	英文名	化学组成	拉曼峰及相对强度/cm^{-1}
红色颜料	朱砂 / 辰砂	cinnabar/vermilion	HgS	255（vs），345（s），287（w），351（w）
	赤铁矿 / 赭石红 / 土红	hematite red ochre	α-Fe$_2$O$_3$ 和黏土矿物如滑石、高岭土、石英等	229（vs），297（vs），416（m），617（m），1300（s）
	铅丹	red lead minium	Pb$_3$O$_4$	120（vs），548（vs），151（m），222（w），313（w），390（m），479（w）
	赤铜矿	cuprite	Cu$_2$O	108（m），144（m），215（vs），409（m），623（w）
	锌铁尖晶石	franklinite	ZnFe$_2$O$_4$	355（m），609（s）
黄色颜料	针铁矿 / 赭石黄 / 土黄	goethite/yellow ochre	FeO(OH) Fe$_2$O$_3$·xH$_2$O（x 小于等于 1）	289（vs），386（vs），466（m），232（m），539（w）
	雌黄 / 石黄	orpiment	As$_2$S$_3$	354（vs），311（vs），293（s），138（m），156（m），204（m），382（m），180（w）
	雄黄	realgar	As$_4$S$_4$	355（vs），221（m），193（m），182（w），342（w），375（w），166（w），144（w）
	密陀僧 / 铅黄	massicot	β-PbO	143（vs），288（s），385（w）
		litharge	γ-PbO	143（vs），336（w）
	铅铬黄	lead chromate yellow	PbCrO$_4$	338（w），360（s），372（m），403（w），841（vs）
	铅锡黄	pewter yellow	Pb$_2$SnO$_4$	138（vs），329（w），445（w）
	铅锑黄	lead antimony yellow	Pb(SbO$_3$)$_2$	130–145（vs），330（w），450（w），510（w）（区别于铅锡黄）
	拟雄黄	pararealgar	As$_4$S$_4$	224（vs），230（vs），328（s），341（s），114（m），138（m），148（m），167（m），199（m），269（m），315（m,sh），360（w）
	黄铁矿愚人金	pyrite	FeS$_2$	343，379（sharp,vs），218，302，425，622，988，1004，1091，1162（w）

续表

颜料	名称	英文名	化学组成	拉曼峰及相对强度/cm^{-1}
黄色颜料	硫黄	sulfur	S	153（vs），218（vs），473（vs），247（m），435（m）
绿色颜料	石绿	malachite	$CuCO_3 \cdot Cu(OH)_2$	155（s），178（vs），217（m），268（m），354（m），433（vs），509（m），553（s），558（w）
	绿土/海绿石	terreverte glauconite	$(K,Na)(Fe^{3+},Al,Mg)_2(Si,Al)_4O_{10}(OH)_2$	133（vs），996（s），1073（s），384（m），500（m），624（w），673（w）
	铜绿/氯铜矿	atacamite	$Cu_2(OH)_3Cl$	120（m），512（m），820（m），910（m），973（s）
	羟氯铜矿	botallackite	$Cu_2(OH)_3Cl$	99（m），117（m），154（vs），176（m），247（w），277（w），400（s），448（s），501（m），674（w），792（w），856（w），895（m）
	巴黎绿/祖母绿/乙酰亚砷酸铜	emerald green Paris green	$Cu(CH_3COO)_2 \cdot 3Cu(AsO_2)_2$	122（w）；154（vs）；175（vs）；217（vs）；243（s）；242（s）；294（m）；325（m）；371（m）；429（m）；492（m）；539（m）；637（vw）；685（w）；760（w）；835（w）；951（m）；1355（vw）；1441（m）；1558（m）；2926（s）
	水胆矾	brochantite	$3Cu(OH)_2 \cdot CuSO_4$	155（m），188（m），196（m），316（w），384（m），422（m），448（w），481（m），503（w），594（m），621（w），726（w），971（s），1074（w），1094（w）
	砷铜矿	cornwallite	$Cu_5(AsO_4)2(OH)_4$	159（m），259（w），332（m），440（s），823（sh），860（vs）
	氯砷钠铜石	lavendulan	$NaCaCu5(AsO_4)_4Cl \cdot 5H_2O$	117（w），132（w），178（m），225（w），278（w），343（w），398（w），545（s），777（m），800（m），854（vs），886（m），925（m）

颜料	名称	英文名	化学组成	拉曼峰及相对强度 /cm^{-1}
绿色颜料	硅孔雀石	chrysocolla	$(Cu_{2-x}Alx)H_{2-x}Si2O_5(OH)_4 \cdot nH_2O$	197（m），246（m），337（m），408（s），487（m），673（vs）
	假孔雀石	pseudo-malachite	$2Cu(OH)_2 \cdot Cu_3(PO_4)_2$	144（w），163（w），176（m），186（w），210（w），260（m），366（s），449（s），478（vs），514（w），536（w），607（s），747（w），800（m），874（m），969（s），997（m），1053（w），1083（m）
	钴绿	cobalt green	$CoO \cdot nZnO$	435,554（vs），328
	席勒绿	Scheele's green	$Cu(AsO_2)_2$	369（vs），133，780（s），199，272，493（s），656（w）
	酞菁绿	phthalein green	$CuC_{32}N_8Cl_{16}$	680（s），812（m），975（m），1077（m），1197（m），1275（s），1336（m），1382（m），1440（s），1534（s）
	副氯铜矿	paratacamite	$Cu_2(OH)_3Cl$	117（s），140（s），165（w），364（m），420（w），511（s），576（w），799（w），868（w），892（m），928（m），970（m）
	斜氯铜矿	clinoatacamite	$Cu_2(OH)_3Cl$	364（s），420（m），450（w），511（vs），590（w），804（w），820（m），842（w），896（s），930（s）
蓝色颜料	石青	azurite	$2CuCO_3 \cdot Cu(OH)_2$	157（w），179（w），253（s），285（w），337（w），403（vs），766（s），841（s），1100（s），1431（s），1583（s）
	青金石/群青	lapis lazuli/ ultramarine	$(Na,Ca)_8(AISiO_4)_6(S,CI)_2$	547（vs），1094（s），259,672（w）
	蓝铁矿	vivianite	$Fe_3P_2O_8 \cdot 8H_2O$	205（m），239（w），461（w），544（m），955（s），1057（m）
	铜蓝	covellite	CuS	475（vs），355（s），310（s）
	汉蓝/中国蓝	Chinese blue	$BaCuSi_4O_{10}$	426（vs），1099（vs），381（s），790（w）

续表

颜料	名称	英文名	化学组成	拉曼峰及相对强度 /cm⁻¹
蓝色颜料	汉紫/中国紫	Chinese purple	$BaCuSi_2O_6$	160(s), 312(m), 456(s), 557(m), 673(m), 894(m)
	苏麻离青	smalt	含钴的钾玻璃（SiO_2, 65%~71%；K_2O, 16%~21%；CoO, 6%~7%）以及其他杂质（Al, Ba, Ca, Cu, Fe, Mg, Mn, Ni, Na）	464(w), 781(w), 1084(w) 棱角鲜明, 颗粒较大, 30~60 m
	埃及蓝	Egyptian blue	$CaCuSi_4O_{10}$	与汉蓝的拉曼光谱相似。 144m；137m；200w；230w；358m；377m, 430vs；475m, 571w；597w；762w；789w；922w；258w；548vs, 822w, 1096m
	铁蓝/普鲁士蓝	iron blue/Prussian blue	$Fe_4[Fe(CN)_6]_3 \cdot (14{-}16)H_2O$	282(vw), 538(vw), 2102(m), 2154(vs)
	靛蓝/花青	indigo blue	$C_{16}H_8N_2Na_2O_8S_2$	132(m), 175(vw), 252(m), 311(w), 544(m), 599(m), 675(w), 756(w), 1224(w), 1310(m), 1362(w), 1460(w), 1572(vs)
	酞菁蓝	phthalein blue	$C_{32}H_{16}N_8Cu$	227(s), 251(s), 588(s), 672(s), 740(s), 827(s), 946(s), 1031(s), 1136(m), 1333(m), 1445(m), 1517(vs)
白色颜料	碳酸钙/白垩/方解石	chalk/calcite	$CaCO_3$	154(w), 282(m), 712(w), 1086(s)
	文石/霰石	aragonite	$CaCO_3$	706(w), 1085(s), 143(w)
	白云石	dolomite	$CaMg(CO_3)_2$	177(w), 301(w), 727(w), 1100(s), 1444(w)
	碳酸钙镁石	huntite	$CaMg_3(CO_3)_4$	255(w), 276(w), 319(w), 880(w), 1125(s)
	铅白/胡粉/铅粉/碱式碳酸铅	hydrocerussite lead white	$2PbCO_3 \cdot Pb(OH)_2$	133(vs), 176(sh), 280(w), 403(w), 403(w), 976(m), 1057(s), 1379(m)

颜料	名称	英文名	化学组成	拉曼峰及相对强度 /cm^{-1}
白色颜料	水合铅白 / 水合碱式碳酸铅	hydration lead white	$2PbCO_3 \cdot Pb(OH)_2 \cdot H_2O$	128（m），171（w），273（w），393（w），970（m），1052（vs）
	碳酸铅 / 碳酸铅式铅白	cerussite	$PbCO_3$	150（m），215（w），682（w），838（w），1054（vs），1376（m），1478（w）
	碱式硫碳酸铅	leadhillite /mocphersonite	$PbSO_4 \cdot 2PbCO_3 \cdot Pb(OH)_2$	174（m），428（m），451（sh），965（s），1056（vs）
	角铅矿	phosgenite	$PbCO_3 \cdot PbCl_2$	153（w），185（m），252（w），281（w），668（m），1063（vs）
	硫酸铅 / 铅矾	anglesite	$PbSO_4$	134（w），439（m），606（w），977（vs）
	羟基氯铅矿	laurionite	$PbCl_2 \cdot Pb(OH)_2$	104（vs），134（vs），272（m），330（s），732（w）
	磷氯铅矿	pyromorphite	$Pb_5Cl(PO_4)_3$	90（m），107（m），147（w），189（m），409（m），818（m），852（w），920（m），947（vs），1025（m），1129（w）
	砷铅矿	mimetesite	$Pb_5(AsO_4,PO_4)_3Cl$	314（w），369（w），766（w），811（vs）
	氯化铅	cotunite	$PbCl_2$	165，211
	氯铅矿	mendipite	$Pb_3O_2Cl_2$	139（s），272（w），329（w），433（w）
	石膏	gypsum	$CaSO_4$	491（w），619（w），1007（s），1141（w）
	重晶石	barite	$BaSO_4$	454（w），618（w），988（s）
	滑石	talc	$Mg_3Si_4O_{10}(OH)_2$	194（s），291（w），363（m），677（s），1052（w）
	云母	muscovite	$KAl_2(Si_3Al)O_{10}(OH)_2$	262，410，699（vs），201，171，620，750，907，1077，1116（w）
	高岭土	kaolinite	$Al_2Si_2O_5(OH)_4$	—
	磷灰石	chlorapatite	$Ca_5(PO_4)_3Cl$	963（vs），428（m），579（m），589（sh,w），1041（m），1052（w）

续表

颜料	名称	英文名	化学组成	拉曼峰及相对强度 /cm^{-1}
白色颜料	蛇纹石	serpentine	$Mg_2Si_2O5(OH)_4$	369（s），454（m），524（w），627（w），678（s），1041（s）[55]
	叶蜡石	pyrophyllite	$Al_2Si_4O_{10}(OH)_2$	195（m），262（s），173（w），216（w）
	骨白	bone white	$Ca_3(PO_4)_2$	431w 590w 961vs 1046w 1071vw
	立德粉	lithopone	$ZnS\ BaSO_4$	216w，276vw，342m，453m，461w（sh），616w，647w 988vs
	锌白	zinc white	ZnO	331w，383w，438vs
	氧化砷	arsenious oxide	As_2O_3	383（s），285（m），575（w），485（w）
	二水草酸钙	calcium oxalate/ weddellite	$CaC_2O_4 \cdot 2H_2O$	265（w），505（s），592（w），910（vs）
	一水草酸钙	whewellite	$CaC_2O4 \cdot H_2O$	1462（s），1490（m），894（m），138（m），194（m），248（w）
	石英	quartz	SiO_2	466（s），209（m），110（w），358（w），1083（w）
黑色颜料	铁黑/氧化铁黑	iron black	Fe_3O_4	298（w），534（m），663（s）
	炭黑	graphite	主要元素是碳	1316，1593（宽峰）
	二氧化铅	lead dioxide	PbO_2	230（w），312（m），530（s），510
	黑辰砂	metacinnabar	$\beta-HgS$	254（vs），285（sh），344（w）
	氧化锰/锰褐/天然褐	manganese oxide	Mn_2O_3/Mn$(OH)_3$/Mn OOH	—
	铁尖晶石	ferrojacobsite	$(Fe_2Mn)(Fe,Mn)_2O_4$	
	氧化铜/黑铜矿	tenorite	CuO	

注："（s）"代表强（strong）；"（m）"代表中（middle）；"（w）"代表弱（weak）；"（v）"代表非常（very）；"（sh）"代表肩峰（shoulder）。

附录 2　国内外颜料的检测方法及结果

国家	壁画	颜料	检测方法	文献时间
中国	酒泉丁家闸五号墓室壁画北壁	红色：铁红 黄色：磷氯铅矿 棕色：铁棕 浅蓝：石青 黑色：炭黑 白色：白垩、石英、高岭土	XRD XRF	1995[1]
	河北磁县湾漳大型墓室壁画	红色：辰砂 黄色：针铁矿 黑色：炭黑 浅蓝色：方解石	RM XRF XRD	1998[2]
	克孜尔石窟壁画	红色：朱砂、铁红、铅丹 蓝色：青金石 绿色：氯铜矿、副氯铜矿 白色：石膏、硬石膏、方解石、石英 黑色、棕黑色：二氧化铅	POM XRD	2000[3]
	四川省龙藏寺明代壁画	红色：朱砂、铅丹 蓝色：石青 绿色：氯铜矿 黄色：金 白色：硫酸铅、石膏	EPMA XRD	2004[4]
	陕西省旬邑县原底乡百子村东汉晚期墓室壁画	黑色：炭黑 白色：方解石 黄色：针铁矿 棕红色：赤铁矿 桔红色：三氧化二铅 紫色：青金石、石青、三氧化二铅	SEM EDS XRD	2007[5]
	敦煌莫高窟	红色：朱砂	RM	2010[6]
	山西朔州水泉梁北齐墓室壁画	红色：铁红、土红、朱砂 黄色：水合氧化铁 绿色：孔雀石 黑色：炭黑 白色：铅白 淡蓝色：靛蓝	RM	2012[7]
	西藏拉萨大昭寺壁画	蓝色：群青、蓝铜矿 绿色：孔雀石、巴黎绿、醋酸亚砷酸铜 红色：铅丹、朱砂、铁红 黄色：雌黄、铅铬黄 白色：立德粉	HH–XRF RM	2013[8]

续表

国家	壁画	颜料	检测方法	文献时间
中国	云南省丽江市白沙镇大定阁壁画 山西大同云冈石窟五华洞第 11 窟的泥塑彩绘 青海塔尔寺九间殿建筑彩画 西藏哲蚌寺措钦大殿龙布拉康南壁壁画	绿色：砷铜矿、氯砷钠铜石、巴黎绿	RM SEM-EDS XRD	2015[9]
	和田策勒达玛沟轮王说法图	红色：铁红、铅丹、朱砂 黄色：雄黄 绿色：石绿	XRF NIR	2017[10]
	西藏拉萨大昭寺转经廊壁画	红色：朱砂、铅丹、甲苯胺红 黄色：雌黄、铅铬黄、铁黄 蓝色：石青、群青 绿色：石绿、水胆矾、巴黎绿 白色：菱镁矿、立德粉、方解石	RM	2017[11]
	库木吐喇石窟壁画	红色：铁红、铅丹 蓝色：青金石 绿色：氯铜矿 金色：金箔 白色：石膏 黑色：炭黑、二氧化铅	RM OM SEM	2017[12]
	敦煌壁画	蓝色：蓝铜矿 绿色：孔雀石	XRD	2017[13]
	山西忻州九原岗北朝墓室壁画	红色：朱砂 黑色：炭黑 蓝色：青金石 黄色：针铁矿	RM	2018[14]
	尔梁墓室壁画	红色：三氧化二铁 黄色：水合氧化铁 黑色、灰色：碳黑	SEM-EDS XRD RM	2018[15]
	懿德太子墓壁画	红色：朱砂、针铁矿、赤铁矿 蓝色：蓝铜矿 绿色：孔雀石 黑色：炭黑 白色：碳酸钙	RM XRF	2018[16]

续表

国家	壁画	颜料	检测方法	文献时间
中国	浙江文物建筑壁画	黑色：炭黑、黑辰砂 蓝色：群青 白色：碳酸钙与硫酸钙 绿色：砷钙铜矿 红色：铅丹、赤铁矿、朱砂 金色：金箔	RM SEM-EDS	2018[17]
	广元千佛崖莲花洞彩绘	红色：铁红、朱砂 蓝色：青金石与石青 绿色：石绿、碱式氯化铜 白色：硫酸铅	OM CLSM RM	2019[18]
	明代周懿王墓壁画	红色：赤铁矿、朱砂 绿色：孔雀石 黄色：黄赭石 黑色：炭黑 白色：方解石	SEM-EDS RM	2019[19]
	唐韩休墓壁画	红色：赤铁矿 橘色：铅丹 绿色：孔雀石 蓝色：靛蓝 黄色：钒铅矿 深黄色：铅丹	HH-XRF Super Depth of Field 3D Microscope System Molorimeter	2019[20]
	永乐宫壁画	红色：朱砂、铅丹 棕色：铅丹 绿色：氯铜矿、副氯铜矿 蓝色：石青 白色：水白铅矿、硫酸铅矿	OM XRD SEM-EDS	2019[21]
	徐显秀墓壁画	红色：铁红、朱砂 黄色：密陀僧 黑色：炭黑 白色：碳酸钙、含砷铅矿物 灰色：碳酸钙 黑色：炭黑 绿色：含硫化合物	OM SEM RM XRD	2020[22]
	柏孜克里克石窟壁画	红色：铅丹、石膏、石英 绿色：石绿 白色：铅白	Stereomicroscope SEM	2020[23]

续表

国家	壁画	颜料	检测方法	文献时间
中国	湖南道县竹王庙壁画	红色：朱砂、铅丹、铁红 绿色：氯铜矿 蓝色：人造群青 黄色：黄绪石 棕色：二氧化铅 黑色：炭黑	SEM HH–XRF	2020[24]
	甘肃敦煌瓜州东千佛洞壁画	红色：朱砂、铅丹、赤铁矿 蓝色：石青、群青 绿色：氯铜矿 黄色：雌黄、纤铁矿	XRD LDPA OM	2020[25]
	内蒙古五当召却依拉殿壁画	红色：朱砂 蓝色：群青 黑色：炭黑 白色：白垩 黄色：雌黄	XRD XRF RM	2020[26]
	集安高句丽五盔坟5号墓的墓室壁画	白色：碳酸铅 红色：硫化汞、赭石 黄色：二氧化硅 绿色：碱式碳酸铜 黑色：二氧化硅 绿色：石绿 红色：朱砂 黄色：硅石	XRD	2020[27]
	新疆和田达玛沟佛寺遗址壁画	蓝色：青金石 绿色：氯铜矿 白色：石膏 红色：朱砂 褐色：铁红 赭黄色：铁黄	OM XRF XRD RM POM	2020[28]
	涞滩二佛寺壁画	红色：铁红、朱砂 绿色：氯砷钠铜石、石绿 蓝色：石青、普鲁士蓝 黑色：炭黑 白色：石膏 黄色：铅锑黄	XRD SEM–EDS RM	2020[29]
	天水麦积山石窟20窟泥塑彩绘蓝色颜料部位	蓝色：群青	RM POM SEM–EDS	2021[30]
	故宫菩萨壁画	黄色：雌黄 红色：朱砂 绿色：氯铜矿 白色：锌钡白	MA–XRF RM	2021[31]

续表

国家	壁画	颜料	检测方法	文献时间
中国	内蒙古美岱召壁画	红色：朱砂、铅丹 蓝色：群青 绿色：氯铜矿 白色：铅白、立德粉、碳酸钙 黄色：铅黄、雌黄	RM	2021[32]
	秦陵建筑基址壁画	黑色：黑铜矿 红色：赤铁矿	POM RM SEM-EDS FTIR	2021[33]
	青海瞿昙寺瞿昙殿壁画	红色：朱砂、铅丹 蓝色：蓝铜矿 白色：生石膏、高岭石、白云母 枣红色：铅丹 绿色：氯铜矿、副氯铜矿 橘色：铅丹	OM SEM-EDS XRD	2021[34]
	山西大同观音堂观音殿壁画	红色：赤铁矿 黄色：雌黄 绿色：石绿、氯铜矿 蓝色：石青 浅黄色：铅丹、密陀僧 棕色：铅丹、密陀僧 黄色：雌黄	OM XRD SEM	2021[35]
	吐峪沟石窟壁画	蓝色：群青、青金石、氯铜矿 红色：朱砂 金色：金箔 黑色：炭黑	POM SEM XRD RM	2021[36]
	吐鲁番阿斯塔那古墓群壁画	蓝色：石青 绿色：氯铜矿 白色：石膏 黑色：炭黑 赭色：铁红	XRF XRD RM POM	2021[37]
	山西朔州水泉梁北齐墓葬壁画	红色：铁红，朱砂 黑色：炭黑 白色：白铅矿 黄色：黄赭石 绿色：孔雀石 蓝色：靛蓝	RM POM	2022[38]
希腊	锡拉、克诺索斯、迈锡尼、皮洛斯和提林斯壁画	蓝色：埃及蓝、青光铜	XRF XRD	1976[39]

续表

国家	壁画	颜料	检测方法	文献时间
希腊	阿索斯山上的普罗塔顿教堂曼努埃尔·潘塞利诺斯壁画	黑色：炭黑 深灰色：硫酸盐 暗灰色：二氧化铅 灰色：铅丹 灰色：青石绿 浅灰色：红赭石、褐岩 白色：辰砂、钙白 紫色：钙白、炭黑 绿色：青绿石、钙白、炭黑 黄色：褐铁矿 红色：红赭石、炭黑	Micro-RM XRD SEM-EDS EMA	2000[40]
捷克	卡尔施泰因城堡和齐罗夫尼采城堡壁画	蓝色：蓝铜矿 绿色：孔雀石	XRF	2001[41]
	修道院和教堂中发现的15世纪壁画	绿色：孔雀石、蓝铜矿	HH-XRD	2008[42]
西班牙	圣鲍德利奥修道院壁画	红色：赤铁矿 黑色：木炭、烟灰 白色：石膏 绿色：孔雀石、铜绿	RM	2001[43]
	塞维利亚城堡壁画	黑色：炭黑 红色：朱砂、铅白、氧化铁 绿色：祖母绿 白色：方解石	RM	2014[44]
	格拉纳阿尔罕布拉宫壁画	蓝色：群青	RM HIS-MRS FORS XRF XRD	2020[45]
	阿尔罕布拉纪念建筑群壁画	红色：红赭石	XRF RM SEM-EDS	2021[46]
意大利	奥斯塔奥斯塔的圣奥斯索治疗宫殿的教堂壁画	紫色：硫化汞 红色：方解石、石膏 白色：铅白、方解石 蓝色：硫酸盐、铅白、方解石、石膏 黄色：硫化汞、铅白、铅锡黄色Ⅰ型、氧化钛、红铅、方解石、石膏 浅棕色：铅白、针铁矿 黑色：炭黑	RM	2003[47]

续表

国家	壁画	颜料	检测方法	文献时间
意大利	佛罗伦萨皮蒂宫帕拉蒂尼壁画	红色：红赭石 蓝色：青金石、群青 绿色：青绿石 黄色：黄赭石 棕色：棕赭石 白色：石灰白 黑色：藤黑、炭黑	SEM-EDS XRD NIM	2004[48]
	那不勒斯和罗马帕拉蒂诺的壁画碎片	红色：赤铁矿 蓝色：埃及蓝 黄色：赭石 绿色：青绿石 白色：黏土、石灰	XRF EDXRF Micro-RM	2005[49]
	南部帕特诺卡拉布罗的圣乔瓦尼·巴蒂斯塔教堂壁画	红色：赤铁矿 黑色：炭黑 蓝色：蓝铜矿 白色：方解石、铅白	Micro-RM	2008[50]
	查兰圣维克多的圣马克西姆教堂壁画	蓝色：蓝铜矿 红色：红赭石 黄色：黄赭石 黑色：石墨 白色：碳酸钙或圣乔瓦尼白色	FORS XRF RM	2009[51]
	庞贝考古区的罗马壁画	黄色：黄赭石 白色：圣乔瓦尼白	LIBS	2010[52]
	庞贝古城壁画和赫库兰尼姆壁画	红色：甲酸盐、赤铁矿、朱砂 蓝色：埃及蓝和方解石 绿色：海绿石	FTIR GC-MS XRD	2010[53]
	科里利亚壁画	粉红色、浅粉红色、砖红色：朱砂 黄棕：赭石	XRF RM	2011[54]
	罗马克里特岛壁画	红色：赤铁矿、朱砂 黄色：黄赭石 蓝色：埃及蓝 绿色：青绿石 黑色、灰色：炭黑 白色：铅白、石膏	LIBS XRD	2011[55]
	皮埃蒙特教堂壁画	绿色：孔雀石	SEM-EDS XRD XRF	2013[56]
	拜占庭壁画	黄色：铅黄 绿色：绿磷石 白色：铅白 蓝色：群青	RM FTIR GC-MS ATR-FTIR	2013[57]

续表

国家	壁画	颜料	检测方法	文献时间
意大利	意大利皮埃蒙特地区德拉贝娅·玛丽亚·韦尔吉内·德尔·皮罗内壁画	红色：红赭石	XRD FTIR RM SEM–EDS	2015[58]
	阿西西圣弗朗西斯科下大教堂	蓝色：蓝铜矿 绿色：青绿石、硅藻土 红色：赭石	TOF–SIMS	2016[59]
	庞贝克塔维乌斯·夸蒂奥贵族别墅壁画	红色：朱砂、红赭石 黄色：黄色赭石 绿色：青绿石 蓝色：埃及蓝 黑色：炭黑	FTIR HH–XRF	2018[60]
	朱利诺 – 克劳狄壁画	蓝色：靛蓝 红色：茜素	GC–MS	2018[61]
	古罗马壁画	黄色：黄赭石 黑色：炭黑 红色：红赭石 白色：石灰白、铅白 蓝色：埃及蓝	POM SEM–EDS M–RM	2018[62]
	圣玛丽亚迪塞拉特拜占庭修道院的中世纪壁画	蓝色：蓝铜矿 红色：赤铁矿 白色：二氧化钛	HH–XRF RM SEM–EDS	2020[63]
	马勒斯圣本尼迪克特教堂壁画	蓝色：群青、埃及蓝 紫色：茜素红 红色：铅红 白色：圣乔瓦尼白	SMI UV–Vis DRS FORS HH–XRF XRF	2020[64]
保加利亚	卡拉赫特克的中世纪修道院壁画	红色：高岭石、石英、赤铁矿、红赭石 黄色：高岭石、石英、盖石、黄色赭石 蓝色：高岭石、石墨混合物 白色：方解石	FTIR RM	2007[65]
波兰	格但斯克市政厅的小克里斯托弗厅壁画	红色：铅红、赭石 绿色：孔雀石 蓝色：蓝铜矿 黄色：赭石	RM HH–XRF	2009[66]
	瓦威尔大教堂的罗塞尼亚 – 拜占庭壁画	黄色：针铁矿 蓝色：蓝铜矿 绿色：青绿石	XRD	2012[67]
葡萄牙	奥德米拉的塞里科耳狄亚教堂的 17 世纪壁画	红色：红赭石 黄色、棕色：赭石 绿色：孔雀石 蓝色：锰铝蓝 黑色：层状硅酸盐	XRF HH–XRF SEM–EDS	2011[68]

续表

国家	壁画	颜料	检测方法	文献时间
俄罗斯	斯维亚日斯克岛城"圣母升天"大教堂的二十幅壁画	白色：锑白、骨白 黄色：黄赭石 红色：红赭石 黑色：磁铁矿 绿色：青绿石、硅藻土 蓝色：埃及蓝	HH–XRF	2019[69]
	人诺夫哥罗德壁画	黑色：石墨 蓝色：群青 深红色：赤铁矿、红铅、朱砂 绿色：绿磷石	RM	2021[70]
瑞士	米施泰尔修道院教堂壁画	蓝色：群青、埃及蓝 紫色：茜素红 黄色：铅黄 白色：圣乔瓦尼白	SMI UV–Vis DRS FORS HH–XRF XRF	2020[64]
以色列	古希腊考古遗址教堂壁画	红色：红赭石 黄色：黄赭色 棕色：红赭石、黄赭石、磁铁矿、炭黑 黑色：炭黑	SEM–EDS XRD XRF	2021[71]

注：FTIR 为傅里叶红外光谱的缩写；ATR–FTIR 为傅里叶变换衰减全反射红外光谱法的缩写；XRD 为 X 射线衍射的缩写；XRF 为 X 射线荧光的缩写； EDXRF 为能量色散型 X 射线荧光光谱的缩写；NIR 为近红外光谱的缩写；RM 为拉曼光谱的缩写；OM 为光学显微镜的缩写；POM 为偏光显微镜的缩写；EPMA 为电子探针 X 射线显微分析的缩写；SEM 为扫描电镜的缩写；EDS 为 X 射线能谱的缩写；HH–XRF 为手持式 X 射线荧光光谱法的缩写；MA–XRF 为广域 X 射线荧光扫描成像技术的缩写；UV–Vis DRS 为紫外 - 可见漫反射光谱的缩写；FORS 为光纤反射光谱的缩写。HIS–MRS 为高光谱微拉曼光谱；POM 微偏振光学显微镜的缩写；GC–MS 为气象色谱 - 质谱的缩写；TOF–SIMS 为飞行时间二次离子质谱的缩写；LIBS 为激光诱导击穿光谱的缩写；NIM 为微型近红外光谱仪的缩写；EMA 为电子探针 X 射线显微分析的缩写；CLSM 为共聚焦激光扫描显微镜的缩写；SMI 为多光谱成像技术的缩写；Colorimeter 为色度仪的英文名称；LDPA：激光衍射粒度分析仪的缩写；Super Depth of Field 3D Microscope System 为超景深三维显微系统；Stereomicroscope 为体式显微镜。

[1] 薛俊彦，马清林，周国信 . 甘肃酒泉、嘉峪关壁画墓颜料分析 [J]. 考古，1995，330(3): 277–281.

[2] 左健，许存义 . 拉曼微区分析技术在古颜料研究中的应用 [J]. 物理，1999(12): 735–745.

[3] 苏伯民，李最雄，马赞峰，等 . 克孜尔石窟壁画颜料研究 [J]. 敦煌研究，2000(1):

65–75.

[4] 陈青，韦荃. 新都龙藏寺壁画使用颜料的研究 [J]. 四川文物，2004(6)：87–90.

[5] 惠任，刘成，尹申平. 陕西旬邑东汉壁画墓颜料研究 [J]. 考古与文物，2007，161(3)：105–120.

[6] 常晶晶，张文元，徐抒平，等. 古代壁画中矿物颜料的拉曼光谱研究 [C]. 郑州：第十六届全国分子光谱学学术会议，2010：279–280.

[7] 胡文英，王岳. 拉曼光谱在水泉梁北齐墓葬壁画颜料中的研究分析 [J]. 硅谷，2012，5(17)：153–176.

[8] 李志敏，王乐乐，张晓彤，等. 便携式 X 射线荧光现场分析壁画颜料适用性研究：以西藏拉萨大昭寺壁画为例 [J]. 中国文物科学研究，2013，32(4)：64–70.

[9] 成小林，杨琴. 三种含 Cu、As 绿色颜料的拉曼光谱研究 [J]. 文物保护与考古科学，2015，27(3)：84–90.

[10] 万洁，关懿. 和田策勒达玛沟轮王说法图的保护与修复 [J]. 丝绸之路，2017(10)：70–72.

[11] 王玉，张晓彤，吴娜. 西藏拉萨大昭寺转经廊壁画颜料的拉曼光谱分析 [J]. 光散射学报，2017，29(1)：39–43.

[12] 王玉，张晓彤，周智波，等. 新疆库木吐喇石窟壁画颜料的分析研究 [J]. 敦煌研究，2017，161(1)：127–131.

[13] 毛政科，张文元，于宗仁，等. 颜料粉末的高光谱成像无损表征技术 [J]. 粉末冶金材料科学与工程，2017，22(3)：429–434.

[14] 石美风，任建光，张秉坚，等. 山西忻州九原岗北朝墓葬壁画颜料及颜色变化分析 [J]. 文物保护与考古科学，2018，30(1)：18–24.

[15] 沈灵，桐野文良，塚田全彦，等. 内蒙古塔尔梁五代墓葬壁画材料和制作工艺研究 [J]. 文物保护与考古科学，2018，30(6)：7–14.

[16] 孟元亮，杨文宗，霍晓彤，等. 唐懿德太子墓壁画青龙、白虎图的分析检测与保护修复 [J]. 文博，2018，206 (5)：94–102.

[17] 陈尔新，张秉坚，林袁顺，等. 浙江省文物建筑壁画彩绘颜料和胶结物的检测研究 [J]. 东方博物，2018(3)：107–130.

[18] 孙延忠，姜凯云，张宁. 广元千佛崖莲花洞彩绘颜料拉曼光谱分析 [J]. 文物保护与考古科学，2019，31(2)：77–85.

[19] 闫海涛，孙凯，唐静，等. 明代周懿王墓壁画颜料的科技分析 [J]. 华夏考古，2019，130(2)：39–44.

[20] 严静，赵西晨，黄晓娟，等. 唐韩休墓壁画考古现场科学调查研究 [J]. 文物保护与考古科学，2019，31(04)：100–108.

[21] 李娜，于宗仁，善忠伟，等. 永乐宫壁画制作材料及工艺的初步调查分析 [J]. 文物保护与考古科学，2019，31(5)：65–74.

[22] 员雅丽，王江. 北齐徐显秀墓壁画颜料的科学分析 [J]. 文物保护与考古科学，2020，32(4)：16–25.

[23] 邓永红，徐东良，蔺朝颖．柏孜克里克石窟第 15 窟回廊壁画工艺的初步分析 [J]. 文物天地，2020,343 (1): 108–130.

[24] 邱玥．道县竹王庙壁画颜料分析研究 [J]. 湖南考古辑刊，2020(00): 309–321.

[25] 杨韬，张亚旭，杨志强，等．甘肃瓜州东千佛洞壁画材质分析及保护修复思考 [J]. 文博，2020(6): 99–104.

[26] 乔天昱，郭宏．内蒙古五当召却依拉殿壁画制作材料与工艺分析 [J]. 中国民族博览，2020,174(2): 162–176.

[27] 吕光，孟宪德．五盔坟 5 号墓四神中龙的造型研究 [J]. 艺术工作，2020,28(4): 81–84.

[28] 高愚民，杨真真，王丽琴，等．新疆和田达玛沟佛寺遗址出土壁画颜料分析 [J]. 文物保护与考古科学，2020, 32(5): 86–93.

[29] 李思凡，郭宏，陈坤龙，等．重庆涞滩二佛寺石刻彩绘颜料分析[J]. 中国文化遗产，2020, 100(6): 79–84.

[30] 刘璐瑶，张秉坚．彩绘文物中蓝色颜料群青的鉴定技术研究 [J]. 黑龙江科学，2021, 12(2): 7–14.

[31] 段佩权，李广华，陈垚，等．基于广域 X 射线荧光扫描成像技术 (MA-XRF) 的文物科学分析 [J]. 文物保护与考古科学，2021, 33(1): 81–87.

[32] 李鑫，郭宏，陈坤龙，等．内蒙古美岱召壁画制作材料分析 [J]. 中国文化遗产，2021, 102(2): 68–74.

[33] 张尚欣，张卫星，付倩丽，等．秦陵建筑基址壁画材质及制作工艺的初步研究 [J]. 文物保护与考古科学，2021, 33(6): 20–27.

[34] 牛贺强，水碧纹，陈章，等．青海瞿昙寺瞿昙殿壁画制作材料与工艺初步分析 [J]. 文物保护与考古科学，2021, 33(6): 94–105.

[35] 李娜，苏伯民，冯雅琪，等．山西大同观音堂观音殿壁画制作材料与工艺分析 [J]. 敦煌研究，2021, 185(1): 128–136.

[36] 张一博．吐峪沟石窟壁画病害及治理对策研究 [D]. 西北大学，2021.

[37] 高愚民．新疆吐鲁番阿斯塔那墓葬出土壁画颜料分析 [J]. 吐鲁番学研究，2021, 28(2): 108–120.

[38] 王岳．山西朔州水泉梁北齐墓葬壁画及陶质彩绘的颜料成分分析 [J]. 文物鉴定与鉴赏，2022, 221(2): 56–58.

[39]Filippakis S, Perdikatsis B, Paradellis T J S i c. An analysis of blue pigments from the Greek Bronze Age [J]. Studies in conservation, 1976, 21(3): 143–153.

[40]Daniilia S, Sotiropoulou S, Bikiaris D, et al. Panselinos' Byzantine wall paintings in the Protaton Church, Mount Athos, Greece: a technical examination [J]. Journal of Cultural Heritage, 2000, 1(2): 91–110.

[41]Čechák T, Gerndt J, Musílek L, et al. Analysis of fresco paintings by X-ray fluorescence method [J]. Radiation Physics and Chemistry, 2001, 61(3–6): 717–719.

[42]Švarcová S, Kotulanová E, Hradil D, et al. Laboratory powder X-ray

microdiffraction：the use for pigments and secondary salts identification in Frescoes[C]. proceedings of the 9th International Conference on NDT of Art, 2008:25-30.

[43]Edwards H, Rull F, Vandenabeele P, et al. Mediaeval pigments in the monastery of San Baudelio, Spain: a Raman spectroscopic analysis [J].Applied Spectroscopy, 2001, 55(1): 71-76.

[44]Perez-Rodriguez J L, Robador M D, Centeno M A, et al. Wall paintings studied using Raman spectroscopy: a comparative study between various assays of cross sections and external layers [J]. Spectrochimica Acta Part A, 2014, 120: 602-609.

[45]Gonz á lez-Cabrera M, Arjonilla P, Dom í nguez-Vidal A, et al. Natural or synthetic? Simultaneous Raman/luminescence hyperspectral microimaging for the fast distinction of ultramarine pigments [J]. Dyes and Pigments, 2020, 178: 108-349.

[46]Arjonilla P, Ayora-Cañada M J, de la Torre-L ó pez M J, et al. Spectroscopic investigation of wall paintings in the alhambra monumental ensemble: decorations with red bricks [J]. Crystals, 2021, 11(4): 423.

[47]Perardi A, Appolonia L, Mirti P J A c a. Non-destructive in situ determination of pigments in 15th century wall paintings by Raman microscopy [J]. Analytica chimica acta, 2003, 480(2): 317-325.

[48]Aj ò D, Casellato U, Fiorin E, et al. Ciro Ferri' s frescoes: a study of painting materials and technique by SEM-EDS microscopy, X-ray diffraction, micro FT-IR and photoluminescence spectroscopy [J]. Journal of Cultural Heritage, 2004, 5(4): 333-348.

[49]Paternoster G, Rinzivillo R, Nunziata F, et al. Study on the technique of the Roman age mural paintings by micro-XRF with polycapillary conic collimator and micro-Raman analyses [J]. Journal of Cultural Heritage, 2005, 6(1): 21-28.

[50]Castriota M, Meduri E, Barone T, et al. Micro - Raman investigations on the fresco 'Trapasso della Vergine' in the Church of 'S. Giovanni Battista' of Paterno Calabro in southern Italy [J]. Journal of Raman Spectroscopy, 2008, 39(2): 284-288.

[51]Appolonia L, Vaudan D, Chatel V, et al. Combined use of FORS, XRF and Raman spectroscopy in the study of mural paintings in the Aosta Valley (Italy) [J]. Analytical and Bioanalytical Chemistry, 2009, 395(7): 2005-2013.

[52]Caneve L, Diamanti A, Grimaldi F, et al. Analysis of fresco by laser induced breakdown spectroscopy[J]. Spectrochimica Acta Part B: Atomic Spectroscopy, 2010, 65(8): 702-706.

[53]Duran A, Jimenez de Haro M C, PEREZ - RODRIGUEZ J L, et al. Determination of pigments and binders in Pompeian wall paintings using synchrotron radiation - high - resolution X-ray powder diffraction and conventional spectroscopy - chromatography [J]. Archaeometry, 2010, 52(2): 286-307.

[54]Donais M K, George D, Duncan B, et al. Evaluation of data processing and analysis approaches for fresco pigment studies by portable X-ray fluorescence spectrometry and

portable Raman spectroscopy [J]. Analytical Methods, 2011, 3(5): 1061-1071.

[55]Westlake P, Siozos P, Philippidis A, et al. Studying pigments on painted plaster in Minoan, Roman and Early Byzantine Crete. A multi-analytical technique approach [J]. Analytical and Bioanalytical Chemistry, 2012, 402(4): 1413-1432.

[56]Cavaleri T, Giovagnoli A, Nervo M J P C. Pigments and mixtures identification by visible reflectance spectroscopy [J]. Procedia Chemistry, 2013, 8: 45-54.

[57]De Benedetto G E, Fico D, Margapoti E, et al. The study of the mural painting in the 12th century monastery of Santa Maria delle Cerrate (Puglia - Italy): characterization of materials and techniques used [J]. Journal of Raman Spectroscopy, 2013, 44(6): 899-904.

[58]Giustetto R, Gonella D, Bianciotto V, et al. Transfiguring biodegradation of frescoes in the Beata Vergine del Pilone Sanctuary (Italy): Microbial analysis and minero-chemical aspects [J]. Phytochemistry Letters, 2015, 98: 6-18.

[59]Biocca P, Santopadre P, Sidoti G, et al. ToF - SIMS study of gilding technique in the fresco Vela della Castità by Giotto's school [J]. Surface and Interface Analysis, 2016, 48(7): 404-408.

[60]Germinario C, Francesco I, Mercurio M, et al. Multi-analytical and non-invasive characterization of the polychromy of wall paintings at the Domus of Octavius Quartio in Pompeii [J]. The European Physical Journal Plus, 2018, 133(9): 1-12.

[61]Gismondi A, Canuti L, Rocco G, et al. GC - MS detection of plant pigments and metabolites in Roman Julio-Claudian wall paintings [J]. Phytochemistry Letters, 2018, 25: 47-51.

[62]Crupi V, Fazio B, Fiocco G, et al. Multi-analytical study of Roman frescoes from Villa dei Quintili (Rome, Italy) [J]. Journal of Archaeological Science: Reports, 2018, 21: 422-432.

[63]Vasco G, Serra A, Manno D, et al. Investigations of byzantine wall paintings in the abbey of Santa Maria di Cerrate (Italy) in view of their restoration [J]. Spectrochimica Acta Part A, 2020, 239: 118-557.

[64]Cavallo G, Aceto M, Emmenegger R, et al. Preliminary non-invasive study of Carolingian pigments in the churches of St. John at Müstair and St. Benedict at Malles [J]. Procedia Chemistry, Archaeological and Anthropological Sciences, 2020, 12: 1-20.

[65]Zorba T, Andrikopoulos K, Paraskevopoulos K, et al. Infrared and Raman vibrational spectroscopies reveal the palette of frescos found in the medieval monastery of Karaach Teke [J]. Annali di Chimica, 2007, 97(7). 491-503.

[66]Sawczak M, Kamińska A, Rabczuk G, et al. Complementary use of the Raman and XRF techniques for non-destructive analysis of historical paint layers [J]. Applied Surface Science, 2009, 255(10): 5542-5545.

[67]Rafalska-Lasocha A, Lasocha W, Grzesiak M, et al. X-ray powder diffraction investigations of Ruthenian-Byzantine frescoes from the royal Wawel Cathedral (Poland) [J].

Powder Diffraction, 2010, 25(3): 258–263.

[68]Valadas S, Candeias A, Mirao J, et al. Study of mural paintings using in situ XRF, confocal synchrotron-μ-XRF, μ-XRD, optical microscopy, and SEM-EDS: the case of the frescoes from Misericordia Church of Odemira [J]. Microscopy and Microanalysis, 2011, 17(5): 702–709.

[69]Khramchenkova R, Ionescu C, Sitdikov A, et al. A pXRF in situ study of 16th–17th century fresco paints from sviyazhsk (Tatarstan Republic, Russian Federation) [J]. Minerals, 2019, 9(2): 114.

[70]Arjonilla P, Ayora-Cañada M J, de la Torre-López M J, et al. Spectroscopic investigation of wall paintings in the Alhambra Monumental Ensemble: decorations with red bricks [J]. Crystals, 2021, 11(4): 423.

[71]Ashkenazi D, Shnabel R, Lichtenberger A, et al. Chemical composition and microstructure analysis of plaster and pigments retrieved from a decorated house wall at seleucid tell IZṬABBA (nysa-scythopolis, beth she'an, israel) [J]. Mediterranean Archaeology & Archaeometry, 2021, 21(3): 1108–9628.